接纳
不完美的孩子

董燕 主编

胡梅 吕玮 副主编

U0274712

清华大学出版社

北京

内 容 简 介

　　孩子的心理健康问题，作为当前备受关注的社会热点，正日益受到众多家庭的重视。本书采用独特的"三维视角"，即从孩子、父母及咨询师三者的不同角度出发，全面而深入地揭示了问题产生、明晰及解决的全过程。书中避免了冗长的理论阐述、空洞的说教以及生硬的语言，转而采用浅显易懂的文字，结合真实的"三方解读"，为父母、老师及咨询师提供了极具操作性的策略与技巧。

　　本书案例素材广泛涵盖了儿童和青少年常见的情绪困扰、人际关系、学业压力及心理行为问题。每个案例后均附有"教你一招""父母必读"及"知识链接"等板块，旨在为读者提供既具专业又实用的方法与资源，满足各方不同的需求。

本书封面贴有清华大学出版社防伪标签，无标签者不得销售。

版权所有，侵权必究。 举报：010-62782989，beiqinquan@tup.tsinghua.edu.cn。

图书在版编目（CIP）数据

接纳不完美的孩子 / 董燕主编. —— 北京：清华大学出版社，2025. 1.

ISBN 978-7-302-68003-1

　Ⅰ. G780

中国国家版本馆CIP数据核字第2025PW4958号

责任编辑：孙　宇
封面设计：钟　达
责任校对：李建庄
责任印制：刘　菲

出版发行：清华大学出版社
　　　　　网　　　址：https://www.tup.com.cn，https://www.wqxuetang.com
　　　　　地　　　址：北京清华大学学研大厦 A 座　　邮　　编：100084
　　　　　社 总 机：010-83470000　　　　　　　　邮　　购：010-62786544
　　　　　投稿与读者服务：010-62776969，c-service@tup.tsinghua.edu.cn
　　　　　质量反馈：010-62772015，zhiliang@tup.tsinghua.edu.cn
印 装 者：北京瑞禾彩色印刷有限公司
经　　销：全国新华书店
开　　本：165mm×235mm　　　印　　张：16.5　　字　　数：240 千字
版　　次：2025 年 2 月第 1 版　　印　　次：2025 年 2 月第 1 次印刷
定　　价：88.00 元

产品编号：109421-01

编 委 会

主　编　董　燕

副主编　胡　梅　吕　玮

编　者　张玉敏　陈蓉蓉　杨　薇　郭　琳
　　　　曹　波

前　言

——生命故事与心灵智慧

　　每一个生命故事，都值得被看见、被见证和被珍惜！

　　在人生长河里，孩子都是父母心中最温柔的牵挂，他们如同春日的阳光，带着无限的温暖和希望照亮我们的世界。然而，在生命成长的路上，孩子并非总是以我们期待的完美姿态前行，他们会有困惑、有挫折、有失败，甚至有让我们难以理解和接受的"不完美"。

　　"我的孩子厌学了，怎么办？"

　　"我的孩子考试紧张难受，怎么办？"

　　"我的孩子迷恋游戏，怎么办？"

　　"我的孩子失恋、抑郁了，怎么办？"

孩子，生命给予的礼物

　　至今，我清楚记得一位 14 岁女孩说过的话："妈妈总说爱我，可我一点也感觉不到！她除了让我学习，再也没别的了。现在我什么都不想说了，就是不想活了！"然而，给我留下深刻印记的并不仅是这句话，而是她说这话时的语气和神情，一种出奇的冷漠和平静，让你看不到她丝毫的情绪，也看不到她的情感，甚至连内心的涟漪也都被隐藏了……从那一刻起，我要为孩子写一本书的愿望就在心里播下了种子。

　　孩子长大的过程，就是一个生命探索的旅程。没有注定的脚本，也没有现成的模式，每一步都在用自己的量尺做回答。然而，在不断追求完美的社会氛围中，我们往往不自觉地给孩子套上了无形的枷锁，希望他们成为我们心中理想的模样，却忽略了每个孩子都是带着自己的不完美和独有的轨迹来到这个世界的。

　　对于父母而言，"接纳"不仅仅是对外在事物或情境的接受，更是一种积极、主动的认知过程、生活态度和行为选择。当父母能够无条件地接纳孩子时，他们便能更自信地面对问题，更有勇气面对成长中的痛楚。

透过"三维视角"看见孩子

本书在内容结构编排上，采用了"三维视角"呈现方式，即从孩子、家长和咨询师三个不同的视角出发，完整展现他们心理问题的发生、澄清、解读和干预的全过程。书中尽量避免抽象的理论、空洞的讲解和机械的语言罗列，而是尽可能地用真实的生命故事，生动的现场语言，来展现心理咨询中情景与氛围的变化、情感和理性的切换、语境和语序的运用，同时兼具理论与技能的实操性等。

书中所有案例，均是从众多真实咨询案例中提炼出来的，它涵盖了儿童青少年最常见的心理问题，包括情绪情感问题，如孤独、抑郁、焦虑、友爱与失恋等；厌学、学校不适应和考试焦虑等；电子产品使用与管理问题；儿童多动行为、强迫行为、性自慰和不良习惯等；还有二孩家庭子女冲突、隔代养育与家庭冲突等问题。另外，书中"教你一招""父母必读"和"知识链接"，为读者提供了更为丰富的心理健康知识和实用的技巧方法。

为了保护来访者的隐私，书中案例所涉及的相关个人信息，均按职业要求进行了细致严谨和审慎专业的脱密处理，案例人物均采用化名。

家，孩子的心灵港湾

《接纳不完美的孩子》一书，不仅是一本孩子心理困扰的"真相日记本"，也是家长们的"育儿心理启示录"。读者可以透过孩子心理问题解决的全过程，了解更多儿童青少年心理问题化解的策略、方法和相关技能。

"接纳"，意味着要放下心中的偏见与成见，以开放的心态去理解、接受孩子的真实面貌。它要求在面对孩子的缺点与错误时，不是一味地指责与批评，而是给予他们足够的耐心、关爱和方法指引，帮助他们从错误中学习，从失败中汲取力量。

希望父母不要像"私有财产"一样过度保护、控制或者改造孩子，而是让自己成为一个更智慧的人，努力做好教养"三件事"：一是倾听孩子的心声，理解他们行为背后的情绪、情感和需求；二是学习掌握一些常用的心理学知识和技能，为孩子提供解决问题的途径和方法；三是学会欣赏孩子独有的个人特质，与他们建立温暖、真诚和深刻的情感连接，成为彼此生命中的精神力量和心灵财富。

致前行的心理咨询师

愿将此书，送给勤耕不辍的心理咨询师们！

每一个心理咨询师，在澄清、解读和干预儿童青少年的心理问题时，常需要借鉴各种不同的案例经验和咨询技巧。然而，心理学书籍浩如烟海，技能培训项目琳琅满目，这让咨询师在做选择时，常陷入举棋不定、茫然无序的状态之中。记得，很多年轻的咨询师询问："我怎么提问，才能贴近孩子？""我怎么说，才能切中问题核心？""我如何表达，才能让孩子感到被理解？"等等。本书案例中，真实呈现专业咨询语言发展的过程，包括消除阻抗、建立关系、澄清问题和心理干预等。另外，咨询师还能从不同年龄来访者的案例中，看到不同咨询场景氛围的搭建、理论流派的融合和技术方法的应用。

为了达成短程有效的咨询目标，书中案例均采用了整合式短程心理咨询的技术路线，涵盖了精神分析、家庭治疗、认知行为治疗以及后现代心理治疗等理论和技术。这些理论技能整合下的短程咨询案例，可能会给心理咨询师们带来一些新的启发和思考。

哲学家萨特认为，人永远是讲故事者，他生活在自己的故事和别人的故事中。他通过故事来看他自己所遭遇的一切，而且也会努力像他讲的那样去生活。

期待每一个不经意间翻开这本书的读者，在阅读生命故事的过程中，也能与内心深处的自我对话，获取让心灵安然与丰盈的养分，无怨无悔地度过此生！

生命，唯有故事！

董　燕

2025 年 1 月

北　京

给爸爸妈妈的一封信

尊敬的爸爸妈妈们：

首先，感谢您在百忙之中抽出时间阅读这封信。不知在养育孩子的过程中，您是否有过如下这些体验？

当孩子学习和考试出现问题时感到无助、心余力绌；

当孩子犯错时无法控制自己失望、愤怒的情绪；

面对孩子的各种行为问题陷入束手无策、无计可施的困境；

对孩子的未来充满焦虑和担忧……

我们理解为人父母的不容易，因为我们也身为父母。同时，多年从事心理咨询工作的缘故，我们接触到众多孩子心理问题的案例，发现了其中的一些规律和成因。因此，有太多想对父母说的话，真诚地与你们分享！

提及孩子，或许有太多时刻是你们无法忘记的，如十月怀胎时美丽憧憬背后的煎熬和忐忑；孩子呱呱落地时的激动欣喜以及无数个不眠之夜的艰辛……伴随孩子们长大的父母，不仅经历过温馨相拥的亲子时光，也体验到孩子叛逆时的义愤填膺，慢慢开始习惯于这种痛并快乐的岁月。但是，对于那些在孩子成长中遇到很多困境的父母，那种心痛也是刻骨铭心的！

在青少年心理咨询工作中，我们经常被那些为了孩子不愿放弃一丝希望和努力的父母所触动。即使带着孩子踏入心理咨询室时，心中充满了无助与困惑："为什么一切都是为了孩子好，却还是出了问题？""我们做错了什么吗？"但他们眼睛里却总是饱含渴望，期待有奇迹出现。

如果父母能够更加了解和理解孩子，对帮助他们应对现实困难会有所助益。精神分析理论认为，一个人的人格基础，是在六岁前通过父母与孩子的关系模式形成的，六岁以后直至成年出现的很多问题，都受父母养育模式的影响。父母做得恰当的、不恰当的，都会印刻在孩子的性格、情绪情感和行为模式里。如果父母在孩子早期时，能够更了解和理解他们，建立充分的安全依恋，孩子的成长过程会更顺利一些。若早期养育上有一些心理创伤，孩子在未来的成长中可能会出现各种各样的问题。

如果父母能够更加了解和觉察自己，也会帮助到孩子和整个家庭。百姓中有一句"孩子生病，父母吃药"的说法，并不是要责备父母，而是说父母能为孩子的成长做些什么。因为孩子的"问题"形成与孩子生长的"环境"是息息相关的，比如，父母的关系是否和谐？父母的情绪是否稳定？孩子在学校遇到的困难和挫折，父母是否能够涵容孩子的压力和焦虑情绪？父母是否把自己的创伤或不良的情绪情感和行为模式，代际传递给了孩子？等等，这些都是孩子出现"问题"的影响因素，却不是依靠孩子一个人能够解决的问题。因此，对孩子的身体和心理养育是一门学问，是需要父母努力学习的功课。科学养育既要符合孩子身心发展规律，又要契合时代发展变化。父母对孩子的爱是人类的本性，但如何让父母之爱，真正成为孩子生命的滋养，只有父母自己不断地学习和成长，才有可能更好地照亮孩子前行的路。

自体心理学家科胡特说过："父母是什么人，比他做什么更重要。"愿《接纳不完美的孩子》这本书，能够成为家长了解和关爱孩子的实用指南，给父母在解决孩子问题上带来更多思考和启发。阅读的过程，也是父母自我梳理和自我观照的过程。你们可以从案例中获得自我的觉察，从心理知识中获得养育孩子的智慧，正如书中所阐述的那样，做一个能够自我反思的父母、有边界感的父母、善于沟通和能够给予支持的父母！

一个生命的成长，正如四季轮回，既有春天嫩绿的萌发，夏天花开的灿烂，又有秋天金黄的收获和冬日雪封下的孕育。当父母迎接一个小生命诞生时，也是在接受一份自然的馈赠，让我们敞开胸怀，带着感恩去接纳这生命的礼物、带着欣赏去接纳他迷人的律动，共同描绘出自己和孩子生命的新画卷！

愿我们共同努力，为孩子们营造一个更加健康、快乐的成长环境。

吕 玮 胡 梅

2025 年 1 月

北 京

CONTENTS
目　录

第一篇　女儿偷用妈妈手机

　　网络时代孩子拿走父母手机，在网上购买物品、打赏主播、玩网络游戏等，引发的亲子关系冲突、家庭矛盾激化，甚至涉及法律问题等现象，越来越频发。在这类问题的处理上，既要建构孩子的物属权意识，同时还要考虑孩子的年龄、需要和发展等多种因素，采取恰当的教育方式，才能帮助孩子拥有管控电子产品的能力。

案例解析 | 在爱与信任中找到孩子教育的 "度"

> 母亲：李莉，41岁，某企业职工。她忧虑地说："女儿一直都很听话，没想到她竟然开始学坏了，偷拿我的手机用，我批评了她，她不服气，还跟我吵架，甚至说要离开这个家。"
>
> 女儿：小麦，14岁，初中二年级学生。她委屈地说："我觉得这不是什么大不了的事，我妈那个手机一直放在抽屉里没人用，我拿来用怎么了？可我妈就是不依不饶的，最后还摔门出去了。"

女儿偷用我手机 | 不信任引发母女冲突

情绪，是一种看不见的、流动着的能量。积极的情绪，能帮助人们适应变化、应对问题和化解矛盾，而消极的情绪也会以各种不经意的方式进入我们的生活。因此，学会及时觉察情绪变化，无论对家庭或自我都是十分重要的。

李莉走进咨询室，开门见山地对我说："今天我是为孩子来咨询，女儿14岁了，一直都很听话，但没想到她竟然开始学坏了。"她有些激动。

"女儿做错了什么事吗？"我问道。

"她偷用我的手机在网上购物，我批评了她，她不但不服气，还跟我吵架，认为我剥夺她的自由，甚至说要离开这个家，我是既担心又害怕，她怎么能说出这样的话！"说到这里，母亲的呼吸都急促了起来。

"请你说一说具体的原因，让我多了解一些。"我探寻着。

"一周前，我发现女儿偷偷用我放在抽屉里的手机开始网购，我很担心，现在有些孩子不是打赏主播呀，就是购买游戏装备，我担心她在网上乱花钱，担心她玩游戏上瘾，我也担心她在网上看不好的东西，更担心她玩手机影响学习。"母亲的语速加快了，音调也高了起来。

"孩子网购都买了些什么东西？价

温馨小贴士

父母担忧背后的焦虑情绪，常来自对未发生事件的消极预测，或者灾难化的预期。其实，父母能够接纳孩子成长中的问题，积极探索与学习解决策略，才是最有效的途径。

钱多少？"我需要细节信息。

"不是什么贵重的，就是买贴纸、手机壳或文具，也就五六块钱的小东西。但是她偷拿我的手机，这个行为就严重了，这是我不能接受的，我狠狠地批评了她，没收了手机。她说我小题大做，抱怨我不信任她，还说我是在控制她。"说到这里，母亲叹了口气，情绪有些落寞。

随后，她又补充道："这周末，因为她有网课，我只好把手机又还给她。不过，我真担心啊，可我的话孩子又不听，真不知该怎么办了。"母亲摊开双手，很无耐的样子。

"孩子除了手机使用上的问题，还有其他什么问题吗？"我追问。

她认真想了一下，说道："其实，孩子一直都挺独立的，也很开朗，做事认真踏实。但不知为什么在这件事上很较真，最近经常唉声叹气，心情不好，好像受了多大委屈似的。可是，作为母亲我觉得自己没做错什么。"

说到这儿，她紧接着又补充道："原来那么乖的孩子，现在这么叛逆？这几天还一直跟我闹别扭，情绪很不好。我真不知道什么地方做错了。"

"作为母亲，你有这样的担心也是正常的，我非常能够理解，每个母亲都不希望自己孩子在手机的问题上养成不好的习惯。但女儿14岁了，对于青春期的孩子来说，她已经有了自己独立的想法和做法，叛逆是一种正常的身心发展过程，这个时期孩子的主要心理发展任务是自我同一性的整合，具体来说，就是她要探索和确立'我是谁'。因此，在你们发生冲突的时候，女儿要体现自我意志，顶嘴反抗就是外在的行为表现。"

"哦？我一直把她当孩子，总想替她把关，看来不完全对。"李莉似乎意识到了自己的问题，又紧接着说："像

> **孩子心里话**
>
> 我都上初二了，可我妈就是不信任我，就拿手机这事来说，她并不知道我的感受和想法，就指责我学坏了，难道我用了手机就是变坏了？我真是不明白！

> **心理学解读**
>
> 自我同一性，指青少年的需要、情感、能力、目标、价值观等特质整合为统一的人格框架，具有自我一致的情感与态度，自我贯通的需要和能力，自我恒定的目标和信仰。

我女儿这个年龄阶段，还有哪些心理特点和变化？我想多了解一些。"李莉目光望向我，恳切地说。

"女儿进入青春期了，这个时期也是她个体独立与依赖相互矛盾冲突的时期，既有要求独立自由的需求，也有心理依赖的需要，两者此消彼长，相互冲突。因此，父母如果能够成为孩子的'港湾'，不仅是给孩子自由生长的空间，也需要在她遇到困境时给予理解、支持和帮助。这就要求父母首先做好自己的情绪管理，然后俯下身来与孩子有效沟通，尽量避免在情绪层面发生剧烈碰撞。"我说。

李莉点点头，似乎对孩子的问题有了一些不同于先前的理解。于是，我继续问："我还想了解一下，孩子的父亲是如何看待这个问题呢？"

"他说，这没什么大不了的，现在是网络时代，孩子早晚都要面对这个问题，让我不要太较真了，还说我太保守了，他在家就会做老好人。"李莉有些不满意地说。

"似乎在孩子手机问题上，你们观念上有些不一致，这方面你们还需要做一些深入交流，尽量取得一致。"

心理学解读

父母很容易看到孩子的外在行为，却很难看见孩子内在的情感和需要。这种情况的原因，一是对孩子不同阶段心理发展的规律特点不了解；二是源自父母自身的情绪困扰与局限性。因此，父母在养育孩子过程中需要不断地学习与成长。

"我也想跟她爸爸好好交流一下，但现在让我很担心的是女儿与我的敌对状态。这一周来她不仅不理我，还说这个家待不下去了，我真担心她冲动下做出什么出格的事来。"李莉认同地点头回应。

于是，我直接对她说："我也很想与你女儿谈谈，如果孩子同意，下一次咨询你们就一起来吧！"

李莉点点头，说道："我回家和孩子商量一下，她跟我吵架时总喊着要让人评理，所以她会来的。"她笑着点头。

在心理咨询中，邀请家庭冲突的当事人到场参与咨询，并与其进行深入有效的沟通，是澄清问题、分析问题和解决问题的重要环节。

妈妈对我不信任 │ 找到解开冲突的钥匙

青春期是生理和心理的快速发展期，孩子与父母的关系也面临新的挑战，这个阶段的孩子变得敏感，总觉得自己身上被套上了枷锁，因而想要奋力挣脱。

再次见面，李莉和她的女儿一起来到咨询室。

"阿姨好！我妈想让我来见心理咨询师，其实我心里也挺想来的。"她礼貌地与我打招呼，直接表明了主动咨询的意愿。

"小麦，你说自己挺想来的，那你一定有话想跟我说，是我们与妈妈一起聊呢？还是你与我单独聊呢？"

此刻，我把选择权交给小麦，这对调动她内在心理动力，减少心理消极防御和避免母女之间的尴尬十分有裨益。

"我想跟您单独聊一聊。"她给出了清晰的选择，没有一丝的犹豫。正如她母亲先前描述的一样，是一个独立、开朗、认真的孩子。

我对李莉说："请妈妈先在外面椅子上休息一会。"

母亲点头答应，转身离开了。

我将目光望向小麦，说道："上周你母亲来咨询，说你们之间发生了一些不愉快的事，你愿意说一说吗？"

"我妈肯定跟您说了我拿她手机的事吧？事情是这样的，我们家有个旧手机，一直放在抽屉里，上周我用它在网上买了些小东西，最后就被我妈发现了，冲我大吼大叫，发了很大的火。"小麦不以为意地说。

> **心理学解读**
>
> 一对一心理咨询。提供了安全、私密的交流空间，使孩子能自由表达自己的感受、想法和经历，而不必担心被他人听到或评判。这种隐私保护有助于建立信任关系，使孩子更加愿意分享内心深处的困扰，为后续的心理咨询奠定基础。

"那么，后来又发生什么了？"我追问。

"后来我妈就说我变了，学坏了！我觉得这不是什么大不了的事，可我妈就是不依不饶的，最后还摔门出去了！"小麦抱怨说。

我能感觉到，孩子提起手机的事，不仅情绪激动，还夹杂着些许的愤怒、

温馨小贴士

本案例中，母亲情绪激动摔门离去，后来孩子也情绪冲动地说要离家出走，这是孩子在模仿母亲处理情绪的行为模式。一般来说，父母的情绪模式，会潜移默化地影响孩子，这就是情绪模式的代际传承过程。

委屈和不解。

"你用这个手机做什么呢？让母亲这么生气，还摔门走了？"我需要澄清。

虽然，我在李莉那里了解了一些情况，但我还需要从小麦这里了解事情的起因、经过以及她自己的所思所想。

"我用那个手机就是买一些小文具、发卡和卡片，也没干什么别的呀！"小麦一脸无辜地答道。

不等我回应，小麦又急忙补充道："阿姨您知道吗？我都上初二了，我们班同学谁没手机啊？可我妈就不同意给我手机，让我很不理解，难道我跟别的同学不一样？就要被父母管着？"她越说越生气。

稍微停顿了一下，又继续说道："妈妈说我用手机没告诉她，是因为我知道，要是跟她说了，肯定不同意。况且那个手机闲着也没人用，为什么我就不能用呢？"

她连珠炮似的，小脸涨得通红，一口气把心里的话说了出来。

我知道，这个年龄段孩子的思维认知正处于活跃期，自我独立的认知系统也在快速形成中。于是，我关切地望着她的眼睛，并点头示意我在专注倾听。

"阿姨，我觉得您愿意听我说话，也不打断我，我就很想跟您多说一些。"果然，我给予她的尊重，她给出了认同接纳的回应。

"刚刚听到你说，你都上初二了，妈妈还不同意你用手机，你问过原因吗？"我需要引导她去做一些思考。

孩子心里话

为什么妈妈就不能相信我呢？我都14岁了，可我妈妈总把我当小孩子，这让我感到很自卑，也会怀疑自己的能力，更害怕同学们笑话我幼稚。

"不用问也知道！她担心我用手机对眼睛不好，担心我用手机看不好的视频，担心我看手机耽误学习，反正就是100多个担心！"小麦不耐烦地抱怨道，两道弯弯的眉毛皱了起来。

"原来，小麦是知道妈妈有这么多

担心的！那你怎么看这些担心呢？如果真的把手机交给你，你会怎样使用它？最后证明妈妈的担心都是多余的？"

"我……"小麦支吾着，没有马上做出回应。

"你从抽屉里拿来用的这个手机是谁的呀？"我接着问。

"手机是妈妈的，但在抽屉里放着，很久没有人用了。"她理直气壮地答道。

"现在，请你按我描述的情景设想一下，如果你有一样东西，比如教室的铅笔盒有一支画笔，有同学看你没有用它，那么她是否可以直接拿走呢？"我举了一个靠近她生活的例子。

"当然不行了，怎么能随便拿走我的东西呢！但手机不是外人的，它是我妈妈的。"她急切地辩解，脸都有点涨红了。

"是啊！如果她不打招呼拿走了，你是不愿意的，你也会生气的，对吗？"她一边点头，一边认真听我的分析。

"小麦，这里存在一个物属权的问题，尽管手机在抽屉里，但妈妈依然是它的物属权人。就像你铅笔盒里的那支画笔，尽管你不用它，但如果直接被同学拿走，而你完全不知情，想象一下你的感受？"我说。

"您问我的感受？肯定不舒服，我也会生气的。"她点点头。

"那时候，你是否会有一种被忽视，或被冒犯的感觉？是否觉得同学的行为越界了？是不是也想要问个究竟？或者是要回自己的主权？"

> **心理学解读**
>
> 物属权，即个体对私人物品拥有绝对的支配权，而属于他人的东西，若想获得使用权，必须经过他人的同意方能使用。

她似乎被我问住了，没有马上给出回答。

这时，我没有催促小麦，而是安静地等待着她的自我觉察、反思与答案。

我想说声对不起 | 累积爱与信任的智慧

孩子的心理成长，没有标准的路径。在养育孩子上，更没有唯一正确的方式，孩子似乎总是在经历烦恼、迷茫，甚至在痛苦和挫折后，才有了新的学习、思考和智慧。

发展心理学认为，尊重他人与自己的所属物权，是人在社会化进程中建立人际边界的过程。因此，帮助青春期的孩子建立物权意识，了解物权归属的意义，是孩子心理成长中的重要内容之一。

"小麦，现在说说你的想法？无论答案是什么我都会尊重你，好吗？"我用温和的语气邀请她。

"听了您的分析，我觉得自己也有不对，就像您说的我悄悄拿走了别人的东西，会让人感到不舒服，也会很生我的气，即使是妈妈的东西，我什么也不说就拿走了，妈妈也会不舒服，会生气的。"小麦认真地说道。

> **心理学解读**
>
> 本案例中，孩子内心渴望和担心的事情，母亲难以感受与理解。同样，母亲忧虑苦闷的事，孩子也无法感受与知晓。此时，对孩子来说最需要的是父母的俯身聆听、深层共情和交流沟通。

"你可能认为，妈妈又不是外人，她的手机我当然可以拿，却没有想到需要妈妈的允许。手机是电子产品，妈妈有很多担心，担心你看不该看的东西、游戏上瘾、乱花钱以及影响学习等，就好比你的日记本，你也不希望有人偷偷拿走，因为那里面也有你的担心，对吗？"我说。

"嗯，是的。"小麦似乎有些不好意思。

"如果为此事妈妈心里不舒服，还有些生气，你想去做一些什么？或者说些什么呢？"我趁热打铁，贴着这个问题继续提问。

小麦直率诚恳地说："我应该对妈妈说声对不起。"她停顿了一下，继续说道："在没有跟您谈话之前，我是不会跟妈妈道歉的，但是听了您刚才的分析，我就懂了。我知道没有经过妈妈同意就拿了手机，会让她觉得我一点都不尊重她。"

"现在，我想把妈妈请进来，把你刚才跟我说的这些话，说给妈妈听？可以吗？"我征求小麦的意见。

她点点头。随后，我请妈妈进来。

小麦眼睛望着母亲，主动开口说："妈妈，我没有经过你同意就拿走了手机，还故意隐瞒不告诉你，是我的不对。"

李莉显然有些意外，急忙应道："没想到你能跟我说抱歉，我真的感觉女儿长大了。妈妈也有做得不对的地方，上次我们吵架时，妈妈把门一摔就走了，是不对的。以后，无论有什么事，我都会跟你慢慢说，也会相信你的。"

最后，母亲答应小麦，给女儿购买一部专属的平板电脑，方便上网课、查阅资料、同学交流和上传作业等。

此时，我与母女俩探讨，是否再制订一个使用电子产品的行为契约，母女俩都同意了。因为，电子产品与生活、学习和社会交往密切相关，孩子终究都要面对这个现实的世界。

关于孩子的手机问题，母亲答应如果孩子在平板电脑使用上遵守规定，自律、自我管理，可以在三个月之后，考虑给孩子一部专属手机。

> **心理学解读**
>
> 本案例中，小麦偷妈妈手机的行为，是孩子成长过程中为满足自身需要而产生的情绪行为，是孩子的物权意识和心理边界概念模糊的行为表现，属于一般心理行为问题。

每一个生命都有成长学习的潜在能力，父母就是孩子的第一任老师，父母能否把孩子真正需要的爱与信任给予她，是孩子成长最关键的因素。

教你一招｜"行为契约"管理电子产品

父母对孩子使用手机等电子产品有许多担心，在这里教给大家一个心理学技术，即"行为契约"，这是一种通过强化和惩罚相偶联的心理过程来管理行为的方法。

第一步，商定目标行为。选择孩子与家长都想要改变的某个行为习惯作为目标。比如，按时完成作业，养成预习习惯，按时起床，控制手机时间等。第一次制订契约时，目标不能设置得太难，比如设定成不许玩手机，如果这个目标无法完成，一开始就会引发他的挫败感，那坚持目标就更难了。所以，目标可以设置成在完成作业后，允许自由使用手机30～40分钟，由双方协商制订。

第二步，商定奖惩清单。家长与孩子一起来商定，如果孩子完成了目标，将获得什么奖励？如果没有完成目标，将要接受怎样的惩罚？这个奖惩清单一定是双方一起商定的。奖励不一定是物质的，也可以是精神方面的。比如，按时完成了作业，可以奖励看一会儿电视，或是跟孩子一起做有兴趣的事情，下一盘棋或者去户外玩等。如果目标没有达成，就要接受惩罚，包括减少看电视、取消兴趣活动或者减少自由使用手机的时间等。

第三步，书写行为契约。契约中要包括目标行为，奖励和惩罚的具体措施，以及该行为契约的执行时间。

第四步，双方签字承诺。契约完成后，需要相关方签字承诺，表示同意并愿意遵守契约中的规定。签字过程增加了契约的正规性和双方的责任感。签字前，孩子与父母要再一次确认契约内容，最好有一个仪式感，比如打印契约，贴在冰箱上，握手拍照等，目的是促进双方对这份行为契约的重视。

第五步，执行反馈监督。可以制作一个"执行记录表"，在契约执行过程中，需要记录实际的行为表现和奖惩措施的实施情况，比如，如果完成了当天的任务，就可以在日期栏目上打一个大红勾。双方彼此关注监督契约完成情况，这有助于双方了解契约的执行情况，并根据实际需要进行微调整。

附：行为契约样例

我（例如小麦）_____承诺，在接下来的一周里，每天按时认真完成作业，字迹工整，正确率在 90% 以上，不拖拉。写作业期间不做无关的事情，吃东西、上厕所之类的事情在开始之前或休息时间完成。

奖惩方法：如果能做到以上承诺，可获得以下两项奖励，一是每天可使用手机 40 分钟；二是周末半天出游时间。如果做不到以上承诺，第二天立刻补上并减少使用手机时间 20 分钟；连续三天做不到，暂停使用手机。连续一周做不到，暂时没收手机，双方重新讨论行为契约。

承诺人签字：　　　　　　　　时间：

父母必读│父母信任孩子的心理价值

父母信任孩子的心理价值深远而重要，它不仅影响孩子的当下成长，也对其未来的人生轨迹产生积极的影响，主要内容有以下六个方面：

一是增强孩子的自信心。当父母信任孩子时，孩子会感受到自己的能力和价值被认可，从而增强自信心。这种自信促使孩子更加勇敢地面对挑战，愿意尝试新事物，拓展自己的能力和边界。

二是促进孩子的独立性。信任孩子意味着给予他们一定的自主权和决策权。这样的父母允许孩子犯错，并注重从错误中学习，在这种环境下成长的孩子，也更可能成为具有独立自主意识的个体。

三是增进亲子关系。父母信任孩子时，孩子会感受到更多的爱和关怀，从而与父母建立更加紧密的关系。这种亲密的亲子关系有助于孩子形成健康的情感依恋，为他们的心理健康奠定坚实的基础。

四是培养孩子的责任感。当父母信任孩子并给予他们一定的责任时，孩子会感受到自己的重要性，并努力履行自己的职责。这种责任感的培养，有助于孩子形成积极的人生态度和价值观。

五是激发孩子的创造力。信任孩子的父母更容易接受孩子的想法和观点，并鼓励他们探索未知的领域。这样的家庭环境有助于激发孩子的创造力和想象力，使他们更加富有创新精神。

六是减轻孩子的心理压力。在父母信任的环境中成长的孩子，心理压力相对较小。他们不必过分担心自己的行为是否符合父母的期望，可以更加放松地度过童年生活。这种心理状态有助于孩子身心健康地发展。

总之，父母信任孩子的心理价值是多方面的，它不仅能够促进孩子的成长和发展，还能够为他们的未来奠定坚实的基础。因此，作为父母，应该尽量给予孩子足够的信任、鼓励和支持，帮助他们成为自信、独立、有责任感、富有创造力和心理健康的个体，让孩子在充满爱和信任的环境中健康成长。

知识链接 │ 人际关系的边界感与"个人边界"

> 边界感，人与人关系的边界意识，指在意识层面分清楚什么是你，什么是我，什么是你的，什么是我的。边界意识的存在，让你的事归你，我的事归我，我对我自己负责，你对你自己负责，同时我拒绝你替我的人生做主，我也不要为你的人生负责。

个人边界，经常被称为"心理边界"。维基百科定义的"个人边界"，是指个人所创造的边界，通过这个边界，我们可以知道什么是合理的、安全的和被允许的行为，以及当别人越界的时候，自己该如何回应。个人边界可以被认为是你和他人之间的想象线，好像围绕你的自我画的一个圈，它区分属于你的东西和不属于你的东西，不仅适用于你的财产、金钱和身体，还适用于你的思想、感受和需要。个人边界包括以下三种基本类型：

一是物质边界，与我们是否提供或借出物品有关，例如我们的钱、手机、汽车、衣服、书籍、食品等。对孩子而言，每个人都能决定自己是否愿意借出自己的玩具、衣服、书籍、食物等，这是物质上的边界。

二是物理边界，与我们的个人空间、隐私和身体有关。这些包括我们在性接触和活动方面的需求和权利是什么，何地，何时以及与谁一起。每个人对于自己个人空间的守护，比如身体或者一些私密空间的守护，这是个人空间的边界。

三是心理边界，决定了我们的情感需求和权利。心理边界将我们的情绪反应和对责任与其他人区分开来。比如情绪、欲望、期待、恐惧、价值观和人际关系，生命和人生。心理边界还包括我们如何分配时间和精力，以及与谁一起使用。

不健康的个人边界，是指容易对他人的情绪和行为负责，或是期待他人对自己的情绪和行为负责。拥有不健康个人边界的人，经常将他人的需求和感受看得比自己的更重要，且会有以下行为：①拒绝别人的要求时，会感到心情不好或愧疚。②被人刻薄对待时，只会忍气吞声。③为了讨好别人，放弃自身信念。④通过别人的评价定义自己。

健康的个人边界，是指对自己的行为和情绪负责，而不是对别人的行为和情绪负责，让我们能够承受自我的选择所带来的后果。健康的个人边界还可以确保别人也能为他们自己的行为负责，不越界侵犯我们。当人们拥有健康的个人边界时，会知道拒绝对方是出于对自己负责，拒绝的原因是因为对方越界了，这样一来自然就会减轻内疚感。同时，也能告知对方自己的边界在哪，防止对方以后再次越界。

第二篇　女儿有多动症吗

　　一次校外家长沙龙活动结束后，在座的学生家长们围过来，几乎都在问同一个问题："我家孩子坐不住，是多动症吗？"多动症，这个源自医疗词典的专业术语，不知从什么时候开始已经尽人皆知。特别是近几年来，一旦孩子学习的专注度不如人意，家长们的心绪就会被搅乱，带孩子来咨询多动问题的家长越来越多了。那么，究竟什么是儿童多动症？它与孩子的好动又有哪些不同呢？

案例解析 │ 如何识别儿童的多动与好动

> 女儿：晓欣，7 岁，小学二年级学生。"我没有不听老师的话呀！就是上课无聊的时候，自己玩一会儿或者找同学说说话，这也不是啥毛病吧！"

> 母亲：42 岁，公司职员。"一周前，孩子班主任打电话找我，说女儿在班里一点也不安分，上课时注意力不集中，手里老玩东西，有时还找邻桌同学说话、传纸条，老师批评她也不太在乎。班主任担心孩子有多动症，让我带她看心理医生，最后还安慰我，孩子有病就早点看，不要耽误了。我真担心孩子像老师说的有病了。"

老师担忧的来电 │ 学校里不安分的孩子

对儿童心理行为问题的评估，一定要从不同角度获得可靠的信息。其中，获取来自孩子监护人的信息，是避免对孩子问题误判的重要一环。

"可以进来吗？"话音未落，门被推开了。

"老师好！我给女儿约了您上午的心理咨询。"循声看去，一位四十岁左右的母亲，神情有些忐忑地对我说。

"请这边坐！"我微笑指向对面的沙发。

她身体还没有坐稳，就迫不及待地说道："接到老师电话，我几个晚上都睡不着，特别担心女儿有多动症。现在她就在门外等着呢！我想先跟您介绍一下情况。"

也许母亲意识到自己的不安，自嘲地说道："我还是第一次看心理医生，确实有些紧张呢！"

"没关系，你慢慢说，说得越清楚，

> **温馨小贴士**
>
> 在孩子进行心理咨询时，往往需要家长提供相关信息。在这个过程中，有些家长常常因为有担心、害怕、紧张等情绪，会忽视一些重要信息，或者会把想象的内容当作真实的信息提供给咨询师，这些都有可能对孩子的咨询产生影响。所以，调整好家长自身情绪，客观、真实、全面地提供有用信息，才最有可能帮助到孩子。

越有利于问题解决。"我用柔和的语气安抚着她的情绪。

母亲点点头，紧锁的双眉有了些许的舒展。

"女儿多大了？你担心她有多动症？发生了什么吗？具体说一说，比如是什么时候发现的？谁发现的？行为上有哪些表现？"我接着问。

"班主任老师打电话跟我说，孩子像是有多动症，建议我带她看心理医生。老师说，她上课总是注意力不集中，手里老玩东西，还找邻桌同学说话、传纸条，不遵守纪律。"母亲一口气说了很多，呼吸变得有些急促，眉头又紧皱起来，能看出来她心里的焦躁。

"是老师让看心理医生的，但我更想知道，作为孩子的母亲，你跟孩子相处中，有没有发现她在行为上、学习上有什么变化？或者出了什么问题？另外，家里其他人有没有发现孩子在行为、情绪上的变化？"

"今年刚开学不久，班主任就反映孩子上课老爱东张西望，和旁边同学说话，或者在课桌上写写画画，干自己的事情，小动作比较多，让我们家长引起重视。起初，我觉得女儿生性活泼外向，所以并没有太当一回事。但是这学期，班主任反映孩子上课注意力不集中、和别人说话的次数更多了。"母亲说完，稍微停顿了一会儿，好像又想起什么事，连忙补充道：

"最近一次家长会，班主任很郑重地告诉我，让我带孩子看心理医生，看是不是多动症。我一下子就慌了，心里直打鼓，这孩子该不会真的有多动症吧？"说完后她望着我，似乎等待着我的结论。

"有很多父母都问过我同样的问题，但是最后确诊为多动症的孩子很少。我能理解，你的焦虑主要是担心孩子的健康和未来。接下来，我会从专业角度对孩子的情况做整体评估，然后再回答你的问题。"我认真地解释道。

心理学解读

人们过度紧张、焦虑和恐惧的情绪，通常源自不由自主地把某些消极情绪放大，或因过度关注一些问题状况而使认知进入管状思维中，难以自拔。这时采用一般化和常态化技术，可以帮助人们走出原有的固着思维，缓解不良情绪。

不可随意贴标签 ｜ 正确识别孩子好动与多动

"好动"与"多动"一字之差，却分别是在"疾病"与"健康"两个不同的概念范畴内，因此，科学判定孩子的身心与行为状态，对其健康成长至关重要。

儿童气质类型各有不同，有安静的，也有活泼好动的。

在咨询交流中，母亲反复强调，晓欣是一个性格活泼、爱玩爱笑，在学校也喜欢跟同学们打打闹闹的孩子。然而，这种活泼好动的行为也招来了不少抱怨，尤其是来自老师的批评和质疑。由于母亲对孩子健康问题的担心，便开始怀疑晓欣是不是患上多动症了。

"好动"与"多动"只有一字之差，却完全是处在两个不同范畴内的概念。好动是正常儿童的行为特征之一，多动则是一种儿童期最常见的心理行为障碍。显然，科学判定孩子的心理行为状态，对他们至关重要。

小姑娘推门进来时，我充满了好奇。

她面容清秀，行为得体，很难想象，如此可爱的女孩，为何会让老师认为有多动症？为何会让妈妈感到焦虑不安？

"你好！你叫什么名字？今年几岁？上几年级？"我对晓欣抛出的一连串问题，这是我有意为之，主要用来考察她的听觉注意力。

"我叫李晓欣，今年 7 岁了，上二年级。"孩子回答得很切题，可以说完全准确。

"我还想问你一个问题。"我接着说。

"当然可以呀！"晓欣张开嘴笑了起来。

"老师给妈妈打电话的事，你知道吗？"我径直问道。

> **心理学解读**
>
> 听觉注意力，也被称为听觉专注力，是指人们对听觉刺激的选择性和集中性的认知过程。它不仅是人从听觉获取信息的能力，也是听觉辨别、记忆、理解和编序等其他能力的基础。

"我知道，老师说我不好好听课，找同学说话，还破坏纪律。"她一脸不在乎。

"那为什么呀？可以让阿姨了解一下吗？"在跟孩子交流时，我会以邻家阿姨的语气来平等对话。

孩子心里话

我也不知道，老师为什么给我妈打电话呀？我学得挺好的，考试成绩也是好的，在学校跟同学们一起也很开心的。

"老师上课教的东西，我都会了，但老师还是讲来讲去，我觉得无聊，就找东西玩一会儿，也会找同学说一句话，怕被老师发现就传一张纸条。"她一口气回答了我的问题。

我心想，这小姑娘真是伶牙俐齿呀！不仅问题回答得流畅，也符合她这个年龄段对问题逻辑的认知。

我还注意到李晓欣的几个关键表现，对判断她的心理状态有帮助。首先，独自在诊室外等候时，她行为配合、情绪平稳；其次，进入诊室后，她按妈妈的指示规矩地坐在身边，并没有过多的行为表现；最后，回答问题时，她注意力专注、回答恰当。

温馨小贴士

被父母贴上问题标签的孩子，本能地在自我印象管理中，趋于使自己的言行与标签内容相一致，这种现象就是"标签效应"。在现实生活中，如果成年人给孩子贴上某个客观正向的标签，会对孩子有一定的积极引导作用；相反，贴上一个主观臆断的问题标签，也就必然产生消极的影响。所以，父母一定要警惕无意之中为孩子贴负面标签。

显然李晓欣的情况，不符合多动症的行为认知特征，所以，我们不能给一个 7 岁好动的小女孩，贴上一个多动症的疾病标签。

我转头望向晓欣的母亲，问道："孩子说课堂内容都会了，是这样吗？"

"是的。不少内容在家里学过，有时候我教她，有时候姥姥教。"母亲很快作出了回答。

我又把目光投向孩子，紧接着问道："晓欣，我还想知道，你说都学会了，那么考试成绩怎么样啊？"

"挺好的呀！不信你问我妈妈，每次就是错几个字，或者写错一个数字。"她努努嘴，把脸转向母亲的一边。

母亲连连点头，回答道："成绩一直都挺好的，就是爱说话，不遵守纪律，老受批评。"听得出来，母亲心里不能

心理学解读

对儿童心理行为问题的评估和诊断，一定要从不同角度搜集可靠的信息。其中，搜集孩子监护人的信息，即养育者的第一手生活资料，是避免对孩子问题误判的一个重要环节。

接受的是孩子的不听话，那是堵在心头的一块石头。

"晓欣，如果在家里让你自己去学习，你会怎样做呢？比如喜欢什么样的方式呢？"我接着问。

"嗯。我喜欢看'叫叫'，动画特别好玩，里面还有很多故事。"晓欣回道。

听孩子这么说，母亲急忙补充："这是一个用故事学文字的软件，她特别喜欢，我害怕对她眼睛不好，每天只让她看两集，大概30分钟。"

听到这里，我对晓欣问题的基本评估已经有结果了，她不是儿童多动症，只是一个活泼好动的小女孩。

> **温馨小贴士**
>
> 人类的心理发展，无论从速度还是内容上，儿童和青少年期都是发展迅速的阶段。不同的年龄，有着不同的心智特点。所以，在养育孩子的过程中，父母既要尊重孩子发展的共性，又要尊重孩子发展的个性。

压抑性心理补偿 | 调整不一致的父母养育观

孩子的世界里，语言并不是自我表达的全部，因此，准确解读孩子身心的密码，不仅是要听懂他们说的话，更需要沉下心来，认真听取他们行为背后的深层语言。

在前面的交流中，母亲一直未提及父亲。

于是，我问道："我想了解一下，孩子跟父亲相处的情况，或者父亲是如何看待孩子的问题的？"

妈妈略微迟疑了一下，语调低沉地说道："两年前，我跟她爸爸离婚了，女儿跟我和姥姥一起生活，我与母亲都属于望子成龙型，比较急功近利，给她的学习压力比较大。但是，爸爸因为家庭不完整对孩子有所愧疚，想要用更多的宠爱来弥补，甚至是讨好女儿。"

我继续问道："作为母亲，你是怎么看待这件事情的？"

她提高了语调，快速回应道："对晓欣爸爸这种溺爱、放纵的做法，我是坚决反对的。"

听到妈妈的回答，我似乎对孩子当前的行为问题有了部分的解答。那就是，爸爸对女儿言行宽松随意的态度，以及讨好宠溺的行为，跟母亲高要求、高期待和严格的态度行为，形成了极大的反差。

心理学解读

心理补偿，是指由于某些客观或主观的原因，导致人们未能获得某种需求的满足，从而失去心理平衡或产生精神痛苦时，采取或发展出的新的应对方式，它可以是有意识，也可以是无意识的。心理补偿分为积极补偿、消极补偿和过度补偿。

在家庭生活里，为了迎合妈妈和姥姥的高要求，她会压抑活泼好动的天性。但是，在相对宽松的环境或母亲不在场时，比如学校，李晓欣会呈现出自我的真实状态，甚至有超出某些边界的行为。从心理学上来看，这是一种补偿性的自我意志和自我表达。

晓欣妈妈叹了一口气，说道："她在学校的时候，反而因为我不在身边会更加自在自为。我记得老师也说过晓欣在学校不受约束，把老师的话当耳旁风。我挺羡慕别人家的孩子，乖巧、坐得住。"

听到母亲的感慨，我接着说："每个孩子的天性不一样。不太好动的孩子，父母也会着急，经常有父母来咨询，说孩子很木讷、被动、像个书呆子，甚至都不会主动跟别人搭话，更别说会交朋友了。"

"那倒也是。学校开家长会时，她同学的家长都特喜欢我女儿这种开朗活泼的性格。"妈妈脸上露出了笑容。

试想，天下的父母谁不希望自己的孩子是完美的，尽管也知道不可能，但心里的期待还是存在的，并常在无意识中暴露出来。

我回应道："孩子是生命带给我们的礼物，无论她的个性如何、聪明与否、乖巧与否，父母对她生命的爱都不会因此而改变。"

"特别谢谢您，让我想明白了很多事情。我也40多岁了，就这么一个女儿，她不是多动症，我现在终于可以放心了。"妈妈终于舒了一口气。

温馨小贴士

真正的亲子之爱，既符合人性也考验人性，它需要看父母是否可以接纳一个真实的孩子，一个真实的生命，让她做真实的自己，并把这视为真正的爱。

我接着说："希望你能跟孩子的父亲坐下来仔细地谈一谈，在养育孩子的问题上，尽量达成一致或接近的理念，这样对孩子心理健康和成长会更有益。"

她点头，说道："我也是这样想的，我们俩是要坐下来，谈一谈孩子的问题了。"

望着母女缓缓远去的背影，我不禁感叹，这就是普天之下的舐犊情深吧！

教你一招 | 如何识别儿童的好动与多动

随着多动症这个名词逐渐走进人们的视野，很多家长对孩子的行为表现格外关注，总会担心活泼好动的孩子得了多动症。多动和好动是两种不同性质的概念，多动症属于疾病范畴，一旦孩子被判定为多动症，可能对他们未来的发展有很大的影响。所以，家长有必要掌握一些多动和好动基本区别的相关知识。

活泼好动的儿童，其特点是注意力保持完整，学习能力发展正常，在孩子自己感兴趣的事情上不仅能聚精会神，还会讨厌别人的干扰。从儿童心理发展的角度来看，正常学龄期儿童的注意力，一般能持续20分钟左右，尤其在儿童喜爱的事情上，注意力会维持更长的时间。本案例中7岁的李晓欣，不仅在看故事时，能保持30分钟以上的注意力，而且学业成绩良好，与同学间的人际关系正常，符合活泼好动儿童的特点。

多动症儿童，其特点是智力水平基本正常，但最突出的行为表现，就是做什么事都心不在焉，无法有始有终，注意力集中的时间很短，在行为上表现出反复的变化。另外，情绪很容易激惹，无论在家里还是在学校，学习效率都存在很大的问题，常常引发学业成绩不良。另外，在与同学交往的关系上，也常因情绪和行为冲动，引发人际关系问题。

多动行为，至今并没有一个严格的量化界值，需要结合社会功能、心理评估和医学检查来判定。对活泼好动的孩子，在教养过程中，成年人不可盲目贴标签，将多动症挂在嘴边，形成不良自我暗示，强化不恰当的行为。

父母必读 | 父母教养不一致的消极影响

心理学研究显示，孩子的心理发展有不同的阶段，每个发展阶段都有需要重点培育的心理品质，能否顺利地培养出各个阶段的心理品质与家庭教育观念息息相关。有的家庭，父母协商，营造和谐相处的教育氛围，孩子的身心发展就会健康、顺利；有的家庭可能会出现父母教育观念分歧、方法差异等教养不一致问题，就会影响孩子的身心健康发展。当父母教养方式不一致的问题长期存在、无法调和时，往往会给孩子带来多方面的消极影响。比较常见的消极影响有以下几点：

（1）影响合理认知的形成。当父母面对同一个问题有不同认知时，孩子会接收到不一致的信息，而青少年的辩证逻辑思维发展并不成熟，很容易在不一致的信息中对事物产生模糊的认识，再加上他们的信息加工水平较低，很难让这些模糊信息形成合理的认知。比如，面对闯红灯问题，可能妈妈认为无论在什么情况下都坚决不能闯红灯，而爸爸认为在没人的时候偶尔闯一下也没关系，此时，孩子就会无所适从，对于规则的认知就会很模糊。长此以往，他们的价值观和道德发展可能都会受影响。

（2）产生情绪情感困扰。当父母教养方式不一致时，双方家长都有可能因为孩子的行为没有按照自己的要求行事而产生不良情绪，这时，孩子不仅会受双方家长不良情绪的感染，还可能会因无法确定如何同时取悦父母双方而产生新的情绪困扰。久而久之，他们的情绪情感就会形成消极模式，甚至最终出现如压抑自我、情绪激惹等心理健康问题。

（3）影响成熟人格的建构。当父母教养方式不同时，可能经常出现如下场景：双方都想管孩子时，因为方法截然不同而产生各种冲突；双方都不管时，孩子被冷落、被忽视。这些均有可能成为孩子的早期创伤，出现自卑、自我价值感低、低自尊等问题，从而难以建构积极、自信的人格特质。

（4）影响心理行为发展。父母教养方式不一致，可能会对孩子的社会行为、边界感、人际交往技能等心理行为发展产生不良影响。比如，孩子在不同的社交环境中，父母给予的指导大相径庭，让孩子无法找到一致性的行为准则，这不仅导致他们无法适应环境，甚至还会不断受到挫败感的冲击，影响自信心的培育。

（5）冲突解决能力下降。父母教养方式不一致，可能让孩子长期处在两难境地的趋避冲突中，由于得不到一致性指导，可能没有机会学习建设性的应对策略，冲突解决能力下降。

因此，父母之间应该多沟通，保持稳定情绪，培育良好的夫妻关系，尽可能地保持相对一致的教养方式，为孩子提供稳定和支持性的环境，促进他们身心健康成长。

知识链接 | 被压制儿童的"心理补偿"现象

心理补偿，是指由于某些客观或主观的原因，人们未能获得某种需求的满足，从而失去心理平衡或产生精神痛苦时，采取或发展出新的应对方式。心理补偿可以是有意识，也可以是无意识的，通常分为三种类型，即积极补偿、消极补偿和过度补偿。

积极心理补偿，是指面对缺陷，激发潜能，发展出新的优势，以减少自卑感。比如，相貌平平的女孩，通过努力学习，事业上成就非凡，获得大众的关注和尊重。

消极心理补偿，是指为弥补缺陷而采用的，对自身带来更大伤害的新的应对方式。比如，当减肥的人遇到困惑，会采取暴饮暴食的方式来减轻自卑感带来的痛苦，反而导致体重增加。

过度心理补偿，是指试图通过过度追求某种物质或情感上的满足来达到平衡，但实际上却造成更大的不平衡。比如，曾经贫穷的人过度消费，曾经失败的人过度追求成就，曾经被嘲笑外表的人过度关注外表，曾经不被关爱的人过度溺爱孩子等。

在日常生活中，我们还经常看到这样的现象，很多小时候特别乖巧的孩子，长大后反而容易"逆反"，让家长苦不堪言。其实，孩子所谓的"乖巧"，通常是为让成年人满意的刻意表现，可能并不是孩子真正的样子，为了乖巧，他们往往压抑了自身的各种需求。这种压抑，还会源自其他原因，比如寻找一些安全感，受制于无力的对抗、讨好等。而一旦孩子的自我能力强大起来，自己有能力满足这类需求时，他们可能就会用报复性的行为来过度补偿那些曾经没有得到的满足。

如果长期或极端地采取消极心理补偿和过度心理补偿行为，会导致个体产生严重的焦虑、抑郁、自卑等不良情绪，进而引发心理问题，甚至心理障碍。

本咨询案例中，来访者在家里迫于妈妈和姥姥的严格要求，把自己的很多需求压制下来，于是，在学校里有较多自由空间时，她采用了过度补偿，如用各种方式过度寻求关注、无视学校和课堂纪律、经常干扰同学等。虽然本例来访者没有达到心理障碍的诊断标准，但是她的行为对学习和人际关系等社会功能已经产生了影响，到了需要进行心理辅导或心理干预的程度。

第三篇 "手淫"带来的困惑

青少年性教育一直带有神秘的色彩，无论是在学校还是在家庭，性教育都很难像其他学科一样公开讲述，做到清晰明了。大多数人对性教育的理解就是性生理教育，而忽视了性心理教育，致使青春期性心理冲突引发的学习问题、自卑、挫败感和家庭冲突的情形，呈现逐年增多的趋势。

案例解析｜解析男孩青春期"性欲望"

> 儿子：风宇，14岁，初中三年级学生。"我不想憋着了，我想说说心底的秘密，已经憋了很久，再不说出来，我担心自己会被压垮。"

> 母亲：38岁，某企业员工。"不知孩子怎么了？整天懒洋洋的，关在自己的房间里也不理我，我跟他说话，没说几句就顶嘴，不仅学习没长进，脾气越来越坏，这孩子是不是有什么问题了？我和他爸都不知该咋办了，只能求助心理咨询了。"

不被"看好"的孩子｜走出自我否定的雾霾

青少年的自我评价大多建立在家长、老师、同学及自身学业的评价之上，如果出现自身与外界评价明显不一致时，容易出现自我同一性紊乱，继而出现回避、转嫁和自暴自弃等心理防御。

母亲劝儿子风宇来咨询时，他有些犹豫，最后还是同意来见咨询师。

第一次见到风宇，他个子很高，身体也比较结实，但神情似乎有些疲惫，带着戒备的眼神，不断扫视着房间的四周，缓缓落座后便低下了头。

看到他被动躲避的样子，于是我用柔和的语调说道："风宇，今天我们是第一次见面，不知你想跟我说些什么呢？"

对于被家长劝来咨询的孩子，或者明显躲避不主动的来访者，我一般不会用"问题""帮助"或"咨询"这样的语言，因为有些孩子不认为自己有问题，也不认为自己需要帮助，反而会认为父母或其他人有问题。因此，一个开放式

温馨小贴士

当父母与孩子交流时，常常困惑于交流什么内容、如何表达等看似简单的问题，往往得到孩子的回应却只有一两个字。其中很重要的一个原因是，父母使用的是封闭式问句，比如作业写完了吗？孩子只会回答没有或写完了。而使用开放式提问，对问题的回答不受任何限制，给予孩子充分的自我表达空间，鼓励他们对问题、事件提供详细的信息，能够更好地理解孩子们真实的情感、想法和经历。

提问更有利于建立信任关系。

风宇似乎不太有兴致，他皱了一下眉头，停顿了几秒，有些敷衍，瞥了我一眼说道：

"这次咨询是我妈安排的，她想让我来。"

他冷淡的回应，应该在预料之中，于是我微笑着继续说道："妈妈可能有她的理由，但今天你已经来到这里，那你愿意说说妈妈让你来的原因，或者你自己的想法吗？"

风宇沉默了一会儿，然后像是下了决心，抬起头望着我，说道："老师，我妈老说我太懒，不努力，现在学习成绩不好，她就很着急。其实我也很着急，也想学好，就是学不进去，但我从来没有缺过课，也都能完成作业。但我父母看不到这些，总说我不爱学习，说我偷懒，说我辜负了他们！"

显然，他情绪激动了起来，我看着他微红的两颊，能感受到他内心的焦躁，以及对父母隐隐的怨念。

这时，我想还是要把问题聚焦一下，于是温和地问道："好像妈妈对你有些不满意，她好像也很着急，你能具体地说一说发生了什么吗？"

这时，风宇不再回避了，他低声回答："前两天有个重要考试没考好，老师跟家长说要多关心我。可是我爸妈并没有

> **孩子心里话**
>
> 爸妈从来没有站在我这边，从来没有为我想过，只要老师打电话，就会批评我，就是我又给他们丢脸了，让他们没面子了，我在他们眼里就不是一个好孩子、好学生。

问我，就认定是因为我太懒，没有努力。他们觉得，原来给我制订的目标都要泡汤了，很失望，还说对我不抱什么希望了。"

青少年的自我评价大多建立在家长、老师、同学及自身学业的评价之上，倘若外界与自身评价不一致，特别是家长长期对孩子有负面的评价，或代替孩子决定他们的人生目标，孩子自身的发展则容易出现自我同一性早闭、延缓或扩散问题，继而出现回避、转嫁和自暴自弃等防御心理。

"那你自己认为，出现这种现象的原因是什么呢？"我追问道。

风宇像是在思考如何回答，他沉默了一会儿，说道："可能我在学习上，确实没有天分。即使我再努力，也不一定有好成绩。"

看到风宇无助、内疚和落寞的神情，我知道此时他非常需要有人推他一把，给予力量与支持。

于是，我望着他的眼睛，认真地说："你之前说过，从没有缺过课，作业都按时完成，我看到了你的努力，也看到你的付出，这是非常难得的，也是宝贵的。现在，只是考试成绩不理想，让你有无力感，开始怀疑自己，心里很难受。"

风宇嘴唇动了动，并没有马上回答，停顿了一下后，说道："是啊！我努力，但也没办法，晚上经常熬到十二点，有时一两点才睡觉，就是想证明给父母看。"

我回应道："睡这么晚？睡眠质量怎么样？你看起来很疲劳。"

"还、还行吧，我知道睡不好会影响第二天上课。"他说话有些磕巴。

"你睡得那么晚，除了学习，还会做一些别的事情吗？"我追问道。

"嗯，差不多就是学习吧。"风宇低声回应。

从风宇多次的沉默、停顿和说话磕巴中，我观察到他欲言又止，犹豫不决的样子。我想可能是他还没有做好心理准备，也许他正在使用回避型心理防御机制。

心理学解读

心理防御机制，是指个体面临挫折或冲突的紧张情境时，在其内部心理活动中具有的自觉或不自觉地解脱烦恼，减轻内心不安，以恢复心理平衡与稳定的一种适应性倾向。

我知道，无力感的持续存在，已经损伤了他的自信，尤其是父母对他的失望，让他感到茫然。所以，对他自身积极资源的挖掘就尤为重要。

我接着说道："每个人都会遇到不如愿，都会有难受的时候，这是普遍存在的一种心理现象。但如果人陷入消极情绪里，并不会改变不如愿的现状，反而会让人失去自我，没有了行动的力量和方向。风宇，你愿意做些尝试，我们一起寻找办法吗？"

在这里，我用了"我们"两个字，目的就是给他支持的力量。

风宇点点头，说："嗯。我试试吧。"

我清楚地记得，前几天他母亲曾提到过，孩子的运动能力很出色，特别是跳远、游泳都拿到过不错的名次。我想，从他的优势切入，看到自身资源，帮助他恢复自信心。

于是，我接着说道："听你妈妈说，你的跳远和游泳还拿过名次，是这样吗？"

风宇点头，有了精神头。当自己的优秀被人看见、被人记得，他的内心一定充满了喜悦和力量。

果然他开口回应道："嗯，我的跳远和游泳还行！"

我感慨地说道："跳远、游泳这两个项目，不仅需要体力，更需要速度，要取得好成绩可不是一件容易的事！"

风宇笑了，这是我第一次看到他的笑容。

他用轻松的语气，说道："老师，我觉得也许我能考上体育大学，没准还能当个大学老师，或者做教练教别人游泳呢！"

这是一个突破点，我需要给予他赞美和肯定，说道："不错呀！你不仅有愿景理想，还有实战能力，真的不简单。"

风宇有些腼腆，说："谢谢您！我就是担心总考不好。"

此时，我故作神秘的样子，压低了嗓音，说道："给你讲一个秘密，说起来我还有点不好意思，很多人考驾照都不是件难事，可我考了五次才过。为此，我还掉过眼泪呢，觉得自己太笨了，不过我不甘心呀！最后还是通过了。"

咨询师在恰当的时候使用自我暴露技术，有助于将来访者的问题常态化，并促进咨访关系的深入。

听了我笨手笨脚学开车的故事，风宇忍不住，笑出了声，说道，"老师，连您都会有那么多次的失败，不知怎的我感觉好像轻松了。"

我回应说："其实，有时候允许自己普通一些，给自己一点耐心，既是一种能力，也是智慧。"

风宇眼睛眯起来，反问道："老

温馨小贴士

父母在与孩子的交流中，也可以使用自我暴露技术，公开自己适当的经验与孩子分享，比如自己的青春期是如何度过的？有哪些趣事？以帮助孩子对自己的感觉、想法与行为后果有进一步的了解，并且从中得到积极的启示。

师，我认为爸妈就是想要好成绩，但是如果现在我没有好成绩，那该怎么办呢？"

我无法立即给出答案，也不能随意评价风宇的爸妈，而是需要进一步澄清父母和孩子之间的认知是否一致。

于是，我用温和的语调，好奇地问道："怎么理解这个好成绩呢？是要求数学成绩第一？还是英语成绩前三？或是在任何科目上成绩都好？"

"考第一的要求倒没有，就是不要排在后面就好了。"他笑着给出了回答。

"那么，我想知道你是如何看待父母有这样的期待？"

"看起来好像也挺正常，大多数家长对孩子都有期待，也许是我自己太敏感、太不自信了吧。"风宇开始向内觉察自己了。

"你开始回望自己了，这种自我探索式的思考是特别难得的。"我及时肯定他。

风宇认真地说："看来是我自己需要做些调整，不能全都怪父母，回去后我要好好想一想。"

这句话看似对我说，但其实也是他说给自己的。

咨询结束前，风宇起身望向我，问："老师，我下周还能来吗？"

"当然，我们还有很多话题没有谈呢！"我微笑回道。

"老师再见，下周见！"

憋在心里的"秘密" | 解开羞于启齿的性欲望

在青少年性心理咨询中，很多来访者的心理冲突，来自把正常的性心理与生理需求误认为不正常，从而引发明显的消极情绪，导致学业发展受挫。

一周后，风宇急匆匆地走进咨询室，他的头发、睫毛上全是雪，耳朵冻得通红，我关切地问道："雪这么大，怎么也不打个伞呢？"

风宇笑了笑，不好意思地说："老师，我一路上边走边背古诗词呢，没注意这些。"

"你喜欢古诗词，我也喜欢，你刚才在背哪首呢？"

"您喜欢苏轼的诗词吗？"风宇看着我的眼睛问道。

我笑着回答："喜欢，不知道你最喜欢哪一首？"

我想他这么问，一定有自己的喻义。

果然，风宇说："莫听穿林打叶声，何妨吟啸且徐行。竹杖芒鞋轻胜马，谁怕？一蓑烟雨任平生。我刚才背的就是这首。"

我十分惊喜，这是苏轼的词《定风波·莫听穿林打叶声》中的句子。风宇能吟出这几句词来回应，说明他的状态还不错，也似乎他在给自己打气、鼓劲。

果不其然，不等我发问，他就主动说："现在我的状态好些了，您上次跟我妈妈谈了以后，爸爸妈妈也有很多改变，不再天天批评我了，与他们的关系好了很多。可能是我比以前有自信了，突然就不害怕了，心里舒坦了，打游戏时间也少了。"说到这里，他停了下来，游移的眼神瞟向我，似乎有些犹豫。

我知道他有话要说，所以，没有催促他，只是安静地等待。

他终于下定了决心，说了出来："老师，我不想再憋着了，我想说说心底的秘密，憋了很久了，再不说出来，我担心自己会被压垮。"

哦？一直压在他心底里的秘密是什么呢？在上次的心理咨询中，虽然他完全没有透露过，但我已经隐约感觉到他还有话没有说出来，今天独自一人冒着大雪来咨询，想必这个"秘密"确实让他难以承受了。

我望着他，认真地回应道："好啊！每个人都有自己的小秘密，作为心理咨询师我会保密的！"我特意强调了保密的承诺。

他有点脸红，低着头说："是关于性的，我有手淫，而且次数很多，我知道这是不好的行为，也下过决心戒除，想用意念加以控制，但无济于事。自己控制不了，又担心、紧张。"

现在问题似乎清晰了很多，妈妈说风宇整天懒洋洋的，我观察他也是很疲惫的样子，而且上次咨询多次出现犹豫、沉默、欲言又止的状态，今天他终于勇敢地说了出来。

"你今年 14 岁，个子长得和大人差

心理学解读

手淫，即自慰行为，是满足性欲望的一种途径，指对自己的生殖器官进行性刺激，以获得性唤起和性快感的主动刺激行为。

不多高了，力量也变大了，你的男性器官逐渐成熟，这方面的功能也逐步发展，有自慰行为也不奇怪啊。"我回应着他的紧张与不安。

风宇脸有点红，但听了我这么说，似乎让他轻松很多，两只紧紧握在一起的手也松开了。

我接着说："当然，你说次数很多，控制不住，又担心，我还是很关心的，能说说你特别担心的是什么？为什么？"

"其实在两年前，我上六年级，在睡梦中第一次出现了遗精，当时既惶恐又好奇，还有些紧张，就悄悄把床单擦拭干净，把废纸扔进了垃圾桶。"

心理学解读

遗精，在没有性交和自慰的情况下，精液自发地从体内排出，这种情形常常发生在睡眠状态下。

我点点头，对他说："男孩子在青春期第一次经历这种性体验，心里好奇、紧张都是很常见的。就像女孩子第一次来月经一样，会有些手足无措。"

随后，我问道："我想知道，你当时对青春期性发展的知识有了解吗？学校老师在生理卫生课上有没有讲过？"

"不太懂，当时很朦胧。学校老师可能讲了大概内容吧，我不记得了，现在比那时候清楚了一些。"风宇说。

我想，无论孩子的性知识从何种渠道获得？或者获取的内容为何？对已出现性困惑的青少年，再给予一些科学的性知识是非常必要的。

于是，我说："男孩在十一二岁左右，体内的雄性激素水平明显升高，有人就出现梦中遗精现象。遗精的发生与多种原因有关，包括性器官成熟的程度、遗传和环境等，在你十二岁时，第一次出现遗精，这属于正常生理现象。"

风宇似乎放松了下来，一边点点头，一边继续说："第一次遗精后，我就有了手淫，但只是偶尔才这样，最倒霉的是，有一天晚上，我妈突然进我房间，被她撞见了，妈妈说我不自爱，说我这么小就迷恋上这玩意，她觉得很崩溃，我们吵了起来。最后，我按照她的要求发了誓，不再做这种事。但从那以后，我反而管不住自己了，手淫次数也多了起来。"

"当妈妈这么批评你，要求你发誓的时候，你心里的感受是什么呢？"

我问道。

"我更紧张，也更矛盾了，一方面想控制、回避，另一方面又控制不住地悄悄行动，在这种矛盾和纠结中度日。我学习成绩本来就不太好，这下就更不好了。我觉得自己没羞没臊，说话还不算数，对不起爸妈，辜负了他们。"风宇的语调明显低落了下来。

温馨小贴士

青春期的孩子是自我意识发展的重要时期，有独立的心理需要，父母要与孩子有边界感，不过度侵入或突然冒犯孩子的物理边界和心理边界，以免对孩子的生理和心理造成不良的影响。

我对他说："想必，你母亲是出于对你身体健康的关心，害怕你学坏，担心你耽误了学业，才如此严厉地对待你，妈妈这种处理方式让你感到有压力了。"

显然，风宇已经出现了明显的心理冲突，主要表现为自责、羞愧与焦虑不安，不仅造成了比较严重的心理负担，还影响了他的学业发展。

"我这样的状况也算是正常的吗？会影响身体吗？"风宇开始询问。

"身体健康是身体各方面协调、均衡的结果，自慰也是一样，关键是看自慰是否在适当的范围内，建议你尽量避免不健康的自慰行为，比如手法粗暴、环境不洁、频率过多等。"

听到这里，他紧接着问道："我差不多每天有1次，算不算频率高了？"

"性需求因人而异，在你这个年龄阶段，每周1次比较合适。频率多了会出现腰酸、腿软和乏力等，你感觉你的精神状态怎么样？"我问道。

"听课经常犯困，没啥精神，第二天感觉挺疲乏的。"他说。

"你已经出现了精疲力乏的症状，也影响学习状态了，说明自慰的次数太频繁了。"我认真地回应。

"那我应该怎么办？"他急切地问。

"我建议，你要适度地拉开自慰的时间，先尝试隔天一次，逐步调整到每周一次，时间尽量安排在周末，这样既满足了性欲需求，也可让身体得到恢复，同时学习的专注度也会好一些。"

在性心理咨询中，很多来访者的心理冲突，来自把正常的性需求误认为不正常。咨询师需要针对来访者的问题，提供相关的性生理和性心理知识，从而降低或缓解其心理冲突。

风宇神情专注地听着，原本紧抿的双唇也渐渐松开了。也许，今天他能袒露自己的性秘密，应该有一种如释重负的感觉。

"我担心做不到，怎么办？"风宇有些忧心地问。

"刚开始时，这种改变可能需要你的意志力，可选择转移注意力的方法，比如多培养一些体育爱好，特别是慢跑、游泳、球类等有氧运动，大脑会分泌内啡肽，它们是天然的'快乐元素'，也可以帮助释放青春期荷尔蒙能量，自慰的想法和行为就会逐渐减少。这样稳定持续一段时间，后面就比较容易形成习惯。"我给出了建议。

"好的，我试试看，运动也是我喜欢的。"风宇说。

"现在，我有一个疑问，这个事情是两年前发生的，是什么原因促使你今天来找我咨询？"我想进一步了解，这件事情对他现在生活、学习和成长的影响。

风宇有点不好意思，说道："我发现，当我想努力学习时，还是挺难的，虽然不断暗自下决心，但还是感到压力很大，就会不自觉地用手淫放松一下。后来，我也觉得有点频繁，就到网上百度，了解到这种行为会伤身体，还可能导致阳痿，就开始担心了，但也不敢跟别人说。最后，还是想到您这里，因为您是一位心理专家，我比较放心。"

心理学解读

内啡肽，是体内产生的一类内源性的具有类似吗啡作用的肽类物质。这些肽类除具有镇痛功能外，还具有许多其他生理功能，比如在内啡肽的激发下，免疫系统得以增强，调节体温、心血管和呼吸功能。因此，内啡肽也被称为"快感荷尔蒙"，帮助人的身心处于轻松愉悦状态之中。

孩子心里话

我自己又矛盾，又害怕，妈妈不理解我，还批评我，我心里难受，这件事憋得快受不了了。

"现在，你把心里的秘密都说出来了，我也分享了一些相关知识，不知对你有帮助吗？"我需要评估一下咨询效果。

"把心底的秘密说出来，还听了您的解释，我感觉心里的一块大石头掉地上了。还有，原来我觉得自己很卑鄙下流，现在知道性是正常的、健康的，只是我需要找到一个平衡点。"说完他笑了。

有时候，人们对性知识的缺乏，对自慰行为的错误解读，才是引发心理冲突，造成身心伤害的原因，尤其是对性懵懂期的青少年，风宇的心理冲突正是如此。

咨询结束前，他望着我，真诚地说："老师，这件事我咨询的有些晚了，如果我两年前就来找您，也许我就不会那么憋屈了。"

我笑着说："人生就是这样，谁也不能保证自己走的每一步都顺顺利利，弯路也有弯路的风景和收获，最终在寻找答案的过程中成长。现在的你，在经历了一些坎坷后，已经不再是原来的你，而是有了清晰的方向，这就是成长，是让自己变得更好！"

"您说得对，现在我心里踏实，我知道自己该怎么做了。"风宇点头说。

咨询结束后，我与风宇的父母进行了一次访谈，向他们介绍了青少年性心理对孩子的影响，对父母怎么做提出了一些建议。

每一段人生经历都是有意义的，有挫折，也有成长。世上没有白走的路，每一步都在丰厚我们的生命！

教你一招｜身心压力调节法：渐进性放松技术

渐进性放松法，是身心松弛训练的一种方法。它是按一定的练习程序，学习有意识地控制或调节自身的心理生理活动，以达到降低机体唤醒水平，调整那些因紧张刺激而紊乱的功能。美国生理学家杰克伯逊根据在有意识地松弛的同时，情绪亦感轻松的身心整体反应现象，创立的一种通过对肌肉反复的紧－松循环练习，可以促进肌肉放松和大脑皮质唤醒水平下降的一种放松方法。具体操作如下：

采取舒适的坐位或卧位，循着躯体从上至下的顺序，渐次对各部位的肌肉先收缩 5 ~ 10 秒，同时深吸气和体验紧张的感觉；再迅速完全松弛

30～40秒，同时深呼气和体验松弛的感觉。如此反复进行，也可只进行某一部位或是全身肌肉一致的松紧练习。练习时间从数分钟到20分钟，可根据训练肌群范围灵活运用。本疗法无禁忌，老少皆宜。

父母必读｜青少年为什么会出现手淫行为？

青少年出现手淫行为的原因是多方面的，包括生理、心理和社会环境因素等。父母要及时、准确地了解相关知识，一方面用恰当的方式提前对孩子进行性教育，另一方面也要避免采取指责、惩罚等不恰当方式，以免加重他们的心理负担。那么，引起手淫的常见原因有哪些呢？

（1）生理原因：①青春期性器官逐渐成熟，性激素水平升高，青少年在性激素的作用下，外生殖器敏感性加强，会自然而然地产生性冲动和性需求。②部分青少年可能会因为追求身体快感，继而采用手淫的方式来获取。

（2）心理原因：①青少年在成长过程中，可能会遇到一些如学业问题、人际关系问题、自我认同困惑等心理压力，这可能引发他们采用逃避现实的方式，或将关注点转移到性快感上。②青少年正处于性生理趋于成熟，而性心理并未成熟的不平衡阶段，他们对性有一种神秘、憧憬、羞愧等难以言状的复杂心理。③部分青少年自我控制能力相对较差，容易受到外界诱惑和误导。

（3）社会环境因素：①现代社会中充斥着大量的性信息和刺激，网络、媒体和社交圈子等都可能成为传播性信息的渠道，青少年在这些外部因素的影响下，可能会唤醒性兴奋，引发手淫行为。②有些青少年可能因为好奇、叛逆，受到他人的诱导学会手淫，或青少年同伴有手淫行为，导致相互效仿等。

以上是青少年出现手淫行为的一些可能性。每个人都是独特的，因此不能简单地将问题对号入座。期待家长和学校加强对青少年的性教育和指导，帮助他们建立健康的性观念。

───※◇◇◇※───

知识链接 | 过度手淫有哪些心理和生理表现？

手淫，也被称为自慰行为，是满足性欲望的一种方法，通过对自己生殖器官进行性刺激，获得性唤起和性快感的主动行为，也是青春期少男少女较常见的一种自然现象。通常手淫是安全的，但若频次过多，或者手法过于粗暴，可能会对青少年的心理和生理产生不良影响。父母和孩子都需要了解过度手淫在心理和生理方面的各种表现并加以预防。

过度手淫常见的心理表现

（1）焦虑、恐惧和抑郁：青少年过度手淫可能导致对性的过度关注，出现焦虑、紧张，或者情绪低落，对其他事情失去兴趣，甚至对手淫带来的不良后果产生恐惧心理等。

（2）自卑、内疚和羞耻感：过度手淫可能会让部分青少年感到自卑和羞耻，他们可能因为自己的性器官形态、性能力或其他与性相关的问题，而感到困扰、质疑或排斥。同时，因来自父母或自我的道德评价而产生内疚等。

（3）压力和人际关系问题：部分青少年因担心自己的性行为、性能力或他人的评价而引发心理压力，可能出现社交焦虑、人际关系疏离或回避行为。

（4）对学业的影响：过度手淫还可能引起身体疲劳、注意力不集中或记忆力减退，继而出现学业发展受挫、考试成绩下降等。

过度手淫常见的生理表现

（1）身体不适：过度手淫可能导致身体疲劳和困倦，部分青少年可能会出现头痛、肌肉痛、背痛等与过度手淫相关的身体不适。

（2）性功能及相关疾病：青少年长期过度手淫，可能对性功能产生负面影响，包括勃起困难、早泄和其他性功能障碍。有时也会因为不良手淫方法或不注意卫生，引发生殖器部位发生损伤、充血、破溃和感染等情况。

（3）睡眠和食欲问题：青少年过度手淫可能会影响睡眠质量和睡眠时间，由于荷尔蒙失衡或其他身体变化，导致睡眠障碍和食欲改变等。

需要强调的是，每个人的心理和生理反应都是独特的，并不是所有人都会经历所有症状。此外，过度手淫的定义因人而异，对于不同的个体可能有不同的标准。若有任何疑虑或担忧，建议咨询医生或专业的心理健康专家。

第四篇　二孩妈妈的烦恼

　　二孩！三孩！新生命的降临，在带给父母喜悦的同时，也常会因平衡孩子间的关系搞得身心俱疲，甚至引发家庭成员心理冲突，产生强烈的挫败感。研究显示，孩子争夺父母的关注和爱，是多子女家庭中最主要的心理现象，因物品归属而产生的冲突，是孩子之间发生最早、最为频繁和最为激烈的人际冲突。因此，作为父母学会如何平衡多子女之间的关系，对促进家庭和孩子的健康，就显得尤为重要。

案例解读 | 什么才是滋养孩子的爱

母亲：张清，41岁，企业管理人员。一周前辅导孩子功课后出现胸闷、头晕等症状，曾就医，已排除身体的器质性疾病。丈夫是一名企业驻海外员工，常年在海外工作，相聚时间短，对孩子的教育参与不多。孩子们的姥姥与他们共同居住。

内心独白：我是两个孩子的妈妈，大女儿13岁，小儿子4岁，平时处理这两个孩子的关系令我焦头烂额，筋疲力尽，很挫败，感觉自己就是一个失败的妈妈。

我是失败的妈妈 | 疏泄消极情绪堤坝

当第二个孩子降生后，大孩子往往因为父母对其关注度的降低，因此产生不解或嫉妒心理，引发情绪冲突和家庭矛盾。那么，在多孩家庭养育中，父母如何理性平衡孩子之间的关系就成了难题。

秋日的一个下午，张清如约而至。

脸上写满了疲惫的她，刚一落座，就急切地说："我叫张清，有两个孩子，为了他们忙得焦头烂额，但却始终处理不好他们的关系，我这个妈妈真是太失败了！"

她平静了一下情绪，继续说道："女儿今年13岁，儿子4岁。近半年，大女儿爱发脾气，家里头三天一大吵，两天一小吵，我真是快崩溃了！"

说到这里，张清叹了一口气，使劲地摇了摇头，说道："最近一周，我连着几天睡不好，孩子没教育好，还把自己弄成这样，真是太失败了！"

"听到你连续说自己'失败'，那你能具体说说失败是什么吗？"

母亲张清口中重复的"失败"，引起了我的好奇，不知道她具体指的是什么。因此，我需要做进一步的澄清。

"这些日子，两个孩子经常争吵，我就像一个救火队长，随时要去救火，我被两个孩子弄得焦头烂额，我女儿就像个炮仗一样，平时一句话不对，她就急了，说我不理解她，真是没办法了啊！"她的语速越说越快，说到最后是一脸的无助。

我意识到张清来咨询的主题，就是讨论二孩家庭，如何平衡两个孩子之间的关系问题，以及母亲和孩子之间的关系。

"有原因吗？比如发生了什么事情？可以举个例子吗？"我继续探寻着。

"比如最近一次争吵，朵朵有一个镶着珠子的魔幻手环，她特别喜欢。弟弟问姐姐，能不能给他玩，姐姐答应了。后来链子玩断了。姐姐看到后就大发脾气，弟弟哭着来找我,说姐姐一直在骂他，还抢走了手环。"

"弟弟哭着向你求助，那你是怎么做的？或者说了什么吗？"我追问道。

"我一听就急了，立即带着弟弟找姐姐了。"张清理直气壮地说，"我跟姐姐说，弟弟不是故意弄坏的，你不应该为这点小事，就对他大发脾气，你比他大，应该让着他一些。"

其实，家庭就是一个生命最早接触的"小社会"，家庭成员之间冲突的解决历程，就是孩子社会化学习的第一个演练场。

"你刚才说她很喜欢这个手环，有其他原因吗？"我需要将问题进一步具体化。

"手环是姥姥给她的春节礼物，手环有彩色珠子，朵朵特别喜欢，经常戴在手上。"张清答道。

"那试想一下，在她心里很宝贵、很喜欢的礼物，弟弟想要玩时，姐姐乐意分享给他，这个行为背后是什么呢？"

我提出的这个问题，或许张清从来没想过。此时，她没有立即回答，好像想说又不知如何说起的样子。

温馨小贴士

本案例中，女儿和儿子分别处于第一逆反期和第二逆反期，这个年龄段的孩子处于自我探索、意识发展和身体成长的加速期，父母要了解这个年龄段孩子的心理特点，发现孩子情绪背后的心理需求。在此基础上，给予符合孩子年龄阶段的心理帮助、行为引导和情绪管理。

姐姐心里话

为什么要我让着弟弟，弟弟小就有理了吗？我比他大我就得什么都以弟弟为主，我也是你们的孩子呀，你们为什么这么偏心？为什么我不让着弟弟就是我的错？

此刻，或许给她一些线索，更能促进她的思考。于是，我反问道："是一种姐弟情感吗？是爱弟弟的一种方式吗？你认为是什么呢？"

张清若有所悟，说道："我没有想过，我一直认为弟弟玩姐姐的东西很正常，但现在看来，似乎……"

看到她犹豫摇摆的样子，我决定尝试情景角色体验的方法，来演绎姐弟间发生冲突的实景历程。

于是，我说："我们现在来呈现一下冲突的场景和处理方式，你用心感受一下，看看会有什么不一样的感受。"

"第一种情景方法，就是你直接对伤心的姐姐说：'手环不是弟弟有意弄坏的，你不应该发脾气，你是老大，应该让着弟弟。'第二种情景方法是，你对弟弟说：'姐姐把最喜欢的手环给你玩，她是不是喜欢你、相信你？现在你把手链弄坏了，姐姐心里一定很伤心、难过，你要不要去安慰一下姐姐，跟她说声对不起呢？'"说到这里，我停了下来。

张清也没有立即给出反应，似乎在琢磨着什么。

"现在，请你继续感受一下，刚才这两种情景方式，你觉得哪一个让你更舒服一些？或者心里有些安慰？如果此刻，让你再做一次选择，你会选哪一种呢？"我抛出问题。

这是一道选择题，需要母亲张清用自己的切身感受和思考，给出一个自己认同的答案。

温馨小贴士

自我觉察，是父母在养育孩子中非常重要的自我成长动力，这种觉察是一种能力，它是对家庭、孩子与自我的理解、思考与整合，如果只能看见孩子的问题，而无法觉察自己养育方式的短板，这种不平衡的家庭关系，往往会引发更多的家庭冲突。

张清有些迟疑，低声说道："这两种方法确实差别很大，平时我都是按常理做事，希望他们彼此谦让，难道是我哪里出了问题？"

"你在反思自己了，这非常重要，也非常有意义。作为母亲，若能从自己身上去发现问题、寻找方法，这是滋养孩子们成长的最佳路径之一。"我给予了积极肯定。

张清点点头。

"其实，面对孩子的纷争，妈妈如果能成为孩子间的'桥梁'，而不是一个'裁判官'，可能更有利于问题解决。不管是何种冲突，你的目标，都是为了让他们的情感有更多表达、沟通和流动。'姐姐让弟弟，老大让小的'，这是父母常说的一句话，但是这句话无形中给老大的行为附加了道德枷锁，老大感受到压力后会反击，陷入情感冲突。"

"看来，还是我的想法出了偏差，想一想也是，凭什么总要老大要让小的呢？我要是老大也会这么想的。"张清回应道。

我笑着说道："对朵朵来说，她不会因为比弟弟早出生了几年，就能处处做好'表率'。在朵朵的世界里，她和弟弟一样都是孩子，同样渴望被爱、关注和照护，而不是被当作大人，承担另一个照顾者的角色，也无法期待她能忘却自己，成全弟弟，你觉得呢？"

"这样看来，确实有点拧巴和纠结。"张清抬起头来，似乎在思考着什么。

"嗯。我也感觉有了弟弟后，朵朵的脾气就大了，爱顶嘴了。"她回道。

"你想想看，如果每次姐弟争执，你都护着弟弟，一方面强化了朵朵'妈妈不爱我''我被忽略了'的感受，另一方面也强化了弟弟采用'告状'方式，

> **心理学解读**
> 　　对二孩家庭关系和冲突问题的梳理分析、认知解读与重新释义，都会帮助家长重新思考自己在问题解决中的模式，促进家庭成员突破自我认知限制，建构新的认知行为模式。

来应对姐弟冲突的模式，显然，这种做法对两个孩子都没有益处。"我解释说。

"听了您的分析，我明白了，是我应该做出改变了。"她认真地说。

两个孩子之间的冲突 | 母亲不公平的教养

心理学家普遍认为，原生家庭中的亲子关系、家庭氛围、父母的教养方式等因素都会对个体的性格形成、情感发展以及人际关系产生深远的影响，并且这种影响还可能延伸到个体与子女的关系中。

张清又一次来到咨询室。

"上次您和我讲完后，我想明白了，当天就和弟弟谈了。让我没想到

的是，弟弟当天晚上就跟姐姐道歉了，姐姐很感动，还拥抱了弟弟。"母亲抑制不住地开心。

"我觉得您说得对，我一直给他们评判对错，还觉得自己是绝对公平的。我现在意识到，'大的就应该让小的'其实就是一种不公平、不尊重。不管是什么年龄的孩子，他们都希望母亲的眼里、心里能有她，而不是偏心的。"

张清说到这里，表情凝重了起来，低声说道："其实，我对女儿的要求和做法，很像我的父母。"

我看到，她似乎有些话要说。于是，我说："可以说说你从小生长的家庭情况吗？"

"嗯。我知道自己是有问题的，在我小的时候，不知道什么是爱，也从未体验过爱的感觉，更没有被父母平等地对待过。那时，父母一直用很严苛的教育方式对我，在我的记忆中，他们都没抱过我。无论做什么事情，小到穿衣，大到结婚生子，都要听家长的。他们常说的一句话就是'父母做的一切都是为你好'，让我无法违背父母意志，但在内心深处，我很压抑，觉得从没有被信任和尊重过，也从没有被这样既理性又循循善诱地引导过。"

张清一口气说了很多，似乎这种压抑的感受，一直深藏于内心，今天才有机会打开自己的心扉。

"说出来会感觉轻松些，这会给你的生活带来什么影响吗？"我追问。

"现在反思一下，我觉得自己这样对待孩子，好像跟我父母对待我一样，总是要求孩子按照父母的想法做事情，而没有考虑孩子的想法和感受，我现在想想，我女儿可能也是觉得不被我尊重吧！"

我观察到，母亲的关注点，已经从

心理学解读

狭义的代际传递效应，指父母在他们的原生家庭中与其父母互动的方式，会影响他们与自己子女的互动方式，在这种家庭互动模式中，上一代的心理、行为特征或相关能力被复制到下一代身上。广义的代际传递，体现在人的各个方面，包括财富、社会地位、教育成就，传统价值观，依恋模式和孝道等，也都存在着代际传递的效应。

指责抱怨女儿、希望改变女儿的动机需求，逐步转向了另一个积极的方面，那就是自我觉察和自我反思，这正是她心理成长的开始，更是情绪与行为改变的基础。

"老师，今天我还想了解一下，我女儿的情绪问题，是不是青春期的孩子都这样？还是我家孩子的脾气不好？"妈妈有些担心。

"你女儿正在青春期，她的内心充满各种渴望，却弄不清自己在寻找什么，大脑里涌动着各种矛盾的念头，却又无法厘清头绪。所以，她很容易被激惹，容易情绪化，这与大脑的生理特点有关，比如前额叶的功能发育尚未成熟。"我给出了解释。

"听了你的解释，我好像有些理解她了，她也需要在我这儿宣泄情绪，需要我给她更多的空间和平等。我好像做反了，我反而变得情绪化了，而且给她讲大道理。"显然，张清的思路越来越清晰了。

我回应说："父母要做一个容器，能够涵容孩子的情绪，而不是让孩子去涵容父母的情绪，更进一步的话，如果父母能够越多倾听、多理解，孩子就越能跟父母分享她内心的一些小秘密，对父母越信任，关系越融洽，父母也越能够给孩子带来真正的情感支持。"

"那我具体该怎么做会好一些呢？可以给我些建议吗？"母亲请求道。

我给出了四条具体的建议："作为母亲，一是控制好自己的情绪，在家里允许表达情绪，但不要情绪化地表达，比如离家出走，或用词激烈，使冲突升级。二是在女儿情绪激动时，避免讲大道理，那些大道理对孩子往往是无效的。三是在冲突过后，找个时间，跟孩子好好聊聊，倾听她内心的声音、想法和诉求。四是允许孩子给父母提意见或建议，如果是父母的问题，可以坦率大方地向孩子说抱歉，这对营造家庭平等、尊重和交流的氛围非常有帮助。"

> **心理学解读**
>
> 法国心理学家比昂提出了"容器"理论，他指出当外界的危机可能对孩子造成较大的冲击时，好的父母需要具备良好的"容器"功能。即父母能承载外界传递过来（或自身）的焦虑，不被焦虑击垮，并能将信息先行处理消化，接着以最积极正面的形式表达出来。

"另外，女儿在青春期有个特别重要的心理任务，就是要完成'自我同一性'的确立，她要开始探索和确立'我是谁'的人生议题，首先要从父母处确认自己是独立的个体，进而建构独立的人格。这一时期是孩子身心发展最迅速的时期。"我说。

"没想到青春期的孩子有这么多的心理特点啊。我觉得，简单的训导式教育不仅帮助不到女儿，可能还会起反作用。有时候，和女儿争吵时，自己也会大喊大叫，甚至摔门而去。没想到，自己竟然变成了最讨厌的那种妈妈。"她回应道。

听着张清自我觉醒式的剖析，我积极回应道："听你说这些话，我感觉到你是一个渴望学习成长的好妈妈，从这个意义上来讲，女儿朵朵和弟弟都是幸运的，也是有福气的。"

"刚才听您讲的话，给了我很多想要尝试改变的勇气和信心。"张清不好意思地说道。

温馨小贴士

几乎每个职业都需要培训才能上岗，只有父母这个岗位没有培训就直接上岗了。建议父母结合自己孩子的实际需要，选择性阅读现代心理学、发展心理学和认知行为学的书籍，从中获得启发和思考，学习技能和方法，力争与孩子一起成长。

父母只有和孩子一同成长，让爱的温暖真正滋养孩子，才能真正地体会到家庭的温暖和快乐。作为父母，你的改变，决定着你希望的所有改变，你的世界一定是由你自己创造出来的。

我的母亲变样子了 | 和孩子一起成长

为人父母，终究都有望着孩子"离巢"的背影而感慨的一刻。然而，好的家庭教育，就是让孩子成为一个心智健康成熟的人，展翅飞向属于他们的天空。

两周后，张清带着女儿朵朵来到咨询室。

我微笑着请她们坐下，问道："今天想跟我分享什么呢？"

"阿姨，我想跟您说说，我妈妈跟以前不一样了。"朵朵笑着先开了口。

我佯装惊讶，问道："妈妈怎么就不一样了？"

"我觉得妈妈变了，她的笑容多了。尽管有时妈妈还会着急，但是她急完以后，没多久就好了。上次我考试没考好，担心妈妈批评我，就一个人在房间里哭了。后来妈妈进来问我怎么回事，我就和她说了。阿姨你知道吗？她居然没有说我，还坐在床边，跟我聊起来她上学考砸的事，要是以前，她肯定会说，你早干嘛去了，让你复习你不好好复习，现在坐在这哭有用吗！"朵朵几乎是一口气说下来了。

张清笑着，有点解围似的对朵朵说道："别夸我了，妈妈是看你没考好心里感到难过，说明你想有个好成绩，所以我相信我女儿是会有进步的。"

这时，张清把目光转向我，继续说道："和您咨询之后，我一直在思考您说的话、教我的方法，最近我还在看心理学方面的书籍，我发现自己还需要学习许多新知识。另外，我感觉自己变了，能看到朵朵身上的优点了，还能感到一些小美好，觉得生活也没有我想的那么糟糕。"

我用肯定的语气，说道："你发现没有，因为你的改变，带来了孩子的改变，进而也带来了整个家庭的改变。"

张清也打趣地说："没想到我也会用心理学的方法了，看来读书学习真的可以使人不断进步。"

她沉浸在自己的喜悦中，继续说："其实，好妈妈绝不是生来就有的！我觉得自己现在的改变，不仅让两个孩子感到开心，更重要的是我自己也获益了，以前的睡眠问题也都没了。"

"通过朵朵的改变，我越来越意识到，家里氛围好，妈妈太重要了。过去我总以为家里的鸡飞狗跳都是因为两个孩子。现在看，只要妈妈的情绪稳定，

孩子心里话

妈妈现在能理解我了，其实，我没考好，自己心里已经挺难过的了，以前妈妈说的话，就像在伤口上撒盐，现在感觉妈妈在帮我包扎伤口。

温馨小贴士

当父母认为孩子出现情绪和行为问题时，总是希望孩子改变，殊不知，孩子的问题常常是与父母的养育方式有关，若父母改变，孩子所谓的"问题"也会随之改变。

心理学解读

本案例中，母亲的转变从心理学角度看，是积极关注的力量所致。人们的关注点不同，感受也就会不同。如果选择转换视角，关注积极、正向和美好的事物，就会发现生活中很多真实存在的小美好、小确幸，而正是这种真实的"看见"，带给每个家庭和生命新的希望和力量。

能感同身受地理解孩子、倾听他们的声音，最后，你会发现其实他们都是好孩子。"

我微笑点头。

家庭，是每一个生命生长的港湾。家庭成员之间有着强烈的情感联系，他们共同分享生活的喜怒哀乐，共同面对生活的挑战和困难，为每个成员提供丰富的精神滋养和力量。

教你一招｜亲子间有效沟通的方法

亲子间有效沟通的方法，对于建立和谐的家庭关系至关重要。好的沟通需要技巧，比如换位思考、避免指责、用积极的和建设性的语言等，这些既是沟通技巧，更准确地说又是彼此开口表达的勇气，以下是亲子间有效沟通的具体方法：

（1）善于倾听：认真听取孩子讲话，表现出兴趣和热情，让孩子感受到被重视和理解。在孩子讲话时，避免打断或过早给出解决方案，让孩子充分表达自己的想法和感受。

（2）明确沟通内容：沟通前明确想要表达的内容，避免在沟通中偏离主题。了解并关注孩子的喜好和兴趣，将这些元素融入沟通中，增加孩子的参与度和兴趣。

（3）选择合适的时间和场合：选择一个安静、放松的环境，确保在沟通过程中不会受到干扰。选择孩子心情较好、愿意沟通的时间段进行沟通，避免在孩子感到疲惫或烦躁时进行。

（4）书面交流：送个小礼物，把要说的话写到卡片上。小小的变化，会让对方感受到特别而惊奇，这就是变化的开始。

（5）非语言交流：通过身体语言，比如给孩子一个长长的拥抱；面部表情，比如微笑；姿势和肢体动作，比如用手给对方比一个爱心的手势等，以表达你的爱。一切新的沟通方式，都会给对方留下深刻印象，更容易开启交流的欲望。

亲子间多种方式的沟通技巧，并不是要让孩子达到父母想要的样子，而是让孩子看见沟通背后的爱、真诚和理解。通过运用以上方法，父母可以更有效地与孩子沟通，增进亲子关系，促进孩子的健康成长。

父母必读 | 多子女家庭做到"一碗水不端平"

孩子因出生顺序不同，以及养育者的养育方式和行为的差异，在成长的过程中会有不一样的心理感受。因此，父母要根据不同年龄段孩子的心理特征和不同的发展任务，保持对孩子感受和自身行为的觉察，一碗水端平的做法无法照顾每个孩子的心理感受，也无法满足不同年龄孩子的心理需要，这里，给父母们以下建议：

（1）多共情：理解孩子的不同心理需求。家长尽可能地尊重孩子，考虑到孩子的不同需要，同时，不强迫孩子做他们不愿意和没有准备好的事情。尤其是对大宝，他没有照顾弟弟妹妹的职责和义务，作为父母可以引导和寻求他的帮助，但不能要求和强迫，给孩子充分的自主选择权。

（2）不站队：把冲突的处理权交给孩子。在纷争发生后，孩子们通常会求助父母，父母在主持公道时，往往掺杂着父母自身的情绪表达，或者成人世界的是非评判，或者自己的喜好，这本身就有失公平，容易给孩子带来不良的影响。所以，建议把解决纷争的时间和空间留给孩子，让他们讨论解决方案，然后向父母告知。如果孩子僵持不下，父母可以提供几个可供选择的解决方案，让孩子充分讨论，最后达成一个共同接受的解决方案。

（3）不指责：处理问题先从处理情绪开始。孩子犯错，往往家长会先被激惹，从而导致孩子受伤或亲子关系破坏。应对这种情景，建议家长不要辱骂，不要暴怒，尤其是有第三人在场时。站在孩子的角度考虑问题，对孩子情绪化的行为、不理性的表达，先理解，待情绪稳定后，再针对具体问题提出自己的想法、意见和建议。最后可以和孩子讨论分享，在情感交流中，彼此产生共鸣，增进良好的亲子关系。

（4）不比较：接纳孩子自身的特质。大宝和二宝之间，孩子与玩伴、同学之间都不要比较。每个孩子都是一个独立的生命体，面对孩子之间的差异，家长要先接纳。肯定孩子的优势，清晰了解孩子的不足，针对具体问题情景，积极调动孩子的内驱力，给出可执行的方法建议和指导帮助。

知识链接｜埃里克森心理发展八阶段理论

埃里克森心理发展八阶段理论，是由美国著名精神病医师埃里克森（E. H. Erikson）提出的一个关于人格发展的理论。该理论将人的自我意识发展划分为八个阶段，每个阶段都有其特定的心理冲突和应完成的任务。以下是埃里克森心理发展八阶段理论的解析：

第一阶段：婴儿期（0～1.5岁）

—心理冲突：基本信任和不信任的心理冲突
—发展任务：建立对世界的基本信任感
—形成的品质：希望

第二阶段：儿童期（1.5～3岁）

—心理冲突：自主与害羞（或怀疑）的冲突
—发展任务：培养儿童的自主性和自我控制能力
—形成的品质：意志

第三阶段：学龄初期（3～6岁）

—心理冲突：主动对内疚的冲突

—发展任务：鼓励儿童的主动探究行为，培养主动性

—形成的品质：主动性

第四阶段：学龄期（6～12岁）

—心理冲突：勤奋对自卑的冲突

—发展任务：培养勤奋感，克服自卑感

—形成的品质：勤奋

第五阶段：青春期（12～18岁）

—心理冲突：自我同一性和角色混乱的冲突

—发展任务：建立自我同一性，避免角色混乱

—形成的品质：自我同一性

第六阶段：成年早期（18～40岁）

—心理冲突：亲密对孤独的冲突

—发展任务：建立亲密关系，避免孤独感

—形成的品质：亲密感

第七阶段：成年期（40～65岁）

—心理冲突：生育对自我专注的冲突

—发展任务：关注下一代的成长，同时保持个人的自我关注

—形成的品质：关怀

第八阶段：成熟期（65岁以上）

—心理冲突：自我调整与绝望期的冲突

—发展任务：接受自我，调整心态，面对生活的终结

—形成的品质：智慧

每个阶段的发展任务都建立在前一阶段的基础之上，如果某个阶段的发展任务没有得到很好的解决，可能会影响后续阶段的发展。埃里克森认为，这八个阶段的顺序是由遗传来决定的，但每一阶段能否顺利度过则是由环境决定的。因此，他的理论也被称为心理社会阶段理论。

第五篇　孩子重复行为是病吗

　　孩子在成长过程中，当出现某些重复行为时，比如重复洗手、反复计数或检查等，父母常因无法判定行为的适当性、担心养成坏习惯或心理健康问题而焦虑不安，于是采用反复阻止，甚至斥责和惩罚等方法来纠正。但往往这些方法很难奏效，不仅重复行为难以消退，反而会因此更加频繁地出现。此时，作为父母究竟应该怎么办呢？

案例解析 | 剖析心理动因，消除偏离行为

女儿：小薇，6岁，小学一年级学生。"我就是觉得脚下有脏东西，我怕踩到，所以我得老去看鞋底，看是不是踩到脏东西了，你们干嘛大惊小怪的？"

母亲：30岁，某企业员工。"孩子现在有一个坏习惯，她走路总是低头看鞋底，因为害怕踩到地上的脏东西，就反复检查鞋底是否干净。逛街、逛公园时也反复检查，我和她奶奶每次都劝说，但无效。我担心这孩子是不是得了强迫症。"

我脚下有脏东西 | 觉察成人言行对孩子的影响

心理学家阿德勒认为，孩子在生活中有一个难题，就是要与家人、熟人、朋友或者陌生人交往，而这种社会性交往必然会给孩子带来各种影响。他人过度的赞美，有可能使孩子变得自以为是；他人严厉的警告或恐吓，也可能使孩子陷入焦虑、恐惧之中。

"您好。"随着敲门声进来的是位30岁左右的女士，左手拉着小女孩。

"我女儿最近总是不停地看鞋底，我担心是不是得了强迫症。"她声音有些急促，说话间眉头微皱，掩饰不住一个做母亲的焦急和担忧。

我看着小女孩，柔和地问："小朋友，可以告诉阿姨你叫什么名字吗？"

小女孩看向妈妈，妈妈点点头，她才回答道："我叫小薇。"

"小薇你好！你想和我说点什么吗？"我笑着说。

"我也不知道说啥。"小薇有点茫然，小声说。

"原来小薇还不知道要说什么呢。那么，我就先跟妈妈说说话，你到隔壁玩一会儿，这样好吗？那里有沙盘、画笔和画书。"

小薇点头同意了。

温馨小贴士

有时，父母认为孩子有"问题"，孩子并不认为是"问题"，父母会在孩子面前不经意地给贴上"疾病"的标签，也因此常常会有父母认为孩子应该来做心理咨询。当父母不确定孩子的行为是否恰当时，可先行咨询心理专家，避免自己的不当语言给孩子带来心理暗示。

　　我又回到咨询室，刚一落座，母亲就主动说："老师，我女儿最近不论走到哪里，都不停地看鞋底，她总说有脏东西，可明明什么都没有，我和奶奶怎么劝说都不管用，我听同事说，这可能是强迫症，而且很不好治。这可吓坏我了，孩子才这么小，这以后可怎么办啊？您能帮我看看，我女儿真的有强迫症吗？"

　　"我能感受到当妈妈的担心，别着急，一步步来。你先介绍一下家里的情况。"为了缓解她紧张的情绪，我引入了一个普通话题。

　　"我们夫妻都在企业上班，孩子平时由奶奶照顾多一些。一个月前，小薇开始害怕地上的脏东西，总是看鞋底，说沾了脏东西会生病，怎么劝都没用。"

　　"你刚说这种行为有一个月了，那么我想知道，一个月前孩子遇到过什么事吗？或者家里发生过什么事吗？"

　　"你这样说，这让我想到一件事。有一次带小薇去公园玩，同行的还有一位同事，带着她5岁的女儿，玩得很开心，小女孩发现我女儿鞋上粘了口香糖，就急忙用手抠，我同事眼疾手快把她孩子拉开了，说口香糖上太多细菌，会生病的。"

> **心理学解读**
>
> 　　从心理行为理论分析，孩子"怪异"行为的发生，尤其是突发性的重复动作，往往与某些特殊的诱发事件相关联。那么，小薇的重复性查看行为又是怎样被诱发的呢？

　　妈妈说到这里似乎又回忆起了什么，急忙补充道："记得同事还说，生病打针特别疼之类的话！"

　　我需要确认时间，追问："你再仔细回想一下，孩子查看鞋底的行为，是发生在去公园之后吗？"

　　"好像就是从那以后，她就对脏变得敏感，后来又发现她检查鞋底，我就不断给她解释，口香糖不是脏东西，粘上了也不要紧，可她听不进去啊！"母亲说。

　　"我想再确认一下，反复看鞋底的行为，通常会在什么样的情境下出现？"我继续追问。

　　"我观察过在家是没有的，只要带她外出就会出现。"妈妈叹了口气，我能感受到她的无助。

"当你们阻止孩子看鞋底时，孩子有什么表现吗？会生气，甚至发脾气吗？"

一般来说，儿童的强迫现象不存在较为强烈的心理冲突，只是行为表现比较明显，在受到干扰时，会产生焦虑情绪，甚至发脾气。所以，我需要在这里澄清一下。

"在我记忆中，没有为这事生气或发脾气，我劝说后，孩子检查鞋底的次数会减少些，但走着走着又回到老样子了。"妈妈认真地做了回答。

"孩子其他方面的情况怎么样？比如，去学校上课、与同伴关系，吃饭或者睡觉情况等，有没有什么异常？"我需要从不同方面了解和评估孩子的身心状态，才能据此判断出某个症状对她影响程度的大小。

"没有发现，她吃饭睡觉都挺正常，上课学习也挺好，平时和小朋友玩的也挺好的。"妈妈松开了紧扣的双手，语速也恢复了正常。

通过对问题起因和现状的评估发现，孩子频繁检查的行为与现实生活事件密切相关联，行为症状时间一个月余，至今没有影响正常的学习和生活，社会功能基本正常，属于一般心理问题。

心理学解读

一般心理问题，是由生活事件和不良情绪引起的内心冲突，且时间较短（不间断持续满1个月或者间断持续2个月），理智控制下不失常态，但效率下降，且未泛化。

此时，我用肯定的语气对母亲说："孩子不是强迫症，应该属于重复性行为问题，做一些心理干预就可能缓解。但是，心理干预也需要过程，要把问题外化、解析清楚后，再用合适的方式化解开。"

母亲频频点头，眉头松解了，整个人也放松了下来。

"接下来，我需要跟小薇单独聊聊，看看她心里的'结'在哪里？到底是什么原因促使她频繁检查？也是后续心理行为干预的基础，这个过程可能需要一些时间。"我解释道。

"好的。谢谢您。"妈妈点头。

我面带微笑，用温和的口吻对推门而入的孩子说："小薇，坐下来和阿姨聊聊啊！"

孩子点了点头，我注意到她手里多了一个玩偶，是沙盘游戏里的一个沙具。

我好奇地问道："你手里拿着的玩偶像是一个小公主，是吗？"

"嗯。"小薇一边点头，一边回答，并没有看我。

我继续问："她是谁呀？那么多沙具，你为什么只拿了她？有什么原因吗？"

小薇举着手里的公主，眼睛开始望着我说："她是一个公主，她叫艾莎，我最喜欢她了！电影《冰雪奇缘》里的艾莎公主呀！"

我笑着回答道："你很喜欢艾莎公主，她什么地方吸引你呀？"我又好奇地追问。

"她很美丽呀！还特别厉害，她不仅会魔法，为自己建造了一个城堡，她还特别勇敢，能保护家人。我特别喜欢她，我真希望自己也像她一样。"她越说越开心，两只小手在空中不停地比画着。

"看来，小薇也很想要做一个勇敢、美好的人呢！"我由衷地应道。

她没有说话，只是用力点着头，但一直把艾莎公主攥在手里，没有放下过，她真的很喜欢这个勇敢美丽的公主。

小薇不那么拘谨了。于是，我顺势接着问道："听妈妈说，你走路时常常看鞋底，是这样吗？"

小薇毫不回避，点头应道："是啊！这有什么不对吗？我脚下是有好多'脏东西'。"说到这儿，小薇下意识地看了看鞋子。

> **心理学解读**
>
> 保持和孩子一样的好奇，才能更贴近他们的感受，获得他们的信任，这在儿童的心理咨询中，对消除心理阻抗，建立治疗关系至关重要。

"是真的吗？"我也学着她的样子，低头看了看鞋子。接着问道："你觉得脏东西是什么呀？"

"脏东西就是细菌，到处都有细菌，我要是沾上细菌，就完蛋了！"小薇很快回答。

孩子害怕细菌，但细菌怎么让她也"完蛋了"呢？这是消除她心理恐惧的关键所在，此时需要进一步抽丝剥茧，继续用问话来澄清困扰。

"这么可怕呀！你说的完蛋了，又是指什么呢？"我追问。

"就是生病呀！人一生病就完蛋了呀。"小薇给出了答案。

"那么，生病了怎么就完蛋了呢？"我继续追问。

"生病很难受呀！还要去医院，还要打针，打针好疼的，我不要去医院。"小薇发出了连珠炮，说出了让她害怕的原因。

原来，让孩子焦虑担心的根源，是她对"细菌""生病"的"灾难化"思维。在心理学中，这属于认知偏差。

她认为生病是很恐怖的事情，如果有了细菌，人就会生病，就会"住院打针"，这是她的灾难。因此，在行为层面出现过度防御，采用"抵消"机制来缓解焦虑。

对小薇来讲，就是用"频繁检查鞋底"的行为去防御，以让自己安心。

结合小薇的具体情况，最后决定采用合理情绪疗法。首先做孩子的认知调整，然后再从行为上予以矫正。

我沿着"脏东西"这条线，继续问道："小薇，你是怎么知道鞋底有没有脏东西？什么样的脏东西会带着细菌呀？"

心理学解读

抵消机制，是心理防御机制的一种，用象征性的反向活动或事物来消除个人不能接受的或已经发生的不愉快的事情，旨在解除个人的焦虑，或消除内心的罪恶感。某些强迫症患者表现的强迫性仪式动作，也可以看作这一机制的表现形式。

"口香糖呀，如果地上有被吐出来的口香糖，那就有很多细菌了。"

"原来是这样啊！"果然，就是妈妈说到过的，粘在鞋底的"口香糖"！

"那这细菌，是怎么跑到你身体里让你生病的呢？"

她没有思考，几乎是脱口而出："口香糖掉到地上，地上有很多细菌的，口香糖就脏了，我踩到脏的口香糖就会生病呀！"想必，这样的推理已经深刻印在她的脑子里。

"听起来，小薇说得有道理噢。"我点点头，对她这个年龄的逻辑表示理解和接纳。

温馨小贴士

每个人都活在自己的认知范畴里，运行着他们认为合理的逻辑和行为。孩子的认知发展不成熟，因此与成人的想法和感受差距很大，成人只有进入孩子的认知世界，才能真正地理解他们的想法、行为和反应。

"那小薇觉得，脚上的鞋子是干嘛用的？"我继续问道。

"当然是保护我们脚丫子的呀，地上那么硬，外面还有石头什么的，穿了鞋才不会受伤呀！"她说。

小薇扬起小脑袋，煞有介事地给我讲鞋子的作用，好像在跟我说，阿姨你怎么连这个都不知道。

我被她可爱的表情逗笑了，接着跟她说："你说得对呀，鞋子是保护我们的，保护我们的小脚丫不受伤。准确地说，它也是保护我们整个人的'盔甲'呢！它隔离了很多脏东西和细菌，就算脏了的口香糖粘在鞋子上，鞋子也能把我们保护起来，那细菌离你的脚，你的手，还远得很，有了这层盔甲，疾病又怎么能跑到你身体里呢？"

"对呀，鞋子保护了我，细菌好像也不能跑到身体里啊。"小家伙若有所思，拧着眉头说道。

"可是除了口香糖，地上和其他地方还有那么多细菌，万一不小心跑到身体里，那不还是会生病吗？"好像刚刚的对话，并没有完全打消小薇的顾虑，她依然担心细菌会让自己生病。

此时，我觉得有必要跟她科普一下相关的知识，于是说道："小薇，有些细菌呢，确实能使人生病，但是你知不知道，还有很多细菌在人们身体里，被称为益生菌，是促进身体健康的。"

"啊？真的？不可能吧，还有好的细菌？"小薇张大了嘴，露出难以置信的表情。

我笑着说："是呀，那我们就暂且把益生菌叫作'好细菌'，把能够让人们生病的细菌叫'坏细菌'好了。"

"嗯嗯。"有了这样的比喻，小薇一下子就明白了。

"你爱喝酸奶吗？"我从她可能了解的认知范畴里举例子。

温馨小贴士

孩子在未成年时，常常受到思维发展的限制，接触到的知识和信息有限，对个别事件过度概括化，即由一个偶然事件而得出一种极端信念，并将之不适当地应用于其他的时间或情境中，从而出现认知偏差，这是非常常见的。当遇到此种情况时，父母有必要对孩子科普相关的知识。若父母也缺乏相关知识，可借助书籍或求助专业人士。

小薇忙点头"爱喝呀！"声音里透着不解，好像在说，这和细菌有什么关系？

我耐心地解释道："其实酸奶里就有很多益生菌，比如双歧杆菌、嗜酸乳杆菌等，名字很难记，但是他们都是好的细菌，是帮助人体更好地吸收和消化，是对我们肠胃有保护作用的，能让我们吃好喝好还不生病的细菌。"

"真的吗？原来还有这么多好的细菌呀！"

"是呀，而且你知道吗？我们每个人，也都是有魔法的，就像艾莎公主一样。"

小薇顿时眼睛亮了起来，认真地问我："我也有魔法吗？"

我点了点头，说："当然。在我们身体里，有一些训练有素的'军队'，医学上叫作免疫系统，它们就像看不见的勇士，日夜守护着我们，当有不好的细菌入侵的时候，这些看不见的勇士就冲上前去保护我们。"

"真的吗？原来我身体里还有勇士在保护我呀！"小薇惊讶地说道，低头看看自己的身体，为有那么多"勇士"保护自己而高兴。

但她没有尽兴，一直追问我："阿姨，是不是我有这些勇士保护，就不用害怕脏东西了，就不会生病了？"

"对啊！只要我们平时保护好自己，比如，穿好鞋子，穿好衣服，注意个人卫生，等等，那些坏细菌就进入不了我们的身体，也就不会生病啦。"

心理学解读

消退法，指的是通过撤销某些不良行为的强化因素，从而减少靶行为发生的行为矫正方法。简单地说，就是我们对不良行为不予关注，不予理睬，那么，这种行为发生的频率就可能下降，甚至消失。

听到这里，小薇把手里的艾莎公主高高举起，高兴地说："艾莎公主有魔法，我的身体也有魔法勇士。"

咨询时间很快就到了，在咨询结束前，我给妈妈留了家庭作业，让她回家后采用消退法，帮助减少小薇的反复检查行为。

重复行为是病吗 | 解开父母的担忧和疑惑

好的行为可以通过强化培养出来，表扬并及时鼓励这种行为，这种行为得到奖赏和内心满足，孩子就会无意识地喜欢上这种行为，或者说会去寻求这种内心满足，自然好的行为就会被重复，然后被巩固下来。相反，不好的行为也会被关注出来，并会把一些小问题搞成大问题。

一周后小薇和妈妈如约而至，看到我事先放在桌上的"艾莎公主"，小薇立刻松开妈妈的手，开心地冲过来拿起了它。

这一星期家里人已经减少关注孩子看鞋子的行为，小薇的情绪也稳定了很多，虽然还是会看鞋，但是频率有所降低。

随后，我笑着问："小薇，可以跟阿姨说说，这星期过得怎么样吗？"

"阿姨，你没有骗我，我自己好像真有魔法耶，这个礼拜好像细菌没有把我怎么样。"孩子认真地说。

"看来你的勇士把你保护得很好呀！"我回应。

"他们是很厉害的！可我还有点担心。"小薇低下了头，继续摆弄着她的艾莎公主。

我故作思考状，然后问道："小薇是在担心勇士保护得不好吗？"

"不是，不是。我不担心勇士，我还是有点担心鞋子上的脏东西。"

"我明白你的担心，那你有想过怎么办吗？"我故意问。

"我还是想看一下鞋子。"小薇这样说时，好像自己做了错事，赶紧又解释说："我就是看一下，没有脏东西就不会再看了。"

听着小薇的解释，我相信她的感受是真实的。

"你看一下也很正常，没看到就可以放心地走了，对吗？"我回应道。

我做了一个普遍化处理，既能共情到她的感受，也可以减少她的病耻感，然后植入了一个隐含的心理暗示，就是"看一下"就可以了。

果然，小薇点点头，重复着我的话说："看一下就可以了。"

我给她竖起了拇指，意在强化孩子此时此刻的言语和行为。

接下来，要做一些行为矫正。小薇身上已经模式化的重复检查行为，需要用一些针对性的行为练习来松解。

心理学解读

行为疗法，又称行为治疗，是基于现代行为科学的一种非常通用的心理治疗方法，根据社会学习理论和心理学实验方法确立的原则，对个体反复训练，达到矫正适应不良行为的一类心理治疗。

"小薇，你家离学校远吗？"我轻松地问。

她歪着小脑袋想了一下，回答道："不远吧，平时奶奶都是带我走路去的，一会儿就到了。"

"那我们现在做个游戏，表演一下你上学路上的情景，怎么样？"

"好啊好啊好啊！"一听到游戏，她激动地说了三次"好啊"。然后跳下椅子开始准备："阿姨，怎么做呢？"

我拉起她的手走到门口："我们把这条路当作你上学的路，我现在扮演你，你扮演一个你的同学。我表演你走在上学路上的样子，你来观察我，可以吗？"

"好，阿姨，我们快开始吧。"她放下手上的"艾莎"公主，挺直了身子，非常认真地看着我，等着我开始。

于是我学着她的样子，假装背起书包，走向上学的路，走几步还不忘夸张地抬起脚来检查鞋子，如此重复了五六次，突然听到身后传来隐隐的笑声。回头看去，小薇正捂着嘴，想笑又不好意思笑出声。

我走回来问道："你能告诉阿姨，你刚才发现了什么，看起来有点好笑？"

"阿姨，我跟你说了你别生气啊。"她伸过头来，在我耳边悄悄地说。

"我不生气，你说说看。"我微笑着点点头，温和地对她说。

"阿姨，你刚刚老是抬脚的样子，太奇怪了，好好笑啊。"说着她又半捂着嘴笑了起来。

我也被她逗笑了："原来是小薇觉得我这样抬脚走路很奇怪，很好笑啊！那我可是在扮演你的样子啊，你不觉得吗？"

笑声停下来了，听到我这么问，她愣住了，睁大了眼睛看着我，随后低下头，没有马上回答我。

我走到小薇面前，蹲下来，用鼓励的眼神望着她，说："你可以把心里真实的感受告诉我吗？"

小薇依然低着头说："我觉得自己这样走路好难看啊！"

"你的同学走路好看吗？他们是怎么走的？"小薇此时的觉察很宝贵，为了让她能扩展更多的觉察，我继续问。

"其实，我不看鞋底，也没关系的。我跟好朋友走在一起的时候就不看鞋底。"她没有直接回答我的问题，而是径直联想到可以不看鞋底，看来她是认同不看鞋子走路更好。

"那就是说，你觉得不看鞋底走路，就不难看了，对吗？"我要让她从角色扮演中获取的感受提升到认知层面。

"嗯。"小薇点头回应。

"刚才你还说，'不看鞋底也没关系'，是不是可以理解为，不看鞋底，对你来说也不是难事？"我让她确认，此时此刻自己的感受和认知。

"是的，这也不难的。"小薇似乎下定了决心。

小薇点点头，情绪缓和了很多，我就趁热打铁，继续接下来角色互换的扮演。

"现在，咱们俩互换个角色，继续表演一下。还是上学的路上，你来扮演上学时候的你，我来扮演你的同学。"我引导。

"好的。"小薇答应着。

当她准备好了，一边往前走着，不自觉地看了看鞋底，当她意识到自己在看鞋底时，马上紧张地说："我就是看一下，鞋底有没有脏东西，我看到了，真的没有。"

我没有笑话她，认真回应道："你说得对！没有脏东西。"

她放松了起来，继续来回走，看到我并没有笑话她，就越来越轻快地走了好几个来回。我注意到，她看鞋子的次数有了减少。

孩子心里话

妈妈总说不让我看鞋底，我觉得大人就是想管着我，我并不觉得看鞋底有什么不好，可现在阿姨学我走路，我才看见我自己走路看鞋底的样子，才知道，这个样子这么奇怪，很不好看。

温馨小贴士

父母在养育孩子的过程中，往往只通过语言的教导，不容易引起孩子的重视，因为孩子对语言的理解能力还受到认知发展的局限。因此，家庭中的角色扮演，或者叫扮装游戏，可以使孩子在体验中，获得对自身想法和行为的观察，促进父母和孩子的自我觉察和反思。

结束后，我请她坐回沙发上，柔和地问："小薇，你刚才一路走下来有什么样的感受呀？"

她开心地说："我刚开始老出错，后来，我知道没有脏东西，就没再看啦！"

"我还是想问问你，后来你不再看鞋子，还有没有担心啊？"我问。

"开始有担心，可是后来就不担心啦！"她开心地说。

"后来就不担心了。可以跟我仔细说一说吗？"我需要细节去强化她的体验。

"现在我知道了，身体里也有勇士，勇士也会打败细菌的，还有，我也看了几次，但什么也没看到，就可以好好走路了。"她回答。

我和妈妈对视了一下，注意到妈妈欣慰地松了口气，脸上挂着发自内心的笑容。

"记得小薇上次说过，希望自己像艾莎一样勇敢。阿姨觉得，你今天已经很勇敢了，你的感受很真实，做的也很勇敢，你就是自己的艾莎公主啊！"我真诚地说。

最后，我和小薇妈妈进行了养育方面的沟通，除了请家长继续配合，依然不要过度关注孩子的问题行为外，还请家长多做积极关注，对她的主动改变进行合理的赞扬和肯定，从而巩固发展她的积极行为。

父母的过度强化 | 消除认知上的自证预言

在生活里，原本不相关的两件事之间，有时候并没有真正的因果关系或连带关系，但如果我们坚信它们是相关的，就常常会发现它们相关的证据，或者说当人们不自觉地按自己的预言来行事，最终就会自证预言。

小薇重复性行为，已经有了明显的减少。

我知道，这些明显可见的外在改变并不意味着能够结束咨询，因为至此还有一个思考已久的悬念没有得到破解，而它可能会决定着小薇检查行为是否能够真的消失。

这个悬念，就是小薇对"脏"和"细菌"根深蒂固的认知偏差到底从哪里来？她对"生病"灾难化的认知又是怎么产生的？

只有找到隐藏在其中的答案，才能巩固小薇重复行为改变的成果。

于是，在母亲介绍完小薇的情况后，我带着心里的疑问，问道：

"你对孩子的状况感觉不错，是吗？"

"是呀！我觉得孩子这么快就改变很多，真的很神奇。"母亲感慨地说。

"小薇重复行为的原因，是她对脏、细菌、生病之类的概念特别敏感，以至于达到灾难化的程度。在你看来，觉得孩子这些想法是从哪来的？"我问。

"现在想想，可能是来自我们家对她的教育吧！"母亲若有所思地说。

"不知可否介绍一下，在家平时是怎样教育小薇的。"采用具体化技术，可以让问题的脉络更清晰。

"家里人，包括爸爸和奶奶，都是爱干净的人，在家里特别注意孩子卫生习惯的培养，勤洗手，保持整洁这类要求。她原来就做得很好，从不乱摸乱动，喜欢整洁，好多同学家长都拿她做榜样呢！也不知道，为什么后来就成了这样子。"母亲不解地说。

接着，她叹了一口气，说道："我感觉她对脏东西和细菌的很多认识，可能是因为我平时说的太多了？强调得过头了？"

"你提供的这些信息，对于我们理解小薇的行为很重要，特别是你有这样的觉察，也是非常宝贵的。"我鼓励地回应道。

上述信息，印证了家庭的养育方式与小薇强迫性检查行为之间关系的推断。如果说，孩子积极的行为来自家庭的教养方式，同样，他们的问题行为也与家庭的教养方式分不开。

于是，我对小薇妈妈说："孩子的

温馨小贴士

家庭是一个系统，若某个家庭成员出现问题，往往不是一个人的问题，而是与每个家庭成员本身内在构想模式、行为模式，家庭惯用的意识形态模式，家庭成员的相互关系及相互作用的模式，以及固有的家庭规则等有关。

温馨小贴士

当孩子很聪明，老师同学都很喜欢时，无形中家长就有了很多期待，期待她是最好的、最优秀的和正确的。为了避免出错，孩子往往会做任何事都小心翼翼，反复检查，以满足父母的期待。因此，家长的教养方式以及对各种要求"度"的把握，对孩子的心理健康有着重要的影响。

认知发展，包括行为认同发展，早期主要是在家庭环境中塑造的，父母的教养方式，奠定了他们对外部事物最基本的解释、归因和评价。他们对自我的认同，也常常建立在父母对他们的认同与反馈上。"

母亲点点头，认真地回应道："今天听您这么一讲，我感觉自己在教育孩子上确实有很多不恰当的地方。之前总觉得，孩子嘛，就得吓唬，否则她记不住，平时只要她做的不符合我的要求，我就吓唬一番，说你被细菌、病毒感染，会很可怕的。现在看来，以前说的这些话和做的这些事情也是有问题的。这个以后真的要注意！"

正如妈妈后来所讲，她一直认为，为了孩子发展的更好，就算把问题说得大一些，把性质说得严重一点，都是能用的方式方法。但她没有意识到，这种概念性的、评价性的语言，甚至有些威胁性的语言，必然会成为孩子认知建构、行为塑造的重要部分，尤其是父母作为孩子的重要他人，这种独特的身份，在成年累月的生活中，更容易把自己的认知、归因与概念，不知不觉地镶嵌到孩子的认知行为模式中。

我接着说道："今天，你能有这样的感受、反思，特别难得。在解决孩子的问题中，你的参与至关重要。刚才你们来的时候，我特意观察了一下，小薇走路已经比较放松了，几乎没有刻意检查的行为了。我担心的是，孩子现在的改变是否能够持续？尤其是在结束咨询回到家庭里。这就要求你们家庭的教养方式、行为反馈的语言等，都要做一些改变与调整，否则孩子在回到原有的家庭生活情境后，问题行为很容易再次出现。"我放慢了语速，一字一句地说道。

"我也有这些担心，这次跟您谈话收获挺大的，原来认为是孩子的问题，现在看来也是家长的问题，回家后我也会跟奶奶和爸爸说的。"妈妈很有感触地说。

"父母的改变与成长，是孩子改变的支撑、力量和基础。"我积极地回应。

每一位家长的觉醒，都是在为稚嫩的生命铺设一条光明之路！

教你一招｜"强化技术"塑造孩子行为

　　父母常常会为如何恰当地奖励孩子的某种行为，或者制止某种行为而困惑，心理学家斯金纳提出的强化理论，可以为父母们提供一种科学的方法。

　　斯金纳认为：强化分为正强化和负强化，正强化和负强化都是增强行为的过程，可以用这种正强化或负强化的办法来影响行为的后果，从而修正其行为。

　　行为正强化，是通过强化某种行为，来增加该行为发生频率的过程。具体来说，当我们对某种行为给予奖励或者称赞，就会使该行为变得更加频繁。例如，当我们夸奖孩子在学校遵守纪律的行为，孩子就会感到很开心，从而表现得更加遵纪守规。正强化可以是实物奖励，例如糖果、玩具等，也可以是称赞和表扬的话语奖励。

　　行为负强化，是指通过消除某种不良刺激，来增加某种行为的发生频率。例如，当孩子有某种不良行为时，只要孩子在以后不再做出该行为，我们就不再指责、批评或惩罚他。这样，我们通过消除不良刺激，增加了期待行为的发生频率。

　　在正强化和负强化中，期待行为都更有可能在将来再次发生。举一个例子：当一个两岁的孩子在商店里向妈妈索要糖果遭到拒绝时，这个孩子就会发脾气。无奈之下妈妈满足了他的要求，他就停止了哭闹。但是，这个孩子将来更有可能再次出现因索要东西而哭闹的行为。在该例子中，妈妈给孩子买糖的行为结果，是孩子停止了发脾气。于是，孩子认为自己发脾气时才能得到糖果。这是一个负强化的例子。

父母必读 | 孩子有重复行为，父母怎么做？

当孩子出现重复行为时，父母应保持耐心和理解，通过洞悉孩子重复行为出现的前因后果，采用恰当的方法进行干预。

（1）父母要对自身性格上和养育方式上的观念和行为保持觉察，既不过度严苛、刻板，又不放任、溺爱，给孩子创造一个灵活、恰当、温暖的生活环境。

（2）对孩子已经出现的问题行为，采用"消退法"进行改善，直至重复行为消退。

（3）父母要注意自身及孩子身边成人的语言和行为，保护好孩子，避免把极端化或灾难化的信息传输给孩子。对生活中的事件，在解释、归因与评价时，采用客观表述信息的语言，不做恐吓或者强行概念输入，避免贴"标签"。

（4）父母对孩子的期待行为，采取正强化法给予反馈，而非惩罚，鼓励孩子看到自己的力量，帮助孩子树立改变不良行为的信心。

（5）多方创造条件，培养孩子兴趣爱好，鼓励孩子多参加集体活动，多与外界接触，转移对重复行为的注意力，以减少孩子不必要的疑虑和紧张感。

知识链接 | 重复行为是否会发展成强迫症？

当父母发现孩子有重复行为时，就会很焦虑，担心孩子是不是病了？疾病并不是突然发生的，多种因素聚集到一定程度才会发展成疾病，不良行为的强化和叠加到一定程度，才可能从一般的心理行为问题发展成为强迫症，这是一个量变到质变的过程。按照中国精神障碍分类与诊断标准（CCMD-3）中对强迫症的诊断描述，父母可以作为知识性了解，避免给孩子"贴标签"，及时找专业人员评估和处理。

什么是强迫症？强迫症指一种以强迫症状为主的神经症，其特点是有意识的自我强迫和反强迫并存，二者强烈冲突使患者感到焦虑和痛苦；患者体验到观念或冲动来源于自我，但违反自己的意愿，虽极力抵抗，却无法控制；患者也意识到强迫症状的异常性，但无法摆脱。病程迁徙者可以仪式动作为主而精神痛苦减轻，社会功能严重受损。

症状标准

（1）符合神经症的诊断标准，并以强迫症状为主，至少有下列一项：①以强迫思想为主，包括强迫观念、强迫回忆或强迫表象、强迫性对立观念、强迫性穷思竭虑，害怕丧失自控能力等。②以强迫行为为主，包括反复洗涤、核对、检查或询问等等。③上面两种形式的一个混合形式。

（2）患者称强迫症状来自于自己的内心，不是被别人或者是外界影响强加的。

（3）强迫症状反复出现，患者认为没有意义，并且感到不愉快，甚至是痛苦，虽然通过了极力的抵抗，但是没有效果。

严重标准

社会功能和（或）生活功能明显受损。

病程标准

符合症状标准至少已三个月。

排除标准

排除其他精神障碍继发的强迫症状，比如精神分裂症、抑郁症等，排除脑器质性精神病导致的继发性的强迫症状。

第六篇　想要逃离"家"的孩子

当父母认为孩子有"问题"，应该来做心理咨询，却被孩子一口回绝时，父母该怎么办？其实，"问题"一词，通常是被父母或其他人所定义的。在孩子问题的背后，可能隐藏了父母本身的"问题"，对这些问题的觉察、反思和改变，才是一个家庭更加和谐、温暖和成长的真正动因。

案例解析 | 重建家庭成员的情感链接

母亲：秋云，39岁，企业机关管理人员。"我儿子14岁了，上初二，他发脾气时常从家里偷跑出去，有一次一夜没回来，有时后半夜才把他找回来，怎么劝说孩子也不听，真不知该怎么办了。"

父亲：田伟，40岁，某公司基层干部。"妈妈劝他来做心理咨询，他不仅不来，还说，我又没问题，你们才需要去看心理医生。"

儿子说我是自私的人 | 充满火药味的家庭

亚里士多德曾说过，每个人皆有感到愤怒的时候，生气终究还是一件易事，但若发脾气也能选择正确的对象，把握恰当的分寸，且有合适的理由，这就绝非一件易事了。

母亲独自一人来到咨询室。

"孩子不愿意做咨询，只说了一句'要去你去！'就摔门出去了。"秋云刚坐下就开始抱怨上了。

她说，自己和丈夫田伟都是企业员工，他们发现孩子出现了心理问题，而且还越来越严重。所以，母亲希望通过心理咨询来解决孩子的问题，但孩子拒绝了。

"孩子多大了？你们之间发生什么了？"我问。

"他都14岁了，昨天和我吵起来了，一点都不懂事。"母亲一脸的无助。

"能说得再具体一些吗？"我需要澄清问题。

"昨天下午，小刚回到家里放下书包就要出去，我问他去哪儿？他说去找同学玩，我不同意，让他先写作业，他说等回来再写作业，同学在楼下等他。我就说，现在不能出去，你都初二了，应该多花点时间学习，把成绩提高一下。"

心理学解读

心理咨询的本质，是协助来访者化解心理层面的困扰，但孩子拒绝咨询的情况并不少见，比如孩子不觉得自己有问题，或者他认为自己尽管有些困难，也都是家里父母造成的。这种情境下，心理咨询依然可以先从某一个家庭成员开始，对呈现的问题进行澄清、剖析和反馈。

母亲说到这儿，停了下来，喘了一口气。

"然后呢？"我追问。

"结果他就'炸'了，跟我大吼大叫，说我就是一个自私的人，根本不为他着想。我当时也非常生气，就对他说，你就是被宠坏了，从来不听我的话。你说我自私，我给你吃，给你穿，这就是我得到的回报吗？我不想休息吗？我不想出去快乐吗？结果他把门一摔就走了。"秋云说到这里停了下来，深深地叹了一口气，她神情凝重、落寞。

"秋云，我想问一下，当你和孩子吵起来的时候，孩子的爸爸在做什么？"我问。

"他不在家，我和儿子吵架的时候，他基本不在家，就算恰巧在家，也会说是我把孩子惯坏的，要么骂孩子几句，如果孩子跟他硬顶，他就上手打。"秋云低声回应，显得十分无助。

"看来，你为孩子付出了很多，但结果却不如愿，这让你感到很难过，也感觉很受挫。"我回应道。

"唉，我真不知道该怎么管这个孩子了，他越来越不听话了。"她叹口气说道。

"听你刚才说的情况，似乎你们不只是昨天发生争吵，之前也争吵过，这种争吵是从什么时候开始的？一般都会因为什么吵起来？"我需要了解问题发生、发展的细节。

"我记得，大概从小学五六年级开始，每次都是因为学习的事。上初中后他总说不让我管他，还说我只敢管他，不敢管爸爸，爸爸经常在外面不回家，他骂人、打人我也不管，认为我是欺软怕硬。这孩子说话真是噎人，气得我心里堵得慌。"秋云难过地说。

"孩子好像对你有些意见，爸爸经常不在家，是有什么原因吗？"我问。

"他爸爸总说工作忙，要加班，很晚回家，父子俩经常打了时间差，见不到面。其实，我知道田伟有时也不是忙工作，他一直喜欢打麻将，只是找个借口不让我知道，但我心知肚明，也很闹心。"

"小刚从家里跑出去，几点能回家？"我担心地问道。

"这正是我最害怕的事，我怕他离家出走，再也不回来了，那可怎么办啊？"母亲似乎陷入忧虑之中。

"你很担心孩子不回来了，这种情况发生过吗？"我追问细节。

"有一次他跑出去，一个晚上都没有回来。"秋云落寞、无助地说，

"当时发生了什么？"我继续问。

"那次，是我和田伟吵架了，吵得很厉害，情急之下我说离婚吧！孩子从房子里冲出来，生气地说'你们吵吧！离吧！这个家都不要了，要我干啥？'说完摔门跑出去了。"

从孩子母亲讲述的情况分析，这个家庭的"三角关系"，即父亲、母亲和孩子三者之间的关系，出现了严重的不平衡。因此，亟须调整这种不平衡的家庭关系和结构。

"我注意到，无论你与丈夫争吵，或与孩子争吵时，小刚都会离开家。显然他在用出逃回避的方式来缓冲焦躁的情绪，同时我也感受到了你的担心。那么，现在让我们一起做些分析，看看能做一些什么，好吗？"我建议说。

秋云连连点头，望向我的目光里饱含着期盼。

"我还想知道，你曾经做了哪些尝试去改变这个情况？"我问。

"我尝试过不要吵架，耐心地说服儿子，告诉他已经初二了，明年要参加中考了，所以学习很重要，作业也很重要。但他说我不是为他，是自私的。这些话让我感到很难过，我也讲了一些反驳他的理由，但这些都没有什么效果。"说完，秋云摇摇头。

"我看到了你的努力，但效果不好，所以你想让孩子来咨询，但他拒绝了。你现在感到很失望，不知道自己该怎么做了，我的理解对吗？"

孩子心里话

为什么你只管我，不管爸爸？爸爸不准我说话，不是打就是骂，大人就可以这样做吗？就什么都是对的吗？我上了一天课，放学后跟同学打一会儿篮球有错吗？我又不是去做不好的事，也不是不写作业，只是想先玩会儿再写，怎么就不学习了？我真不知道，妈妈怎么就变成这样不讲理了。

心理学解读

三角关系，是家庭心理治疗最基本的概念，主要指父亲、母亲与子女之间的结构状态。若三者关系平衡则有利于孩子的健康成长；若家庭结构不平衡则会给孩子带来很大的心理困扰，使孩子深陷于家庭结构不稳定的泥潭里。

"这个家难道要散了吗？我心里忍不住会往这里想，也会害怕。"她回应。

"现有我一些想法，但还不成熟，我想跟你一起探讨一下。"

秋云用力地点点头。

"我在想，如果孩子说你自私时，你要是同意他的看法，他会有什么反应呢？当然，我不是说你儿子说的正确，而是从心理学角度来分析预判，比如，当你表示同意时，孩子本能的心理防卫就不会启动，这时他会怎么反应呢？"我分析说。

"孩子脾气大了，我想不出来他会怎么做。"秋云想了一下回应道。

"如果可以的话，我们做一个试验，一方面可以多了解孩子，另一方面也可以探索新的对话方式，你愿意吗？"

"我也没别的办法了，那就试一试吧！"秋云点头同意了，"只要能解决这个问题，我都愿意。"

"今天回家后，你尝试用一种平静、真诚的方式对孩子说'可能昨天你是对的，妈妈可能是一个自私的人。'说完你就平静地离开，观察孩子后续的反应。"我说。

温馨小贴士

父母或孩子寻求咨询师帮助时，"为什么现在来咨询"这个问题，是非常具有心理学意义的。最近发生的重要事件，可能是导火索，或称为诱发因素，是与个体需要有关的，能够推动个体去行动的刺激物，是决定人们活动动机的重要力量。

"我试试看。"她点头。

"另外，儿子14岁了，你要给他一些空间，不重要的要求可以先不提，重要的事情采用文字表达的方式沟通，这样避免了母子直接碰撞，进一步破坏你们的关系。"我给出具体建议。

"嗯，不能再吵了。"秋云十分认同。

最后，我对她说："我希望下次你丈夫也能来，讨论一下化解家庭冲突的方法，为孩子提供一个健康的生活方式。或者直接告诉田伟，就说我邀请他来协助我的工作，好吗？"

"为了孩子，我想他会来的。"秋云点头。

家庭冲突背后的症结｜无限循环的情绪战

许多夫妻在生活中无法进行有效的沟通交流，往往是一个不停地说，另一个却听不进去。这样的情形，就像是一条拥堵的河流，夫妻之间的感情越来越淡薄，而不满的情绪则在不断地堆积着、堆积着……

果然，一周后，夫妻两人一起来到了咨询室。

我用微笑迎接了他们的到来，说道："你们能一起来太好了，不知这一周孩子的情况怎么样？"

"上周您说的试验，我回去做了，孩子有些吃惊，我就说感谢儿子帮妈妈发现了自己没有意识到的问题，妈妈想让你中考去名校，确实是自私的想法。他听我这么说，平静地说了一句'我知道了'就去忙自己的事了。"秋云说。

"这个结果不错，先把母子争辩转化为对话，不再争论谁错谁对，这是第一步。"

"孩子这周放学后，又出去了两次，不过回来后作业都写了，这周没有发生争吵，但我还是有些担心，睡不踏实。"秋云补充道。

秋云说完，回头看了一眼丈夫田伟，似乎等待丈夫也能说点什么。

"这孩子总想出去玩，根本不把学习放在心上，让我们不要管他、逼他。一句也说不得，争吵起来就知道跑，跑没影了让我们着急，真是不让人省心。"田伟一肚子怨气。

我直切主题，问道："每当发生冲突时，孩子就跑出去，在你们看来，孩子为什么会这样？"

"可能是对孩子要求的比较多，指导的多，责备的多吧。孩子以前很听话，可现在不是顶嘴，就是跑出去了。"秋云说。

"我想了解一下，你们夫妻两人的相处模式，平时遇到分歧时，你们是如何沟通的？"我抛出一个问题。

> **温馨小贴士**
>
> 当孩子有些让家长头疼的事，父母就会焦虑，想要尽快解决，做父母的都希望孩子能按照我们期待的样子生活，但焦虑是有传染性的，父母在焦虑的情绪状态与孩子沟通的，很难起到良好的效果，反而容易激化矛盾和冲突。

田伟没有说话，秋云不假思索地说："我们哪里有沟通？都是我的错，在他眼里我这也不对，那也不对。他不说话的时候，就算是好的了。"说着，声音也有些哽咽了。

田伟听到这里，抢着说："不是这样吧，我只不过是指出你的问题，最多声音大点，你那样说我，好像我欺压你一样。"他在为自己辩解。

"你除了指责、批评和发脾气，什么时候帮过忙？"秋云有些激动地反驳着。

此时，我清晰地看到这对夫妻，把他们日常生活中的沟通模式，真实鲜活地呈现了出来。

心理学解读

沟通模式的活现，又称行为促发，是指治疗师在治疗时间内主动地将家庭的冲突带入治疗情境，使家人在治疗室内呈现出他们在家里的行为，使治疗师能够观察到家庭的真实表现，并找出调整和修正其家庭互动模式，促使家庭结构发生改变的方法。

我能感受到秋云此时的委屈、无助和愤怒，也能看到田伟的强势和不容反驳。

于是，我问了秋云："平时，当田伟这样说话时，你都像刚才那样回应吗？"

秋云没有回应，似乎还沉浸在刚才的情绪当中。

我转过头问田伟："我想知道，你们之间发生的冲突，最后都是怎么解决的呢？"

田伟眉头紧蹙，摇摇头说："解决不了，我说她，她也不听，所以争执总是没有结果。"

我转过头问秋云，说："是这样吗？"

"差不多吧。虽然我经常忍着，但有时我也忍无可忍，会发脾气，也会激烈争吵。"秋云接过话题说。

"然后呢？"我继续追问。

"然后是冷战几天，不了了之。"秋云的神情黯淡，无奈地低下了头。

"我是否可以这样理解，田伟急于指出秋云的不是，秋云为了避免冲突，就用忍的方式，直到忍不住的时候，情绪爆发，就会激烈争吵，不仅问题没有解决，还伤感情。"我梳理着头绪。

他们点头。显然，他们听懂了我说的意思。

我想，是时候给他们一些具体的建议和指导，改善夫妻之间的沟通模式。于是，我介绍了说话者技术和听话者技术。

我拿起桌上的笔，说："下次，当你们有争执的时候，可以试试这个方法。首先指定一个小物体代表'发言权'，像我手里的这支笔，也可以是一个遥控器、一个水杯。当秋云拿到这支笔的时候，她就是说话者，任务就是用第一人称来表达情感，句式是'当……的时候，我的感受是……'。田伟的任务就是仔细倾听、不要打断，然后复述秋云的信息，直到秋云对田伟理解自己的情感感到满意时，把笔交给对方，交换发言权。"

心理学解读

在心理学上，听话者和说话者技术，尤其是在婚姻咨询、冲突管理和心理咨询等领域中，扮演着重要的角色。这些技术旨在促进更有效的沟通，增强理解和共情，从而改善人际关系。所谓"听话者技术"，主要是指在沟通中如何有效地倾听对方的言语和非言语信息，以建立更深入的连接和理解。而"说话者技术"，则关注于如何有效地表达自己的想法和感受，以及如何引导对话朝着积极的方向发展。

我把笔递给了秋云，朝她笑了笑，说道："试试看。"

秋云接过笔，略微迟疑地看着我，缓缓说出这么几句话："当我丈夫指责我的时候，我会觉得压力很大，会感觉在他眼里我什么都不是，怎么做都是错的。"

"我只是……"田伟想要辩驳，我用眼神阻止了他，示意他注意遵守规则。然后，请他复述秋云的话语。

他深吸了一口气，说道："每次我指责我妻子的时候，她都会觉得很有压力，会感到挫败。"

秋云点点头，把笔递给了丈夫，田伟领悟很快，一字一句地说："当妻子不跟我说话的时候，我会觉得她一点都不理解我，不在乎我，觉得心里孤单。"

"当我不跟丈夫对话的时候，他会觉得我不理解他，会觉得孤单。"秋云说着，若有所思的样子。

这个夫妻对话练习，只是想让他们获得一些体验、感悟或启发，改变原来火药桶式的沟通模式。不再陷入之前的那种各执一词，自我辩解、厌倦和拒绝防卫的恶性循环里。

秋云抬头来，有点不解地问："我们确实在沟通上有问题，您说这跟儿子的问题有什么关系呢？"

我说："谢谢你能提出这个问题，这也正是我要跟你们讨论的问题，孩子为什么在你们冲突时，或与你们有冲突时，他要离开这个家？"

他们面色凝重地摇摇头。

"从你们讲述的内容分析，爸爸经常不在家，与孩子相处时间较少，父子之间的交流沟通就更少，当孩子表达了某种想法时，又常以批评、斥责和指令的反馈为主，孩子不能接受，会有愤怒情绪爆发，然后他就从这个家里逃出去了。"我做着解释。

夫妻二人专注地听着，也许他们从来都没有像今天一样，坐下来，心平气和地分享感受，讨论问题。

听到这儿，秋云不解地问："那您说，孩子为啥生气后要跑出去呀？"

"小刚14岁了，对于青春期的男孩，他有被尊重的心理需要，也已经有了比较明确的自我意识，如果被父母反复控制，大多都会出现反抗和攻击的行为。至于孩子吵架离开家，这是一种回避行为，一种自动启动的心理防御机制。"我进一步解释道。

当我说完这些，夫妻俩你看我、我看你，似乎陷入了沉思。

"家庭系统理论认为，家庭是一个有机的系统，其中任何一个人的改变，都会影响整个系统的改变。所以，如果父母先改变了，孩子的行为也会随之改变。"我引申道。

"我明白了，就是说我们父母要先做出改变，孩子才有可能改变。"秋云说道。

田伟也点头说："原来我们要求儿子改变，现在看来顺序不对，得我们先改变。"

"如果小刚听到你们刚才说的话，他会感动的，现在我先被你们感动了。"我及时给予积极反馈。

"以后，按您的建议做些尝试，特别是我，要管好自己的情绪，不骂、不打孩子，您刚才提醒说孩子青春期了，要尊重他，好好说话。"田伟回应道。

听到这儿，秋云也转过头来，对田伟说："以后你把打麻将的时间规划出来，尽量放在周末，打牌也是娱乐放松，我也不反对你玩。这样，你就可以在家里多一些时间，给孩子树立一个榜样。"

田伟点点头，回应道："我知道了。"

当夫妻二人走出咨询室时，步伐似乎轻松了许多。

消弭夫妻情感的鸿沟 | 重建家庭情感链接

父母常常看见孩子的"问题"，却对自己的问题视而不见，或加以否认。同时，父母也很难觉知或理解正是他们自己或他们夫妻关系问题，才是孩子"问题"的根源。父母要学会看见自己，才能看见孩子，这是一种反思性的亲子之爱。

一周后，夫妻二人如约来到咨询室。

"时间真快！不知这一周来你们过得怎么样？"我直接问。

"以前没站在孩子角度想过，现在细想，他要么爆发、吵起来，要么离家，逃跑回避了，除了青春期叛逆的原因，还跟我们有关。"秋云若有所思地说。

"确实，我也一直以为是妈妈没教好，现在意识到，是我这个父亲没做好，孩子对我是有看法的，甚至是有很大意见的。"田伟补充道。

"是啊，田伟啥忙也帮不上，我生他的气，就会把火发在孩子身上，现在想想，如果让我生活在这样的家庭，我也想逃跑。所以，我现在能理解孩子了。"秋云自我反省着。

"现在，我还想知道，后续你们还做了一些什么？"我拓展话题。

"我觉得田伟有了很多变化。他在家的时间多了，饭桌上跟孩子说外面的新闻，父子俩话不少呢。"秋云温柔的目光，落在丈夫田伟的身上。

随后，我转头询问田伟，说道："这一周来，您妻子秋云有哪些不一样？"

"感觉她变得柔和一些，不像以前像个炮仗。现在我挺愿意跟她说话的，但就是不知道，我哪句话说的不顺耳了，她要么不吱声，要么反驳我。"田伟说。

"现在，你们努力尝试，陪伴孩子，珍惜这个家，这些改变已经很难

心理学解读

积极赋意，来源于重新定义技术，是指治疗师对当前家庭成员的症状和家庭系统状况从积极的方面重新进行描述，放弃挑剔和指责的态度，并用新的观点取而代之。

关呢？"我追问道。

"可能我们不再争吵了，孩子感觉家里是轻松的、安稳的，他也不用生气地离家逃跑了。"田伟抢先接过话题，说道。

"稳定和谐的家庭氛围，会让人感到轻松、舒适和信任。这一周来，你们之间少了争吵，多了对话陪伴，孩子也情绪稳定，这是一个不错的开始。"

我回应道："父母对问题的觉察和反思，无论是对夫妻关系，还是亲子关系的情感增进都是重要的。"

温馨小贴士

在家庭矛盾解决过程中，需要父母有觉察和反思自我问题的能力，在此前提下，才能看清楚孩子的问题，看清自己与孩子问题之间的相互关系，才能创设一个温暖、理性和成长型的家庭。

得了，不能贪心啊！或者想一口气吃个大胖子！"我打趣地说。

"我想知道，小刚近期有些什么变化？"我转换话题。

"他的情绪稳定一些了，好像也没那么大脾气了。"秋云回答。

"你觉得孩子的这些变化跟什么有

"您能给我们一些具体的方法吗？帮助我们能走得更好、更踏实一些。"

"可以通过'内观'来了解自己，这就是自我觉知。自我觉知是主动的过程，比如，丈夫情绪上来时，先觉察情绪，是要发火？还是要说狠话？这个觉知过程，可以阻断情绪爆发。"

他们点点头，说："这个可以试试。"

"在你们夫妻对话中，也可以用到自我觉知法来觉察自己言语的反馈模式。尽力避免使用情绪性语言，而是述情性表达，述说自己的感受、需要和期待。"说完后，我又接着补充，"但是，任何改变都是需要时间的，你们可以在生活中互相提醒，在有意识的情况下多练习、多交流。"

为了了解一下他们的理解程度，我有意预设了几个场景来进行提问。

于是，我问田伟："如果有一天你对妻子不满，有了情绪，开始大声指责你的妻子，她没有沉默，而是提醒你，你会怎样做呢？"

"那我就先停下来，察觉一下我为什么生气，然后再跟她说我心里的感受、不舒服的地方，让她知道是什么，而不大喊大叫，乱发脾气。"田伟认真地回应。

"当你丈夫再次出现问题时，你会如何做呢？"我转向秋云，用了循环提问。

"我不去忍着，而是给他真实的反馈，说说我心里的感受，比如，你刚刚在用指责的方式跟我说话，我心里不舒服，我不想吵架了。"秋云很努力地练习着。

我微笑着点头，表示赞许。

随即，我又补充道："这样一来，家人的相处会更轻松和愉悦一些，孩子也会在父母的言传身教之下，有所感悟、学习和成长。"

> **心理学解读**
>
> 循环提问，是家庭疗法的一种面谈技术，通过向不同家庭成员提问，探寻出他们关于事件或关系的观点中的差异，并通过这些差异来揭示家庭中的多种观点，并探索反复出现的家庭模式。

每位父母都想成为好父母，但每一个转变都是复杂而不易的，对于渴望孩子健康成长的父母来说，反思自己，滋养关系，倾听并从心底相信，如何爱是养育的核心，也是孩子茁壮成长的关键。

咨询的时间是有限的，但每一个家庭成员的学习、思考和成长却是一生的。

❦

教你一招 │ "课题分离"纾解家庭困扰

"课题分离"是心理学家阿德勒强调的原则，这一原则在处理家庭问题时尤为适用。也就是说，在家庭问题中，要区分一个问题是谁的课题，是谁的课题，谁就负责解决问题。区分的原则就是，

> 这个问题让谁感到困扰？谁困扰，就是谁的课题。

比如，本案例中，与孩子的冲突问题，青春期孩子叛逆，是这个时期孩子的正常反应，是自我意识和独立性发展的表现，对孩子来说不是问题。但对父母来说，是自己不能承受孩子由乖巧听话到反叛的转变，仍有要控制孩子的欲望。因此，允许孩子有独立意识和行为，允许孩子在成长过程中受到一些挫折，这是父母的"课题"，是父母需要自己负责并解决的。

另外，父母之间的冲突，可能导致孩子为缓解父母的冲突而成为"替罪羊"，孩子通过自己的一些特殊行为，把父母冲突的焦点转移到自己身上，以帮助父母缓解他们之间的冲突，这更是父母的"课题"，需要父母自己负责解决，而不是去解决孩子的"问题"。同时，也要让孩子认识到，父母的课题应该由父母自己解决，他们有责任让自己过好，子女没有义务去改变父母或者屈从父母，特别是成年子女，要按自己的想法，把自己的学习、生活和工作做好，至于父母会怎么想——那也不是子女的课题。

父母必读 │ 反思性养育的十个原则

父母在养育孩子的过程中，会面对各种各样的压力和困难。养育不是一项工作，而是一种关系。当亲子关系足够稳固时，孩子更有可能在家长关注的各个领域中发挥出潜能，很好地学习和发挥自我功能。同时，还可以避免父母因某些混乱和误解而失控，也可以避免伤害孩子。以下反思性养育十大原则，对孩子健康成长的各个方面都有所帮助。

（1）关系高于一切。父母们请务必让自己慢下来，关注当下，因为所有关系的经营都不能急于求成。当我们心存疑问时，请聚焦于"关系"这一核心议题，关系比任何事情都重要，包括父母们一直看重的学业成绩、课外兴趣班、限制和规则等。家庭关系是孩子根植其中并能够成长发展、开花结果的肥沃土壤。

（2）没有完美的父母，也不存在"正确""最佳"的养育方式。养育孩子的方式多种多样，每一种都有可能帮孩子做得更好，你需要多想一想，更多地找出属于自己的答案，请相信你可以找到一种好的办法来解决问题，书籍和专家们提供了食谱，但只有你可以决定哪种营养食物最适合自己的孩子和家庭。

（3）容忍模糊、不确定性和未知的状况。人际关系中存在误解和冲突是正常的，也是不可避免的，容忍并接纳这些存在，可以减少父母们做出僵化、条件反射式反应的可能性，不存在唯一的真相，生活和人际关系在本质上都是一件复杂的事情，对之可以有多种不同的理解，我们必须克制自己想要立即解决这些问题的冲动。

（4）同时从孩子和自己的角度看世界。不只从你的角度看世界，还可以试着走进孩子的精神世界，透过他们的眼睛来看，你的孩子是一个拥有不同观点和动机的独立个体。同时，孩子心智的运作方式跟成人有很大的不同，而这一点决定了如何回应孩子，从孩子的角度思考，能在很大程度上提升父母的同理心，也可以让孩子觉得被理解，这是孩子发展自己心智能力的基石。

（5）做一个充满好奇、思想开放、灵活自如的父母。你可能希望知道所有的答案，但没有人可以做到这一点。此外，孩子其实不需要你知道所有的答案，对于正在发生的事情感到好奇和疑惑是正常的。心理学专家认为，如果人们可以用不同的方式来看待世界，并且对如何行动有多种选择，就可以在生活中做得更好，因为这是一种更适应的方式，请为你的孩子树立一个榜样。

（6）调节孩子的状态，涵容孩子的情绪，但同时要把握好边界。孩子当然需要父母来帮助他们容纳自己的冲动，缓和自己的情绪，但以一种平衡的方式提供帮助才是最好的选择，平衡意味着父母不仅需要对孩子的情绪足够敏感并与他的情绪调谐，同时还需要设定明确的、与年龄相符的限制，根据孩子表达情绪的方式建立边界，来平衡父母对孩子情绪的理解和认可。

（7）教会孩子成为有胜任力和复原力的人。父母要知道，孩子最终会越来越独立，为了使孩子能够具备胜任力和复原力，首先父母需要持有一种所有的困难都能被解决和处理的态度。同时，应让孩子感觉到，即便是强烈的负面情绪也会随着时间的变化而改变。此外，父母还需要帮助孩子制定策略，使他们变得坚韧并且可以应对挑战、挫折、失望和伤害，即使那些痛苦的处境或危机让孩子感到挫败和失望，但通过这种方式，孩子仍可以重新振作起来。

（8）保持更加积极乐观的态度。孩子们当然有缺点和问题，有研究显示，当问题困难的一面被缩小，而积极的一面被放大时，他们会做得更好。所以，父母需要更多地强调孩子做得好的和优势的部分，还有那些会变得更好的部分，表扬孩子付出的努力，而不只是最终获得的成就。

（9）当亲子关系破裂时，父母需要进行修复。在所有的关系中，愤怒和冲突都是正常的。虽然面对这些实属不易，但是孩子们一般都能处理好，只有当这些愤怒或冲突使得关系破裂，才会让他们难以应对。因为当关系破裂时，孩子会有一种孤独和被抛弃的感觉，而这些都超出孩子应对的能力，所以父母一定要花时间和精力来进行修复。

（10）每个孩子都是独一无二的，所以请父母调整养育方式来适应孩子的具体需要。世界上没有两个完全一样的大脑，同样也没有两个完全相同的人。人类生活中的多样性和变化性，使得一种养育策略不可能适用所有的孩子，请根据孩子的情况来提供最适合的养育方式。父母对孩子有各种期望，但请记住，你需要养育的是所拥有的这个孩子，而不是所期待的那个孩子。

知识链接｜原生家庭焦虑的五个层级

英国的精神病学家比昂说："人与人关系的本质是，谁制造焦虑，谁承受、容纳和化解焦虑。"孩子天然有个容器，就是他的自我，围绕孩子的这个容器是变大了还是缩小了，对应的是不同的养育方式，而不同的养育方式给孩子带来不同的人生。

（1）最糟糕的层级：父母经常在身体上和语言上暴力对待孩子，野蛮、粗暴地侵入孩子的心理空间，不仅制造焦虑，而且会造成创伤，孩子没有办法形成一个稳定的边界，心理空间不断地被压缩、被破坏，陷入彻底的无助和绝望。心理学专家杰尔·莱特说，情绪不稳定的父母，最容易养出两类孩子。①形成讨好人格，失去自我，长期生活在创伤环境下的孩子，本能地拥有保护自己的能力——讨好，因为害怕再次被伤害，只好努力取悦他人。②脾气暴躁，易形成反社会人格，容易发怒，总是控制不住用暴力伤害他人，变成父母的样子。孩子是父母最忠实的"情绪接收器"，毫无遗漏地承载着父母一次次失控的恶果。

（2）比较糟糕的层级：父母给孩子制造的虽然不是创伤，但不断地给孩子制造焦虑，孩子的心理空间也是不断地被压缩，他要去容纳、化解父母的焦虑，成为父母的容器，而不是父母去容纳和化解孩子的焦虑，这会使孩子很容易有负面的情绪和崩溃的感觉，也就是所谓的焦虑。家长自己不能容纳和化解焦虑并把这个焦虑传递给了孩子，孩子容纳父母的焦虑，就不能很好地专注和聚焦在自己的学习等他应该做的事上，也不能很好地放在自己的其他事上。美国作家爱德华说过："家庭关系紧张，父母专制，不尊重孩子的人格，不讲民主等因素，直接影响孩子的学习与人生。"

（3）中间层级：父母既没有使用暴力给孩子制造创伤，也没有把自己的焦虑传递给孩子，父母和孩子有边界和心理空间，这样，孩子可以不受干扰，依靠生命的本能给自己维护一个可以去做事情的空间，自行消化自己的焦虑。这样的孩子既能依赖父母，同时，有利于孩子形成健康的自我观念，以及独立、有主见的性格。蒙台梭利博士认为，孩子在"工作"中才能成长，才能更好地发展其心智。

（4）比较好的层级：父母能够容纳和化解孩子的焦虑，把孩子的容器扩大，孩子是制造焦虑的一方，当父母不断地去承受、容纳和转化孩子的焦虑时，孩子的心理空间就会变得越来越大，他知道自己即使很多事情搞不定，但是没有关系，背后会有强大的父母会帮助他，孩子深刻感觉有父母做后盾，是可以放松的，什么事情都是可以被接纳的。这一层级的父母，会给孩子满满的安全感，成为孩子的容器，孩子就能更好地管理好自己的情绪，并且更有能力管理自己的行为，性格也会乐观自信和勇敢。

（5）最好的层级：父母人格健全而成熟，不仅能承受、容纳和转化孩子的焦虑，孩子的心理空间不断地扩大，他们也教会了或影响了孩子，自己有能力处理各种焦虑，并能发挥最大潜能把自己的事情做好，有所成就。这样的父母本身就是一种榜样力量，自己不放弃自我成长，让孩子看到父母的努力，从而激发孩子的斗志，成为社会有用之才。

第七篇　失恋，让儿子迷失了

人生有太多重要课题，爱情就是一门必修课。"失恋戒断反应"，是指恋爱双方因各种原因终止亲密关系，而引发的一系列情绪反应，常表现为痛苦、焦虑、自责、忧伤等。大部分人能合理调适这种情绪反应，但也有一部分人无法有效地应对，导致心理失衡、行为紊乱，甚至发展为心理障碍。

案例解析 | 如何从失恋中看见另一个自我

儿子：林枫，大学二年级学生，独生子。"我和女朋友分手了，心里特别烦躁，彻夜无法入睡，期末两门功课考砸了，讨厌听父母唠叨，现在想离开这个家。"

母亲：45岁，某事业单位职员。"我儿子因失恋情绪不好，休学在家，整日无精打采，谁也不理，我们忍不住说他几句，他就发脾气，嚷嚷着要搬出去一个人住，我们实在不知该怎么办。"

窒息的情感冰山 | 挣脱消极情绪的缠绕

当人们还在情绪中纠缠时，就无法真正分离。只有接受了这件事，才能真正地摆脱它的影响。

林枫的咨询是母亲预约的，电话里简单介绍了情况，林枫对父母建议他做心理咨询并不满意，最后还是被父母劝来了。

第一次见到林枫，我仔细打量了一下，明显的黑眼圈，衬托出落寞、疲惫的神情。此时，他眉头微皱，没有兴致的样子。

温馨小贴士

当父母认为孩子有"问题"，想让孩子去做心理咨询时，有些孩子会表现出阻抗，不愿意。这可能因为孩子对心理咨询不了解或误解，抑或是对父母控制的反抗，也可能认为自己没有问题，父母才应该做心理咨询等。父母可以通过自己先来咨询，或与孩子一同来咨询等方式，先做出改变，若孩子同意单独咨询，父母也要给出相应的行为和态度，创造出共同改变的环境。

我用温和的语气问他："林枫，我们是第一次见面，我想问你一个问题，你愿意来做心理咨询吗？"

林枫抬头看了我一眼，又快速低下头，推了推鼻梁上的眼镜，表情有点尴尬，小声回道："哦！我不怎么愿意。"看来，林枫对来咨询有心理阻抗的。

我看林枫情绪基本稳定，交流坦诚，可以给他就此做个简单介绍。

于是，我回应道："无论出于什么考虑，你今天能来，就是给了我们彼此一个机会，我很愿意跟你一起讨论一些你关注的话题，并通过心理学专业知识和咨询经验，和你一起分析分析，捋清你自己的困扰，尝试找到一些解决问题的途径和方法。前提是你得有意愿，如果你不愿意，我也很难帮到你。今天你来了，也许我们的交流会有一些收获，也不白来一趟。"

林枫认真地听我讲话，点点头。

我乘势继续说道："简单来说，心理咨询师更像是一面镜子，让你借用这面镜子看见自己、他人与环境，了解发生了什么？内心的冲突是什么？情感的纠结在哪里？以帮你解决当前的困扰。"

听到这里，林枫眼里似乎有了认同和期待，神情放松了一些，说："嗯，我明白。"

我知道，他已经接纳了我说的话，我静静地等着他。

林枫沉默了一会儿，低声说道："我现在读大二，但自己的状态一直都不好，就是学不进去，很着急。现在休学了，天天在家，感觉父母很烦，和他们沟通不了，想自己搬出去住，可他们又不同意。"

"听起来，这些情况确实会让人烦恼。能具体说说是从什么时候开始的？发生了什么事影响了你吗？"我采用了具体化技术，问道。

"嗯，是，这学期开学不久，因为跟女朋友分手，开始心烦，听不进去课，对身边的事也不感兴趣，每天就是混吃混喝。"林枫叹了一口气，眉头紧蹙。

"你母亲说你是因此休学的？"

"嗯，休学两个月了。那时候我脑子很乱，上课时，人虽在教室，但什么也听不进去，落下了很多课。"

"现在怎样？身体还有什么不舒服吗？"我要全面了解一下他的身心状态。

"睡眠很不好，每天睡不着，早醒，难以集中注意力，心情很差，高兴不起来，也不想吃东西。当一个人的时候，总会控制不住地想女友，还有那些和她不愉快的场景。也会担心害怕，同学们都毕业了，可是我却这个样子……"他停了下来，似乎内心很挣扎，说到最后，语调也渐渐低沉起来。

显然，林枫的情感纠结，是导致他在情绪上、认知上和社会功能上，

心理学解读

抑郁状态，一种带有情绪低落、思维迟缓、不爱活动等表现的短暂性且较轻微的，可随时间或情境改变而趋于稳定的亚健康的身心状态，严重者可诊断为抑郁障碍。

都出现抑郁状态的关键因素。

于是，我直接询问："愿意跟我说说你和前女友的故事吗？比如怎么开始的？发生了什么冲突？分手是谁提出来的？等等。"

林枫靠在椅背上，看向窗外，深吸了一口气，慢慢在回忆中讲述起自己的恋爱故事。

"大学一年级的第二学期，在一次同学聚会上遇见李薇尔，她是邻校的女生，主动加了我的微信，然后就开始交往。刚开始，我不怎么上心，一点也不主动，一般都是她主动。但是，随着交往时间长了，我真的爱上了她，我们就在一起了。那时，我每天都想见到她，我觉得自己陷进去了，眼里心里都是她。那是一段甜蜜的时光。"

说到这里，他停顿了一会，似乎被某种情绪打扰了，他稳定了一下，才继续说。

"半年后，就是大二时，我已经认定她了，甚至开始讨论毕业后结婚的事，可我们之间的矛盾却爆发了。我感觉，她有很多毛病，我受不了，经常因此生气、吵架。比如，她乱放东西，看着就心烦；她化妆时间特别长，常常是等她化好妆，我连吃饭的心情都没了。另外，最让我受不了的是她的虚荣和铺张浪费，每次去吃饭，她都点很多菜，明明三四个菜就能吃饱，可她就是要点六七个，每次都吃不完扔掉，我看着心里感到很难受，又怕她说我小气，开始时我都忍着、生闷气，时间久了，我也忍不住，就开始发脾气、吵架。我的心情从那时起就不太好了。"

此时，我脑海里闪过唐纳德·彼得森关于亲密关系的论述，他把亲密关系中激发冲突的事件分为四个常见的类别，即批评、无理要求、拒绝和累积的烦恼。显然，林枫与李薇尔的冲突便是彼此累积的烦恼引发的。

林枫继续说："到最后，我们谁也改变不了，我感觉这样下去太痛苦，就说分手吧，是我主动提的。刚分手时，她还联系我，来学校看我。但依然会吵架，我还是气得不行。又过了一段时间，她不再找我了。但我反而放不下，又去找她，她好像是死心了，就是各种不理睬和厌倦。我觉得自己很受伤，特别孤独。"

林枫的情感依然与女友纠缠着，难以释怀，而其背后的真正根源，是他无法承受随之而来的深层存在性孤独。

心理学解读

存在性孤独，是个体的四大终极心理冲突之一。存在性孤独与常见的人际孤独和心理孤独不同，指的是个体自身与任何其他生命之间无法跨越的鸿沟，是一种更深的孤独。

"在这段难熬的时间里，你会跟身边的朋友说说吗？或跟其他人聊一聊？"我探寻林枫的社会资源如何。

林枫摇摇头，说道："没有说，我的事跟谁也不想说，没人能帮我。其实我挺孤独的，没有能聊私事和情感的朋友。对您，是我第一次跟外人讲这些。"

"谢谢你的信任。我看你父母对你很关心，看见你现在的状态他们也挺着急的，你会跟他们聊情感问题吗？"

林枫没有迟疑，迅速、肯定地摇摇头，说道："我的事情，绝对不会跟他们说的！说了也没用，他们自己都搞不好自己。"

"似乎你父母之间的沟通存在困难，你与他们之间的沟通也不顺畅？"

"他们会说什么我都能猜出来，只会让我心里添堵。你别看他们都是有文化的人，但在家里却连自己都管不好，特别是我爸，在外面文质彬彬，但在家里却是另一副冰冷的面孔，让我心里很不舒服。"林枫好像心里就有气，不难听出他话语里的愤怒与失望。

"我感觉到，提到你和父母的关系，你就不舒服，现在我想知道，在你看来，父母之间相处得怎么样？"我问道。

他喘了口气，依然还在刚才的情绪里，自顾自地继续说："我爸对我妈总是居高临下的，经常为点小事就斥责她笨，我现在很讨厌他！"说到这里，他拧起了双眉。

"爸爸斥责的时候，妈妈会是什么反应呢？"我还是把话题引导到父母之间的互动模式上，看看林枫与女友的互动方式，与原生家庭的互动方式有哪些联系，以及对林枫目前情绪状态的影响程度。

"别提了！每次她总是忍着，我爸就像个统领似的，经常指责她、训斥她，可她甚至连一句反驳的话都不愿意说，明明不高兴还是去服从。我想不明白，她为什么不能反驳他一下？反而总是不停地唠叨我，太多地关注我。"

林枫既气愤又无奈，最后双手摊开对我说："我现在就想一个人租房出去住，一天都不想跟他们在一起，心里烦，不想和他们说话，也不想看见他们！"

"你提到爸爸经常指责妈妈，而妈妈总是忍着，他们这种互动模式是在你休学后，他们表现出很焦虑才这样？还是之前也有这种情况？"

"从我记事起他们就这样。"林枫沮丧地说。

温馨小贴士

父母的互动模式，对孩子的情绪和情感状态及行为模式有很大的影响。比如，父母之间的互动模式是接近/退避模式，表现为一方(接近者)批评，不断唠叨，向另一方提出要求，而伴侣(退避者)避免正面接触，退避，采取守势，这种模式可能代际传递到孩子与朋友的交往中。

林枫的语速有些快，说到这儿，他侧过脸去，露出不屑鄙夷的神情。

我能理解此时林枫的情绪，同时也对父母感到惋惜。我相信，父母一定想把最好的给孩子，但遗憾的是，他们自身无意中的言行，却成了孩子情感教育的消极模板。如今的林枫，是满心的幽怨无处诉说。

"听了你的讲述，你现在的情绪困扰既有来自失恋带来的影响，也与目前和父母的关系有关。"

"是，与前女朋友分手让我感到很痛苦，现在在家里父母又让我很烦。"林枫沮丧地低下了头。

"我看到，在这段感情中你是努力、认真的，但反复争吵慢慢吞噬你们之间的爱。现在你的学业也因此受影响，你焦急、担忧，想让自己尽快回归正轨，但又感觉无力摆脱。身边的人无法帮到你，父母之间处理冲突的方式和对待你的方式，让你感觉更加烦心，所以你就想通过离开家这个办法，来减轻你内心的焦虑。"

林枫频频点头，长舒一口气，似乎是在说，终于有人懂他了。

"你能自己想办法自救，这非常好，接下来我们会探讨更多解决问题的方法，我也会与你父母做一些访谈，也许他们的改变也会帮助你更快地从困扰中走出来。"

"好的。"林枫点点头。

看见另一个自己 | 情感体验与爱的思考

当恋人逐渐走近，坐在一起时，他们很难想象，在他们之间有多少不同的力量正在交锋，如同战场上的各支部队，是否能形成合力，要看两人关系的核心本质。

一周后，林枫再次来到咨询室，待他落座后，我问："上一周的情况怎么样？"

"比之前好了一些，也许把憋在心里的话说出来，心里没那么堵了。"林枫答道。

我点点头，继续问："家里有什么变化吗？"

林枫想了想说："上次您与父母访谈后，父母好像比之前和谐了很多，没怎么听到我爸乱吼，我妈也没来唠叨我，吃饭的时候我们还能聊一些话题。感觉有点奇怪，但是也挺好的，不吵架就行。"说着，他嘴角流露出一丝笑意。

能感觉出来，林枫对父母的调整还没有完全适应，既好奇又有点期待。

"还想搬出去住吗？"我接着他的话说。

"爸妈现在这样，好像也没那么讨厌这个家了。唉，我也没空管他们，不来烦我就谢天谢地，我的痛苦他们永远不懂。"说着，他的神色又黯然下来。

我注意他用了"痛苦"这个词，于是，我贴着他的感受问道："能说说你的痛苦吗？"

"我控制不住地胡思乱想，特别是谈恋爱这件事，我发现自己有个奇怪的毛病。"林枫回答道。

"奇怪的毛病？说说看，它是什么？"听到他开始反思自己，我感觉这是一个很好的开端。

"从高中到现在，我一共谈了三个女朋友，每次都是她们主动，我被动，开始阶段关系都还好，可只要跟她们相处时间长了，情感走得深了，我就会觉得她们身上有很多毛病，我看不惯，最初都忍着，到后来忍不住了，就开始爆发、吵架，而且都是越吵越厉害，直到最后累了、失望了，就分手。可是，每次分手后又十分的痛苦，都想把她再找回来。我感觉自己似乎进入了一种循环，但我不想这样，我是希望感情能长长久久的。"

"你能有这样的反思是很难得的。可以举个例子，让我们一起看看究竟发生了什么？"

"就说这次分手吧，我也跟您说起过，李薇尔吃西餐总是点很多菜，根本吃不完，这让我很生气。"

"她总是点很多菜的时候，你为什么会生气呢？"我需要知道他愤怒情绪背后的原因。

"我就觉得太浪费！说实话，我家条件也还不错，没缺我吃没缺我穿，但是我爸妈从小就告诉我，可以买可以用，但是不能浪费，吃饭也是如此，所以，我不理解她为什么要这样？就算她家有钱，但是也不能这么糟蹋粮食啊。"说到这里，林枫不自觉地提高了声音，我能感觉到他有些愤怒的情绪。

"有没有把你的想法向她说过呢？"我引导他探索自己行为和情绪背后的认知评价体系。

"没有。之前我担心她说我爱管她，就忍住不说，她想点就点呗，但第二次、第三次还是这样，每次都浪费很多，甚至只吃几口就扔了，太不可理喻。再之后我就实在忍不住了，会说'吃不完为什么要点这么多，这多浪费啊'。她就说，是不是花我的钱我心疼了，说我舍不得付出。我当然不是因为花钱才不高兴，她根本不懂我，就更生气了，大吵一架，吵完就开始冷战，很长时间谁也不理谁。"说着，林枫的嗓门一会儿提高，一会儿又压低，似乎还在体验当时起起伏伏的情绪。我没有打断他，只是专心地听他在讲，任他的情绪流淌出来。

> **心理学解读**
>
> 认知评价，是指个体从自己的角度对遇到应激源的性质、程度和可能的危害情况作出估计，同时也估计面临应激源时个体可动用的应对应激源的资源。对应激源和资源的认知评价直接影响个体的应对活动和身心反应，因而是应激源是否会造成个体应激反应的关键因素。

"唉，冷静下来想想挺后悔的，很多时候根本不想吵架，其实我内心是喜欢她的，为什么要跟她发脾气？为什么控制不了自己？现在，我们完全没有复合的可能了。"林枫越说声音越小，最后像是喃喃自语。

从归因理论来看，林枫选择了内归因的归因模式来解释分手这件事，认为是自己的错才导致关系的破裂和对方的离开。这种归因方式一方面能促进自我反思，但另一方面也会让自己陷入负性情绪之中不能自拔。

心理学对情绪的研究发现，在所有负性情绪中，自责和懊悔是对个体伤害最严重的负面情绪，如果持续过久、程度过深，会引发个体的心理失衡，甚至导致社会功能受损，正如此时的林枫，注意力、记忆力减退，学业无法继续。

> **心理学解读**
>
> 归因理论，主要有内归因模式和外归因模式两种，在日常生活中主要针对的是人们如何找出事情的原因的。

因此，把林枫从过度自责的陷阱中拉出来，恢复他的自我功能和社会功能，是目前咨询的主要目标。

"我看到的林枫，是一个非常有内省能力的人，善于总结问题，发现自己的不足。在这几段恋爱过程中，你已经发现了自己无意间循环沿用的情绪和行为模式，这不是所有人都能做到的。能从自己身上发现问题，觉察内心，这就是一个人成长改变的前提。"针对他的叙述，我先给予了积极关注。

他点点头，坐直了身体看向我。

我继续说道："当然，我也真切地感受到你当前的困惑。你心里有爱，为这段感情作出了努力、忍耐了很久。你的努力女孩都看在眼里，但你的忍耐她了解多少呢？她知道你不喜欢浪费吗？她知道你已经在忍耐了吗？或许，她并不知道，只是看到了你的情绪爆发，只是感到了彼此的伤害。你觉得是什么原因呢？"

林枫错愕地看着我问："她真的会不知道吗？"

"你认为她应该知道，对吗？每个人都是独立的个体，内心活动是个闭环，如果没有表达和沟通，所有的猜测和揣摩都不是事实本身。"看到他望向我，错愕已变为期待，我继续说道。

"你们生活在不同的家庭，有着不同的生命历程，对事情有着不同的体验，对物质、欲望以及金钱也有不同的理解和观念。刚刚你也说了，她家里有钱，生活条件优裕，她认为点六七个菜很正常。但她不知道你的家教和价值观是不同的，是绝对不能浪费的。"

"您说太对了，她就是这样的。是我忽略了她的生长环境和生活习惯，还有我们的价值观不同，她这样做，并不是故意跟我作对。"

林枫已经开始换位思考，去理解对方的行为。我继续补充道："你们的价值观不一样，你对自己不认同的事情常常忍耐，甚至想通过忍耐让她自己主动改变，但其实让一个人改变不易，让一个人主动改变价值观更不易，你们的矛盾始终得不到解决，最根本的原因是价值观冲突。"

林枫一边听，一边点头。

> **心理学解读**
>
> 价值观，是基于人的一定的思维感官之上而作出的认知、理解、判断或抉择，也就是人认识事物、辨别是非的一种思维或取向，从而体现出人、事、物一定的价值或作用。价值观具有稳定性、持久性、历史性、选择性、主观性的特点，对动机有导向的作用，同时反映人们的认知和需求状况。价值观思想认识上的统一是人际关系的基石。

"是啊，我努力隐忍，认为她应该知道，其实她不一定能感觉到，我却在为此伤心。伤心过后就是发火，吵架，吵完又后悔。"林枫真实地反馈着他的感受。

"情侣之间是一种亲密的人际关系，但并不意味着可以用简单的方式去解决价值观的问题，比如用忍耐、妥协和争吵的方式。价值观是影响关系的核心问题，如果价值观一致并互相认同，你们会体验到内在需求的满足，表现出外在行为的一致性，由此可产生更多的亲密感和融合感；如果价值观不同并互相冲突，你们将会体验到更多的对立感与拒绝感，在言语行为上表现出指责、批评，甚至愤怒和争吵，由此可产生敌意、痛苦和失望。所以，遇到问题时，不刻意回避不同价值观的碰撞，坦率告诉对方你是怎么想的，为什么要这么做，这种交流沟通方式有助于你们加深了解并进行价值观的磨合。"我给出了一些具体的分析和建议。

"现在想想，我和她之间大部分的争吵，根本原因是我们的价值观不同，而我没有表达出自己的真实想法，只是单方面的忍耐和压抑，最后不得已用愤怒和拒绝来表达，也许她到现在也不明白，我为什么会发那么大的脾气吧。"林枫说。

"你的感觉是对的。让恋爱关系越来越融洽的重要因素之一，是彼此内心深处的想法、感知和态度的一致性，这些都只能通过双方坦诚的沟通获得并逐步深化。"

"嗯，我觉得今天最大的收获是，明白了两个相爱的人在一起是要坦露心迹的，不能好面子，不能想当然，不能纠结对与不对，只有坦诚沟通才能更加了解对方，才能更深地靠近彼此的内心。"

"是的，每一个生命的独立性决定了与他人沟通是重要的。你获得的这些感悟，就是你最宝贵的资源，它会在你未来的情感经历中帮助和支持你。"

"我想是的，我会尝试做一些改变，也想多去看一些书多掌握一些沟通技巧，丰富一下自己。"林枫点点头，羞涩地笑了！

与爱人说声"再见"　｜ 爱是需要学习的一种能力

亲密关系是我们个性发展的推进器，在关系中能通过对方来认识自己，于是我们平日不肯正视、竭力掩饰的所有问题，都将更清晰地展示出来，供我们觉察与探索，并找出解决之道，踏上自我改变与成长之路。

一周后再次见到林枫，我眼前一亮，还是那个高高瘦瘦的男孩，头发剪短了，干净利落，黑眼圈也不见踪影，眉眼间透露出一些英气。

他落座后，似乎知道我想要了解什么，主动说道："这周感觉心情还不错，听听歌，看看视频，读读书，感觉挺好的。"

"看的什么书呢？"我好奇地问。

"更多的是看落下的课程。我发现，心情好一点，就可以看进去书了，好像也没有特别难，但还是很有压力，我挺想把学业追上的。"林枫说到这里，眼睛里露出坚定和期待。

他主动提起学业问题，这也是咨询的目标之一，于是，我问道："这很不错呀，想要补上落下的课程，是不是你已经有了具体的计划？"

　　林枫点点头，身体微微前倾，回答道："我想好了，这几天问了一下同学，那几门课考试都不难。我还问了老师，老师很热心地给了我重点提纲，说有补考的机会。接下来，我想找成绩好的同学借一下笔记，自己一边看书一边看笔记，争取开学补考一次性通过。"

　　听到林枫的回答，我很欣喜这么短的时间，他能把自己的问题处理得如此清晰，我赞许道："看来，你不仅制订好了学习计划，而且已经开始实施了。真不错！"

　　听到我的认同，林枫用力地点了点头。

　　我又问道："最近你的睡眠怎么样？"

　　林枫轻松地说："好多了，最近我一直在做运动，体力恢复了不少。上次和您聊了我的失恋，明白了很多，心里也轻松了很多，虽然有时候睡得挺晚，但睡眠质量还行。"

　　听到林枫没有提及跟父母的关系，我特意问道："听到你能坚持做运动，睡眠也改善了，真为你感到高兴。不知，最近你跟父母的关系怎么样？"

　　"最近家里挺平静的，感觉父母没那么唠叨了。"林枫如实回答。

　　"可以仔细跟我说说吗？"我追问道。

　　"我发现，爸妈和您聊完，变化挺大的，不怎么吵架了，偶尔还有说笑，有时候我很好奇，还想去听听他们在说什么。最近他们也不批评我了，反而经常和我一起聊天，让我感受到前所未有的自在和温暖。而且……"

　　他停顿了一下，我没有催促，看得出他在整理思路。

　　不一会儿，他继续说："我觉得爸妈真是挺不容易的。"

温馨小贴士

　　父母的关注点，不要全部放在孩子身上，而是放在自己内心成长和夫妻关系的改善上，这样可以创造一个温暖和谐的家庭氛围，同时也给孩子树立了面对困难的态度和解决问题的榜样。

　　"哦？父母怎么不容易？"我好奇地问。

　　林枫不好意思地说："有一次妈妈下班回家，一刻不停地洗菜、做饭、收拾，看着她忙碌的身影，我鼻子莫名地发酸。爸爸回来得晚一些，一边帮妈妈干活，一边接电话处理单位的事，晚上还加班写东西，我觉得爸爸挺男人的。等他们忙活完已经很晚了。父母毫无怨言地照顾我，自己却什么都没做，我很惭愧。想着以后自己有时间，也可以帮他们分担。"

　　"我看到了一个不一样的林枫，不再停留在自己的情绪里无法自拔，而是走出来，看到周围的风景。没有了不良情绪的林枫做事有条理，有逻辑，可以很好地安排自己的生活和学业。你开始换位思考，从父母的角度看问题，去理解和包容爸爸妈妈。你找到了调整自己情绪的方法，这都是你努力改变的成果。"

　　林枫听到我的反馈，接着说："确实，这阵子我想了很多，之前自己总是沉浸在受伤的感觉里出不来，没想过为什么会这样，也没有去寻找解决的方法，其实，我特别讨厌那样的自己。"

　　我静静地听着，示意他继续说。

　　"我过去很少换位思考，所以每次指责女友，她都反应特别激烈，自己还很生气。现在想想，很多时候是自己的不对。分手的时候不欢而散，都没机会跟她说声对不起，也可能是这个原因，总感觉没有彻底放下她。"

　　听到这里，我意识到，林枫对前女友的离去内心还有些遗憾，未完成的情结一直缠绕着他，也许他需要向自己的这段恋情做一个告别。于是，我决定用"空椅子技术"帮助他完成这个仪式。

　　我在他对面放了把空椅子，轻声引导道："请你看着面前这把椅子，做三个深呼吸，放松自己的身体，然后闭上眼睛，假设你的前女友就坐在你对面的这张椅子上，这里只有你和她，你想对她说些什么？当你想好的时候，可以睁开眼睛，把想说的话说给她听。"

　　林枫跟随我的引导，进入到两人对话的状态，看着对面的空椅子，轻轻地

> **心理学解读**
>
> 　　空椅子技术，是格式塔流派常用的一种技术，是使来访者的内射外显的方式之一。目的是帮助当事人全面觉察发生在自己周围的事情，分析体验自己和他人的情感，帮助他们朝着整合、坦诚以及更富生命力的存在迈进。

说道："薇尔，好久不见，你现在还好吗？这段日子我想了很多很多，想到我们在一起的欢乐，想起我们吵的架。以前都是我太自我了，一直困在自己的情绪里，根本没有理解你，直到失去你，才意识到你对我有多么重

要。我知道我们已经没有可能了，我把你伤得太深了。其实，我挺感谢你的，如果没有你，可能我还没有办法发现我与人相处模式的问题。不管你是否原谅我，我都要跟你说声对不起。我想跟你说，再见了薇尔，我们都会越来越好的，愿你幸福！"

林枫不急不缓地说着，眼眶慢慢湿润。时间仿佛静止了，我没有打扰他，让他与这一刻待一会儿。

不一会儿，林枫擦了擦眼角，转动了一下身子，我引导他坐到对面椅子上，用李薇尔的语气给面前的自己做个回复。

"林枫，毕竟我们有过一段美好的时光，我感谢你能来跟我道歉，一切都过去了，祝福未来我们都能找到幸福。"他缓缓地说道。

结束了空椅子对话，我问道："你现在感觉怎么样？"

"我把憋闷在心里的话都说出来了，一下子就敞亮了。"他微笑着说。

"林枫，你知道吗？并不是所有人都有勇气真诚地道歉，并感谢对方，你很看重感情，也很勇敢。"

"我想，我还是会放下这段感情的。现在我想得更多的是，把落下的功课补上，完成大学学业。"此时的林枫，眼睛亮亮的。

爱情，有美好，也有遗憾，但无论哪种滋味，都会滋养我们的生命，促进我们的成长。

教你一招 | 提升自我"爱的能力"

罗素说，对爱情的渴望，对知识的追求，对人类苦难不可遏制的同情心，这三种纯洁但无比强烈的激情支配着人的一生。爱情的可贵之处，除了浪漫美好，还有其更加珍贵的功能，就是在爱情的关系里，所有在儿童时期没有成长好的人格特点，都能够再次获得成长的机会。痛苦往往来自爱的能力的缺失，拥有这五种爱的能力，才能拥有更美好的爱情。

（1）情绪管理能力：管理好自己的情绪才有能力去爱别人。生活中，我们要应对各种各样的人和事，悲伤、失望、痛苦、郁闷在所难免，对此，我们要学会管理自己的情绪，掌控自我的情感波动，不能让冲动的洪水冲破理智的堤坝，自爱，才有能力去爱别人，不能管理好自己情绪的人，常常让与自己相爱的人痛苦，容易错失爱的机会，甚至会伤害人。

（2）述情能力：用不伤害关系的方式表达自己的需求、愿望和感受。如果遇到不顺心的事，可以找一个或几个谈得来的朋友，倾诉一下内心郁结的情绪，因为有些情感是不能也无法压抑的，最好的办法就是疏导和排遣，一味地压制或自闭，只会适得其反。人们在表达和沟通时常犯的错误是要么有了情绪或需求不说，闷在心里，隐忍，等到忍不住就爆发了，要么常常用指责和抱怨的方式表达和沟通，隐忍伤害自己，指责和抱怨伤害对方。而述情是感情关系里最合适的，不伤害任何人的沟通方式。

（3）共情能力：理解并支持对方。心理学中有项技术叫同理心，就是站到别人的角度去看待事情，当你学会了从对方的内心出发，看待周围，你就具备了一颗同理心，就会跟着对方的痛苦而痛苦，快乐而快乐，进入一个角色的互换之中。共情即是同理心，这是所有人都希望爱人能具备的能力，有些人习惯了讲道理，给建议，而不知道很多时候对方需要的其实是共情。

（4）允许能力：开放态度，尊重差异、允许成长。中国有句古话叫求同存异，说的就是尊重别人的特点和个性，不要把别人的性格或做事的方式要求都和你一样。多元文化背景下，要求我们要有一个开放的态度，尊重差异，允许他人按照自己的思考去发展、去成长，越是想把别人变成你自己那样的人，越是一种心理上自卑或盲目自负的表现。在婚恋关系中，很多时候都是因为不允许而导致的冲突，不允许对方跟自己不一样，不允许对方有特点，不接纳真实的对方，想要控制对方，或改变对方，这会让双方都感到痛苦，有了允许的能力，才能给对方做真实自己的机会和空间。

（5）影响能力：做好自己，对方也会变得更好。不仅坏情绪可以传染，爱和正能量更可以快速传递。一个拥有爱心的人，在做好自己时，其实别人已经把你记在心里，然后跟着模仿了，因为真善美是人人都渴望的，没有人想做一个恶人，遭人唾弃。在爱情关系里的人们，影响是相互的，可以说一个人找了不同的爱人就会变成不同的人，有可能越变越完整，也有可能越变问题越严重，这就是影响的能力。如果我们自身变得美好，那对方也会跟着变得美好，家庭也会变得温馨、和谐，社会也会由此更加进步和稳定。

～∽∽～

父母必读 | 亲密关系对孩子的影响

原生家庭里的亲密关系对孩子的影响是深远且多方面的，这种影响主要体现在以下几个方面。

（1）亲密的家庭关系，是孩子获得稳定的安全感、信任感和形成良好性格的基础：在冲突的家庭氛围中长大的孩子，对事物的理解和处理方式更容易计较，常常处于攻击或者戒备的状态，对环境缺乏安全感，容易闭塞自己，低自尊，过度敏感。在温暖、和谐家庭环境中的孩子，会感到被接纳和支持，有助于培养出积极的自尊心和自信心，有助于健康人格的形成，减少情感问题和心理疾病的发生。

（2）亲密的家庭关系，对孩子的情感和人际关系发展有显著影响：在不和谐家庭环境中长大的孩子，学会的也是雷同的相处模式。若用这种方式与他人交流，势必会影响人际关系，在工作和生活中造成困扰和阻碍。在一个充满爱的家庭环境中，孩子能够学会表达自己的情感，并理解他人的感受，这种情感的互动有助于培养孩子的同理心和情绪管理能力，使他们在人际交往中更加得心应手。

（3）亲密的家庭关系，对孩子的学习和发展产生积极影响：研究表明，家庭环境的稳定性和父母的参与度，与孩子的学业成绩和学习动力密切相关。嘈杂的家庭氛围，会有无数的刺激源影响孩子的注意力，让孩子心烦意乱，心神不宁，没办法专注于学习。很多家长不自觉造成的和谐氛围缺失，却一味斥责孩子学习不专注，反而更加强化孩子的抱怨指责和逆反心理的形成。当父母与孩子之间有良好的沟通和互动时，他们能够提供适当的支持和指导，激发孩子的学习兴趣和动力。

（4）亲密的家庭关系，影响孩子未来的婚姻和家庭：当家庭成员之间是相互指责、相互抱怨、相互推卸责任的沟通模式时，教育孩子的方式往往很难避开这种习惯，从小在这样的环境中长大，不仅容易造成童年的创伤，还容易导致孩子行为模仿的可能，成人之后也会在他的性格中发挥作用。原生家庭的印痕，会影响寻找伴侣的标准，要么会重复，要么会完全相反，无法找到真实的内心需求。在组成家庭以后，带着原生家庭的不良处事方式经营婚姻，也很容易出现各种问题。

总之，父母是孩子的第一任老师，父母的言谈举止决定了孩子的未来，要有意识地去营造一个亲密、和谐的家庭氛围，互相尊重、管理好情绪、培养良好的沟通模式，将最好的原生家庭模式传递给孩子。

❦

知识链接｜爱情关系的"三角理论"

爱情的三角理论，是由美国心理学家斯腾伯格提出的，认为爱情由三个基本成分组成：激情、亲密和承诺。这一理论也被称为爱情的三元理论或爱情三角形理论。

激情，是爱情中的性欲成分，是情绪上的着迷。主要受个人外表和内在的魅力所影响。激情是爱情关系中的主要驱动力之一，包括对对方的身体吸引和浪漫的渴望。

亲密，是爱情关系中能够引起的温暖体验，包括两个人之间的亲近、温馨的感觉。这涉及对爱人的赞赏、照顾爱人的愿望、自我展露和内心的沟通。

承诺，是维持关系的决定、期许或担保，包括个人内心或口头对爱的预期，是爱情中最理性的成分。承诺可以是从短期的决定到长期的承诺，如对爱情的忠诚和责任心。

这三种成分共同构成了不同类型的爱情，包括喜欢式爱情、迷恋式爱情、空洞式爱情、浪漫式爱情、伴侣式爱情、愚蠢式爱情和完美式爱情等七种类型。每种类型的爱情都侧重于这三种成分的不同组合和强度。爱情三角理论提供了一个框架，帮助人们理解和分析爱情的不同方面和类型，从而更好地理解自己和他人的爱情体验。

第八篇　孩子"咬指甲"，能矫治吗

　　咬指甲，也称咬指甲症或咬指甲癖，是儿童期常见的一种不良行为习惯。临床心理学认为，咬指甲行为往往是内在情绪的反应，经常与紧张、抑郁、沮丧、自卑和敌对等情绪有关。如果儿童性格内向、高敏感，则更易出现此类行为。一般来说，随着儿童年龄增长，这种不良行为会逐步减少直至消失，只有极少数儿童会持续到成年期。

案例解析 │ 如何疗愈缺少安全感的孩子

> 女儿：小雨，12岁，小学六年级学生。"我没病啊，我咬自己的指甲怎么啦？我最烦家长总是问为什么咬指甲，每次我还要绞尽脑汁找一个理由。"

> 母亲：41岁，某酒店工作人员。"女儿小的时候，我觉得咬指甲也挺正常的，很多孩子都这样。后来越咬越厉害了，手指头都秃了，有时候还出血，我看着都心疼。带她去医院儿科看病，医生说没法治，医生说不是身体问题，需要看心理医生。"

我咬指甲是病吗 │ 行为癖好背后的秘密

弗洛伊德认为，一个人特异行为的背后，必定在潜意识里藏着一个不为人知的谜。

初次见面，小雨坐在我面前似乎有些拘谨。昨天，小雨的母亲特意来咨询室找我，提前告知了孩子的一些情况，因此我知道，小雨已经在医院做过比较全面的身体检查，排除了微量元素缺乏等生物学疾病的诊断。

她轻声对我说："老师，我咬指甲是病吗？我妈总说我有病。"一边说着，一边悄悄攥起了双手。

我回应道："小雨，看来你对咬指甲是不是病很在意，也很担心。现在，我还不太了解你的具体情况，但我可以告诉你，二三岁时咬指甲并不少见，但对12岁的你来说，可能就是一种不好的行为习惯，当然不能简单说就是病。"

对于未成年学生的问题，我都尽量避免贴上疾病的标签，以减轻孩子的心理压力。

听到我的回答，她绷紧的嘴角稍微松了下来，说道："我就说吧，我没病。我哪里有病，我妈天天说我有病，我觉得她才有病。"

> **孩子心里话**
>
> 咬指甲也没啥大不了的，我都咬了这么多年了，不是也都挺好的吗？只有我妈想得多，不是带我看医生、做检查，就是让我涂药，吃营养药。其实，我心里也害怕别人说我，或者用异样的眼光看我……

虽然，小雨的声音不大，我也听出了她话语里不满的情绪。

为了清晰地看到她的手指状况，我有意递了一杯水给她。她伸出双手接了过去，使劲地喝了一大口。

我清楚地看到她暴露出的双手，看到手指尖时我心里还是颤动了一下，它们秃秃的、红红的，有些肿胀，有的地方看得出刚结了痂。

我理解了妈妈为什么说心疼。

既然小雨已去过很多次医院，做过多次的体检和抽血化验，排除了微量元素缺乏引发的症状，但心因性不良行为问题的可能性却无法排除。然而，究竟是什么样的心因呢？

我一边思考着，一边观察着她，她也偶尔看我一眼。如果这时我直接切入主题，追问她情绪问题的缘由，还是担心她会有戒备阻抗，所以我采用了"曲线救国"的策略。

"小雨，今天你怎么来咨询室的？是坐公交车，还是有人送你来的？"我有意用轻松、活泼的口吻问。

"我走着来的，走了40多分钟。反正今天周末嘛，正好锻炼身体了，也可以省个公交车费。"小姑娘微微一笑。

我有点吃惊，说道："路不近呢，你居然走过来了，不仅锻炼了身体，还缩减了开支，以小见大，看来小雨是个很懂事的孩子！"

我对小雨的赞美与肯定，是用很自然、真诚的方式表达出来的。

听到我的反馈，小雨有点意外，神情中透着无法掩饰的愉悦。

但紧接着，她又低声说："可是我学习差，长得又矮、又不好看，我还咬指甲。"

心理学解读

心因性疾病，现代医学将人的病分为身病和心病两大类，前者又分为传染性疾病、功能障碍性疾病和心因性疾病。心因性疾病属心理或精神因素引起的，患者最大的特点是检查不出器质性变化，主观症状与客观体征不符，即只有自觉症状而无阳性体征。

温馨小贴士

在家庭生活中，父母也要及时挖掘孩子的闪光点，给予积极鼓励，对孩子自身优势作正向强化，可以增加孩子的自信心，有助于提升解决现实困难的力量和勇气，增进亲子关系。

她一口气说了自己好几个不是，重新攥起了双手。

也许，我不经意的夸赞和肯定让她有些受宠若惊，又似乎她很久没有被如此夸奖过了。此时，我已清晰地意识到，小雨很在意别人看她的眼光。

稍作停顿后，她又继续说："今天弟弟又生病了，我妈带他去医院了。爸妈总是为钱吵架，我一直都想帮他们省点。"

"你才 12 岁，就能够为父母着想，还真是个挺特别的孩子。"我深有感触地说。

我和小雨之间的交谈越来越顺畅了，我想，是时候讨论今天的主题了。

"小雨，我看指甲确实被咬得厉害，你是从什么时候开始的？一般会在什么场合咬它？"

或许，之前太多次被问到咬指甲的问题，小雨的回答异常的流利，说道："是从幼儿园开始的，那时我中午睡不着，就把脑袋钻进被子里，咬自己手指甲玩，手指甲咬没了，就咬脚指甲。"

"那你上学以后呢？已经没有午睡了，你会怎么做呢？"我追问道。

"后来，我也不知道为什么，反正心里还是想咬，直到现在也是这样。"她没有回避。

"那么，咬指甲会给你带来什么影响吗？比如，和同学、家人相处怎样？影响你们的关系吗？"我继续问道。

"和同学关系挺好的，大部分人没觉得我怎么样。只有几个同学看到我的手指，觉得挺吓人，会躲着我。还有，就是我妈总说我有病，带我又查微量元素又看医生，到现在也没查出什么病呀。"小雨说。

我把母亲和小雨讲述的有关信息，做了一个梳理和归纳，从时间上来看，咬指甲从 3 岁上幼儿园开始，到现在已经 9 年了，症状持续时间较长。从指甲的损伤程度上来看，已经出现指甲形态异常，有的地方红肿或有结痂。尽管对母亲有些做法不理解，但她的社会功能和人际关系并没受到明显影响。

目前，尽管她嘴里不愿意承认咬指甲有什么问题，但躲躲闪闪的神情、悄悄藏起的小手，不经意间还是暴露了她内心的矛盾和冲突。

未被觉察的自我 ｜ 故事里投射出的心声

存在主义心理学认为，每个人都是独立存在的，自己才是生命故事的主角，无论是故事的内容、内心的感受、情绪和情感，都是自我内心的真实写照和投射。

尽管，小雨目前能用语言表达想法，但对于孩子来说，仅用单纯谈话方式，对矫正这种有潜意识渊源的不良行为，还是有很大难度的。

接下来，究竟用什么方法技术来化解这个问题呢？

一般来说，12 岁的孩子比较容易与图卡和故事建立联结，卡牌上不同的图案、文字及之间的组合，可以激发孩子的想象力、表达力和创造力，在接近自然的状态下，讲出自己内心真实的感受，以便发现她潜意识里的心理需求和动机。

于是，最后决定采用 OH 卡牌技术，再结合故事疗法来做接下来的咨询。征得小雨同意后，我从抽屉里拿出了 OH 卡牌，让她洗了洗牌并随机抽出一张图卡。

"请你观察一下这张图卡上的内容，然后讲一个你想讲的故事，可以吗？"我用平缓的、探索性的语气问道。

> **心理学解读**
>
> OH 卡牌，是一种"自由联想卡"或"潜意识投射卡"系统，被视作一种心理探索工具。来访者通过对不同卡牌和组合卡牌的解读，获得对自己未曾觉察的深层情感、潜在思维和行为模式的洞察。

她点点头，仔细观察了一会儿，说道："这是一个荒凉的悬崖峭壁，看起来破破烂烂的，里面除了石头，还是石头。这边上有一只小松鼠，它迷路了。"

我追问道："如果这只小松鼠会说话，它现在会说什么呢？"

她想了想，用低沉的语气说道："它可能会说，我迷路了，我现在很害怕，我就不该出来散步的。"

我注意到，小雨不自觉地把手指放到了嘴里。

显然，小雨故事里投射出她担心、害怕、自责和迷惘的情绪体验。

小雨究竟在害怕什么？

她真实的生活状态是什么样？与父母家人关系又是怎样？我需要做进一步的澄清。

心理学解读

精神分析理论认为，投射是个体潜在的心理需要、情感或不为社会认可的欲望和行为，加诸外部世界的心理过程。这种投射发生在潜意识，是一种心理防御机制，用于减轻焦虑及维持自我内在平衡。

于是，我问："小雨，我从你的故事里听到了害怕和担心，我想知道你害怕什么？"

她想了一下，回答道："我胆子小，一直想锻炼自己，但我害怕虫子，害怕妈妈累坏了，害怕爸妈吵架，害怕他们离婚，害怕我考不上大学……"

存在主义心理学认为，每个人都是独立存在的，自己才是故事的主角，无论是故事的内容、内心的感受、情绪和情感，都是自我内心的真实写照。

小雨"我害怕"的话音未落，门"吱"的一声，一个中年女士走了进来，坐在旁边的椅子上。

我循声望去，原来是小雨的妈妈，她的短发有一些凌乱，显得有些憔悴。

还没等我开口说话，她就急忙说道："对不起啊！我来晚了。您看看她的手指头，都快被啃成丑八怪了，这些年没少去医院检查，可是医生都说孩子没病，可我就是不放心啊！"

妈妈语速很快，嗓门不低，一口气说完这些话。

看到母亲突然出现在咨询室，小雨只是淡然地看了一眼，然后就不再说话了。我能感觉到，孩子对母亲唠叨产生了免疫力，此刻不去回应母亲的话，就是她本能的"安身术"。

温馨小贴士

生活中，父母与孩子之间缺乏边界感，常表现为突然走进孩子房间、偷看孩子日记、过度参与孩子的学业、交友和兴趣爱好，这些过度卷入的行为，可能会给孩子带来情绪的紧张、敌意和愤怒，压缩孩子心理发展的个人空间。

因为母亲临时加入，咨询不再是原来的节奏了。我意识到，人际动力场的这种变化，必然会对后续咨询带来很大影响，尤其是孩子与母亲面对面时。

于是，我对小雨说："你母亲来了，现在我们是三个人，你希望我和你继续聊呢？还是三个人一起聊？"咨询的主体是孩子，我需要尊重她的感受。

小雨看了一眼妈妈，然后回应道："都

行吧！那就三个人一起吧。"

我又转向母亲一侧，询问道："你的想法是什么呢？"

这时，母亲似乎意识到了刚才的鲁莽，她的目光看向女儿，急忙说道："刚才打断你们了，那现在就按孩子的想法吧。"

我注意到，母女两人之间微妙的关系，母亲看似强势，但却对女儿有一点怯意，女儿看似对母亲有点冷漠，但也努力照顾母亲闯入咨询室后的尴尬情绪。

于是，我问道："刚才听你说，很多医生都说小雨没病，但我却发现，你还是坚持不懈地给孩子看病，有什么原因吗？"

妈妈眼圈一红，也不看我，快速说道："怕把女儿的病耽误了，不能对不起孩子。我们家生活条件差，但不管怎么样，我都不能耽误孩子治病。"

"这几年来，你坚持带女儿反复去看医生，我可以理解为你非常疼爱小雨，唯恐耽误了孩子的治疗，不想留下遗憾，对吗？"我说。

母亲将目光转向小雨，回应道："是的。虽然我文化不高，但肯定对自己女儿好，将来我不想让她活得像我那么苦。"

随后，我转头看向小雨，说："之前你了解妈妈的这些想法吗？"

小雨摇了摇头。

"那么，今天听到妈妈说这些，你有什么感受呢？"我问她。

小雨迟疑了一会儿，抬起头，怯怯地对我说："我没想到我妈这么在意我，我原来一直以为有了弟弟后，我妈就看我不顺眼了，总是批评我，挑我毛病。"

我感受到了小雨委屈压抑的情感，目光望向她，鼓励她可以继续表达内心感受。

> **孩子心里话**
> 从来没有认真去考虑妈妈的真正想法，总认为妈妈在挑自己的毛病，认为妈妈不喜欢我才这样对待我。

"小时候，我只想让妈妈陪着我，但她还是把我送去了幼儿园；有了弟弟以后，就更没有时间陪我了；我心里难过，觉得我妈不喜欢我了，还嫌弃我的手越来越丑，说我总给她添麻烦。我就觉得害怕紧张，担心妈妈不要我了，心里害怕就想咬指甲。"

这时候，小雨再也控制不住自己的情绪了，眼泪顺着面颊滑落下来，嘴里还小声说着："我也不想这样啊！可我停不下来。"

小雨在幼儿园第一次出现咬指甲，是她与母亲分离焦虑的应对，分离焦虑的出现，与孩子的不安全感有关，母亲采用了批评、阻止的方式，也起了强化的作用。

心理学解读

孩子上幼儿园后，生活和人际环境有了很大变化，母女依恋关系也会发生相应的变化，被称为"分离焦虑"，这是幼儿与亲人因分离引发的焦虑、不安或不愉快的情绪反应，而咬手指则被视为一种过渡性自慰行为，但一般持续时间不长，随着环境适应和心理成长可以逐步消退或替代。

妈妈看着默默流泪的女儿，一脸的心疼，她握住了孩子的手，一边抚摸着她秃秃的手指，一边柔和地说道：

"傻孩子，你是我的女儿，不管手指变得多么丑，妈妈都不会不要你的。但是，每次看到你秃秃的、破了的手指，我都心疼得发慌，又不知怎么办才好。你是懂事的孩子，妈妈的心疼也只有你能治，以后咱不咬手指了，行吗？"

看来，母亲让女儿戒除咬手指的想法很急迫，但是，这个行为习惯已经持续了九年了，靠孩子一句保证的话语，就把它消除了是不真实的。反而，会给孩子带来新的心理压力。

果然，孩子用断续的声音，小声回答道："我，我……我能行，我试试。"

我注意到，小雨一边回应妈妈，一边眼睛看着我，像是在求助，似乎希望我能为她做点什么。

于是，我对母亲说道："我能理解母亲着急的心情，希望孩子快点好起来，但要矫正孩子咬指甲的习惯，不能靠一句保证的话，从我们专业的角度看，还是需要一些时间的，要有一些耐心，接下来，我会安排一些心理行为治疗，需要您的配合，不知您还有想说的吗？"

妈妈连连点点，快速回应道："没有了，就按您的安排吧。"

小雨也点点头。

洞悉内心的委屈 | 获取自我信任的力量

心理学家温尼科特认为，我们出生在什么样的环境中，我们就会以什么样的方式追求享受和快乐，比如阅读、踢球和跳舞。

一周后的下午，小雨母女再次来到咨询室。

"这一周来，不知有什么可以分享吗？"我直接问。

"妈妈陪我的时间多了，最近妈妈还休了年假，单独带我去八达岭玩了一天，还去故宫玩了一天。"小雨先做了回应。

"是什么让你有这么大改变？"我目光望向母亲。

"上次听了您的话，还有孩子的话，我才知道她那么懂事，受了很多委屈，就想尽力补偿一下，陪她去外面走一走，看看风景。"妈妈认真地说。

我微笑地点点头，鼓励她继续讲述。

"以前，我忘了她也是个孩子，她也需要妈妈的情感关注。特别是有儿子后，除了工作就顾不上她了，现在跟您交流以后，我觉得对女儿疏忽了。以前，我以为把好东西买下来就是爱她，带她看病就是为她好，但就是少了关心陪伴，孩子一直都不开心。现在，我都知道了，是我要改变的。"

"可以具体说说这些变化吗？"我好奇地问。

"现在，我跟女儿说话多了，遇事会问问她的想法，也会多看她好的地方。我觉得'你有病'这句话会刺激孩子，所以现在我也不说了，我发现小雨咬指甲反而没以前那么多了。"她认真回应。

毋庸置疑，亲子关系对孩子心理健康和成长有重要的影响。显然，母亲认知行为的改变，不仅联结了母女之间的情感关系，而且还缓解了女儿焦虑、担心、害怕的消极情绪，继而孩子咬指甲的行为也减少了。

> **心理学解读**
>
> 情感的五种需要，心理学家科胡特认为，人们的内心世界有不同的情感需要，它们分别为被赞赏，并使自己的梦境、希望和幻想被认可的需要；被关爱、被喜欢的需要；被安慰、使某人倾听并作出共情反应的需要；被激励和被关注的需要；被原谅的需要。

"你的改变，让母女关系更融洽了，孩子的情绪也更稳定了，这是小雨咬指甲减少的重要因素。"

母亲点点头，但神情又变得凝重起来，说道："从上次咨询后，小雨确实都挺好，咬手的次数也下来了，我们都高兴。但前天，爸爸下班后闷闷不乐，跟我大声喊叫，其实也不是跟我吵架，但小雨担心我和爸爸，心情又不好了。而且，我发现这两天她咬手指又多了，愁死我了，不知还有什么办法？帮着控制一下。"妈妈急切地说着，不安地看着我。

弗洛伊德说过，一个人特殊行为的背后，必定在潜意识里藏着一个不为人知的谜。

我意识到，除了母亲的关注和陪伴，仅仅在小雨意识层面做工作是远远不够的。还需要深入到孩子的内心深处，探索和发现意识深层的心理矛盾与冲突。

我不禁自问，究竟还有什么是深藏于孩子内心、难以启齿的"心魔"呢？

这时，需要我做一些小雨的心理疏导、架桥和引导工作，让孩子不再压抑情感，有勇气敞开自己的心门。

温馨小贴士

对每一个孩子来说，他们无法选择自己的父母，父母的性格、经济状况和身体健康状况等，无不对孩子有着深刻的影响。然而，无论是对自己，还是对孩子，我们能做的就是改变能改变的，接纳无法改变的，这就是生命力量和人生智慧。

我对孩子说："小雨，在我看来，人跟自然界的树木一样，在成长过程中，都会遇到风吹雨打，甚至是电闪雷鸣。相比于树木，人还有精神生命，但人又是独立个体，比如你藏在心里的东西，我看不到，也感受不到，我们也就无法分担和分享，当然问题也依然无法解决，我说的对吗？"

小雨抿着嘴巴，认真地听我说，我知道她一定听进去了。

于是，我稍微停顿了一会，又接着说道："小雨你知道吗？语言也是人类智慧的一部分，如果你可以把憋着的感受说出来，也是在帮助你自己。"

我说到这里，看到了母亲忧虑的眼神，于是接着说："我知道你很担心母亲，很想分担她的压力，那么我们三个人，现在就可以讨论一下，也许能有些启发，找到办法。"

小雨似乎动心了，她点点头，把目光投向了我。

我也点点头，用微笑回应了她。

这时，母女两个人相互看了一眼，几秒后，小雨轻声说道："我爸爸脾气比较暴躁，经常跟我和妈妈发脾气，挺吓人的，但妈妈说没办法改变他。"

听了孩子的话，母亲的神情也有些凝重，急忙接过话题说："听奶奶说，爸爸小时候生病发热，把脑子烧坏了，医生说有轻度智障，现在也就做个看门的工作。不过他人挺好的，就是脾气大了些，让孩子受苦了。"母亲说到这里，有些哽咽。

看到母亲的哽咽，小雨神情落寞。

她无助地说："我很小的时候就知道，我的爸爸和别人的爸爸不一样，等我长大了，发现别人看我的眼神总是怪怪的，而且亲戚也不怎么与我们来往，好像瞧不起的样子。"

听到小雨的话，妈妈没说话，只是用手抚摸着小雨的后背，安抚着她。

"关于爸爸，你还可以再多说一些吗？"我拓展话题。

小雨点头，回应道："爸爸虽然会乱发脾气，但从没打过我和弟弟，他的工资都交给妈妈了，他的零花钱不多，还是会经常给我和弟弟买好吃的，还买好用的文具给我。但他跟妈妈吵架，我又挺心疼妈妈的。"

小雨年纪虽小，却比同龄人成熟得多。

停顿了一下，她继续说："特别是

> **心理学解读**
>
> 人类的语言具有复杂多元的功能，其中最重要的一个功能，就是能够表达自我内心深处的情感、宣泄不良情绪和梳理情绪的作用，另外，语言还具有在人际、家庭和社会关系中传递信息的多重功能。

当我被别人嘲笑的时候，看到别人异样眼光时，就会不自觉地怪他，如果不是有这样的父亲，我怎么会是今天这个样子。"说到这儿，小雨的呼吸急迫了起来。

每一个孩子都希望有个温暖的家，有一个疼爱自己的、引以为傲的和健康的爸爸，我能想象出，小雨将会比同龄人经历更多的心理困境，也会付出一次又一次的辛苦努力，让自己能继续前行。

但我也相信，无论小雨成长路上有多少坎坷，支撑她的永远都是心里那份流动的爱、温暖与信任。

"小雨，这些都不是你的错。虽然爸爸身体有些问题，有些人投来怪怪的眼光，可是你依然感受到了父亲对家人的爱，看到了他的努力和付出，这对父亲来说，是很宝贵的，也说明你是个非常善良懂事的孩子。"我真诚地说。

她专注地听着，将信任的目光投向我。

"爸爸是因为生病才会大脑受损，在这件事上他是无助的。如果能选择，我想爸爸也一定希望自己是个健康的爸爸，给孩子更好的生活，你说对吗？"我接着说道。

小雨认真说："嗯。这个我心里能感觉到。"

"其实，我知道，你能感受到爸爸的爱，爸爸有时发脾气，可能是他不知如何表达自己，就以情绪爆发的形式大声说话，这种方式可能伤到家人，也可能伤到他自己。"

"我一直都害怕爸妈吵架分开，担心妈妈。"小雨低声回应。

我停顿了一下，接着对小雨说："在我看来，你父亲尽管和我们有些不一样，但是，他也在努力，想做个好爸爸，工资都给妈妈，也在守护这个家。和别的孩子相比，你非常不容易，承受了很多压力和委屈，现在我们来看看，能为自己做一些什么？或者怎么能帮助自己？好吗？

小雨点点头，说道："老师，我可能太心急了，我知道自己无法改变爸爸，也改变不了别人的想法、做法，但我还是有可以改变的东西。比如，我学习成绩一直很稳定，就是容易紧张、害怕，如果我慢慢变得自信了，担心就少了，没准也不咬手指甲了，您说会吗？"

说到这里，小雨忍不住笑了，歪着小脑袋反问我。

我回答说："改变可以改变的！你说的真好，妈妈说你学习好、懂事、节俭，还经常帮做些家务，这就是美好的你。就这样去做自己、信任自己，以我的经验看，我也相信你有一天就不咬手指甲了，你会越来越好的，你信我吗？"

"当然信您了，我很幸运呢！"小雨说。

这时她下意识地坐直了身体，从她专注的神情里，我看到了她对我话语内容的认同，将会产生积极的"权威暗示效应"，这种效应可以引导或改变小雨自身的态度和行为。

刚才一直没说话的母亲，忍不住插话道："女儿，妈妈相信你，你会越来越好的！"

> **心理学解读**
>
> 权威暗示效应，是指一个人要是地位高，有威信，受人敬重，那他所说的话及所做的事就容易引起别人重视，并让他们相信其正确性。因此，在人际交往中，利用权威效应可以引导或改变对方的态度和行为。

小雨望向母亲的目光，在空中相遇了，瞬间，笑容就在她们的面颊上洋溢开来！原来，幸福的感觉是可以相通的啊！

现实生活里，没有完美的父母，也没有完美的孩子。拥有敢于面对真实生活的勇气，努力改变能够改变的，接纳无法改变的，这是每一个独立生命都必须要面对的现实世界。

尾声

一个月后，小雨妈妈打电话给我，言语里透出忍不住的喜悦和轻松，她告诉我说，小雨的心情开朗起来，学习更自觉了。然而，更让妈妈惊讶的是，孩子原来咬手指的行为竟然也渐渐地消失了。

最后，我想说，每一个在磨难中努力成长的孩子，终有一天会找回属于他们的世界。

教你一招｜"向上螺旋术"改变自我

"向上螺旋术"，是一种有效的心理学工具，它通过积极行动与正面反馈之间的循环增强关系来帮助个人和组织实现积极转变和持续发展。在实际应用中，我们需要关注微小而确定的行动、享受过程中的成就感，并持续调整策略以推动螺旋不断上升。

（1）向上螺旋：行动是改变的开始，积极的行动会开启一条"行动让人的状态变好，状态变好又带来更多积极行动"的正反馈循环链路，就是无论如何先做一点对自己有用的事——哪怕看起来是没有意义的小事。

（2）向下螺旋：因为心情不好，所以什么都不想做；因为什么都没做，导致心情更差。无论情绪还是行为，只要开始往消极的方向坠落，就不会改变。

（3）行动的象征意义大于实际价值：行动一开始不一定是为了解决问题，而是为打破向下螺旋找到一个突破口，进而把向下螺旋转变为向上螺旋。从向下螺旋到向上螺旋的第一个转折点，就是一个微小而确定的行动，虽然它微不足道，但你行动的同时就在对自己宣告："我已经启动了第一步。"这个最初的行动就像是一个按钮，相信我，只要你按一下，就启动了向上螺旋。从 0 到 1 是最难的，从 1 到 10000 反而容易，它会像滚雪球一样，越来越快，越来越轻松。

（4）目标要小而明确：一开始的行动不要设立太高的门槛，否则会因为害怕达不到目标而迟迟不能启动。也不必先找到感觉，才能开始做事。因为逻辑反了，我们不是先找到状态，才能做事；而是做点什么，才能找到状态。恰恰要在"没状态"的时候、觉得自己"做不到"的时候，随便做点什么，而不是一直等下去。你可以做不好，甚至可以做不完，但是不要纠结一开始的质量，行动本身就是意义。

父母必读｜儿童咬指甲的心理原因

咬手指行为形成的心理动因，不同的心理学理论和学派，给出了不同的解释，以下提供三种最常见的理论解释，以便对该行为背后的心理动因有更深入的了解。

（1）养育不恰当及孩子潜意识心理防御：经典精神分析理论认为，

咬指甲是口欲期的一种延续，是心理发展的一种固着和退化现象。比如，婴儿期喂养不恰当，过度满足或过度剥夺，形成口欲期依赖性人格，喜欢做与嘴有关的活动：如吮吸或咬手指，成人后嚼口香糖、抽烟、饮酒等，易形成过度依赖他人，寻求照顾，嫉妒他人等人格特点。或者形成口欲期攻击性人格，会不自觉地咬人或咬坏东西，易形成猜忌、苛求，喜欢评价和指责他人、盘剥他人等人格特点，以此获得快感和满足。

指甲是人类最富有攻击性的两个器官之一，另一个器官是牙齿。在什么情况下需要把自己的指甲咬没了，或者咬得不锋利呢？除口欲期喂养不当的原因外，在儿童期，父母对孩子要求过于严苛，经常批评、指责、惩罚孩子，或家庭成员关系紧张，或儿童适应新环境感到困难，如更换主要养育者、搬家、刚上幼儿园、新入小学等，或弟弟妹妹出生争夺了父母的关注等。在此类情况下，孩子无法用言语来表达自己的愤怒和恐惧，所以，在潜意识里要压抑自己的攻击力和攻击性表达，就会出现"自废武功"，以避免表达出攻击性而遭受惩罚，或担心攻击性表达出来后，我爱的人会受到伤害，我会内疚，就把带有攻击性的武器——指甲咬掉。这是孩子潜意识对攻击性可能带来惩罚和内疚的心理防御行为。

（2）心理成长的过渡现象：客体关系理论认为，幼儿咬手指或吸吮手指是一种过渡性现象。在婴幼儿期，孩子在想妈妈的时候，越小的孩子越不能靠想象把妈妈安放在心里，因为妈妈的形象还没有完全内化在孩子心里，对母亲的离开会感到非常焦虑。因此，她需要一个过渡性空间来缓冲。孩子咬手指行为就是一种过渡性现象，手指头就是过渡性客体，有些孩子的过渡性客体，可能是玩具熊或枕巾等，而有的孩子就是手指。所以，咬手指是在处理她跟妈妈之间现实与内心想象的差异，咬手指这个动作，帮助她维护了母女之间的关系，缓解了分离带来的焦虑和恐惧。

过渡性现象的另一个心理意义，是帮助婴幼儿思维的形成，孩子吸吮或咬手指时，正专注地沉浸在思维形成和发展的过程中。此时，父母不要突然呵斥打断或强行把手从口中拉出。因此，当妈妈的形象在她的内心稳固了，孩子的安全感增强了，不再有那么多的焦虑，而且发展出其他缓解和应对焦虑的策略，咬手指的行为就会停掉。若在孩子小的时候，母亲由于生活和工作等原因，陪伴孩子的时间较少，孩子就可能维持较长时间的过渡性现象。若后期持续养育不当，咬手指的行为可能会持续更长的时间，导致不良的心理和行为问题。

（3）模仿及强化的结果：行为主义及社会学习理论认为，有些儿童看到别的同龄伙伴咬指甲，开始觉得好玩，于是跟着模仿，满足了她生理的愉悦感和心理上的好奇需求，最终形成习惯，是社会学习的结果。或者，最初孩子咬手指是无意识的偶发行为，被父母看见后反复制止，孩子觉得咬指甲能得到父母的关注，为了获得父母更多的关心和爱护，潜意识里自动化了这种获取父母关注的行为，是被强化的结果。

———— ⌇⌇⌇ ————

知识链接 │ 儿童依恋类型及其意义

儿童依恋理论，最早由英国精神病学家约翰·鲍尔比（John Bowlby），于 1968 年提出。他通过一系列研究，特别是关于母亲剥夺对儿童影响的研究，提出了依恋理论的基本概念。随后，心理学家玛丽·爱因斯沃斯（Mary Ainsworth）进行了著名的陌生情景试验，进一步细化和验证了依恋理论，并提出了不同的依恋类型。

依恋的心理学解释，是个体与重要他人之间，通过亲密互动形成的持久、强烈的情感联系或联结。在儿童期，这种联系主要表现为婴幼儿与其主要照顾者之间的情感纽带。根据玛丽·爱因斯沃斯等依恋理论学家的试验研究，儿童依恋被划分为以下四种类型。

（1）安全依恋型：这类儿童与母亲在一起时能舒心地玩玩具，并不总是依附母亲，当母亲离去时，明显地表现出苦恼。当母亲回来，会立即寻求与母亲的接触，寻求安慰，很快平静下来并继续玩游戏，情感得到迅速恢复，表明他们对母亲的可靠性和可用性有信任感。安全依恋通常与父母的温暖、支持和一致性的养育方式相关，父母通常会积极回应婴幼儿的需求，建立信任和亲子关系，这些婴幼儿通常能够在探索和依赖之间保持平衡，他们在情感和社交发展方面通常较为健康，能够与人建立积极的关系。

（2）不安全依恋回避型：在母亲离去时，这类儿童并无情绪紧张或忧虑，但在母亲回来后，他们亦不予理会或短暂接近一下又走开，表现出忽视及躲避行为，这类儿童接受陌生人的安慰与母亲的安慰没有差别。回避型依恋通常与父母的疏离或情感冷漠的养育方式相关，父母可能不太回应儿童的情感需求，鼓励独立性和自主性，这些婴幼儿可能会表现出对情感的抑制，不太表达自己的需求，而更倾向于自我独立。

（3）不安全依恋矛盾焦虑型：此类儿童在母亲的离去时表现出强烈的焦虑和不安，常常哭闹表示强烈反抗。当母亲回来时，寻求与母亲的接触，但同时又显示出反抗，甚至发怒，不能再去玩游戏，仍然感到难以被安慰。矛盾焦虑型依恋可能与父母的不一致性、不可靠性或忽视婴幼儿需求的养育方式相关，这种不稳定性或不可预测性可能导致婴幼儿担心父母的可用性，他们通常会试图通过哭闹和寻求安慰来维护父母的接近，对母亲的离开和回归非常敏感，常常表现出依赖性和困扰的情感反应，他们可能对与母亲的分离感到不安，需要额外的安全感。

（4）不安全依恋混乱型：在实际工作中还发现一些儿童的行为不符合以上三种类型的任何一种，且这些儿童曾有被虐待与被忽视的经验。学者克里滕登（Crittenden）提出第四种依恋类型，即不安全依恋混乱型，此类儿童对母亲展现出冷漠。

心理学家玛丽·爱因斯沃斯研究发现，安全依恋型儿童约占65%，不安全依恋回避型占21%，不安全依恋矛盾焦虑型占14%。后来相关研究表明，不安全依恋混乱型约占4%。

儿童依恋理论对于理解个体在亲密关系中的行为和需求，以及解决依恋问题和改善亲密关系具有重要的意义。它提醒我们关注儿童早期的依恋关系质量，以及这些关系如何影响他们未来的心理健康和人际关系。同时，该理论也为心理咨询和治疗提供了重要的理论基础，帮助咨询师了解来访者的依恋风格，以便更好地理解和解决他们的心理问题。

第九篇 心理压力会让孩子"生病"吗

　　孩子身体不舒服，到医院反复检查又查不出什么问题，那么孩子究竟怎么了？临床心理学对这种现象作出了解释，称为"转换症状"。转换症状被视为一种心理防御机制的表现，把心理压力通过身体机能的转换，呈现出看似"真实"的疾病症状，潜移默化地转移现实心理压力，但长时间使用将损害心理健康。

案例解析｜怎么识别与干预心理压力"病"

> 儿子：南轩，12 岁，小学六年级学生。"我也不知道怎么了，老是肚子难受，恶心，到学校后有时还呕吐。老师给我妈打电话，让我去看病。"

> 母亲：凤兰，37 岁，某百货商场售货员。"孩子挺懂事的，性格细腻敏感，学习也不错。可不知为什么这几个月总是胃难受，恶心，老师也很担心，让孩子去看病。现在药也吃了，检查也做了，可就是查不出病在哪儿。"

父母眼中的乖儿子｜心理压力与身体应激反应

当孩子面临持续的心理压力和情绪困扰时，身体的自主神经系统会做出应激反应，导致一系列生理机能的变化，出现消化系统、呼吸系统和心血管系统紊乱的症状，如恶心、呕吐、腹痛、胸闷和失眠等。然而，这些压力性情绪引发的身心症状，很难在医学检查中被发现，因此要引起关注。

上午，夫妻二人带着儿子如约而至。母亲凤兰落座后，就迫不及待地述说起来了。

"老师您好！我儿子开学时就说恶心、胃里难受，刚开始我没在意。后来经常是早晨起床后就说恶心，勉强去上课后还会呕吐，老师就打电话给我，让把孩子接回家，这种情况断断续续快一个月了。"

望着母亲焦灼的神情，我知道她还有很多话要倾诉。

果然，她略微停顿了一下，又急忙补充说："我带他去医院看病，做了抽血、胃镜和心电图等检查，医生也开了药，但吃完不见效。医生还说孩子有焦虑、抑郁情绪症状，建议用药物来治疗，但我不想让他吃药，所以，今天专门到您这里来做心理咨询。"

我观察到，母亲凤兰是个急性子，她快速不停地讲述。而坐在一旁的父子却显得很安静，父亲拉着儿子的手，他们彼此相依而坐，显得和谐而温暖。

于是，在母亲讲完后，我主动将视线转到父亲这边，对吴俞说道："我还想了解一下，您对孩子的情况有什么补充吗？"

吴俞用温和的语调，不急不慌地说道："南轩这孩子呢，从小是我带大的，他现在这样，我多少也了解些原因吧！他很懂事，学习一直还不错。我记得，前不久医院大夫也提醒说，孩子身体出现问题主要是心理压力太大造成的。学习这方面，凤兰确实要求挺严的，标准也高，希望他有出息。我也跟孩子聊过，数学课换了老师，有些跟不上，其他还都好。"

说到这里，吴俞停顿了一下，说道："这里我想解释一下，我们家里分工不同，妈妈主外，挣钱养家。我主内，做饭陪孩子。不过我觉得孩子也不能只学习，也要关注情商教育，我很在意他尊敬老人，跟小伙伴友善，体谅父母方面……"

爸爸还没有说完，被妈妈打断了。

"让你介绍孩子的情况，你就不要多说其他的事情了。"凤兰一脸的不耐烦，大声责备。

爸爸原本沉浸在自己的叙述中，被妈妈打断后，先是愣了一下，接着有些生气地摆了一下头，小声嘟囔地说："我说的不就是孩子的情况吗？好好，我不说了，那你说吧！"吴俞顺势向后靠在沙发背上，不再说话了。

温馨小贴士

父母在日常生活中的互动模式以及表达情绪的方式，往往不被父母自己觉察，认为是"正常"的沟通模式、情绪和行为表现。但父母过度情绪化的表达，对孩子来说常常是很难承受、理解和消化的，致使家庭冲突成为孩子心理压力和情绪焦虑的重要来源。

为了缓和咨询氛围，我紧接着说道："我听到了爸爸的讲述，能体会到他希望我能从更多方面了解孩子的情况。凤兰心里着急，把爸爸的话打断了，我也能理解妈妈希望快点解决问题的心情。但是，毕竟爸爸刚才还没有说完，我还是想问一下，你还有什么要补充的吗？"

说到这儿，我把头转向吴俞一侧。

"没有了！"爸爸显然还有些情绪，直接用拒绝结束了讲述。

"你可以再想一想，一会儿有什么想补充的再告知我。"

我没有给吴俞压力，而是预留了可以继续交流的空间。于是，我将目光转向坐在爸爸身边的 12 岁小男生身上。

"南轩，刚才听了爸爸和妈妈的介绍，你有什么感觉？"我用了开放式问句，试探他的反馈模式。

"嗯……"他一直没有表情变化，此刻被问到一个需要他回答的话题，扭动了一下身体，犹豫了一会儿说："没什么感觉，我也不知道。"

"那我想知道，刚才你有没有感觉到被冷落了？"我关注他的感受。

"嗯，还好吧！"他有些犹豫地回应道。

他似乎有些戒备，我看到他的嘴唇微微动了一下，又紧闭了一下，似乎要控制某种想表达的东西出来。

"你愿意谈谈自己的情况吗？比如你吐得最厉害的一次，是什么时候？"我问。

"是一次数学课后，吐得特别厉害。"他轻声地说道。

"其他科目有没有出现过类似的情况？"我要区分数学对于他有没有特异性。

"没有过。"他摇摇头，肯定地说。

我注意到，刚才父亲说孩子在数学科目上遇到了困扰，现在孩子的回答也证实第一次呕吐发生在数学课上，这就提示孩子的呕吐很大可能就是心理压力导致情绪应激反应，继而引发胃肠神经功能紊乱，出现胃痛、呕吐等躯体症状。

在咨询结束前，我对孩子的情况做了一个概括性评估，确定了孩子焦虑和抑郁情绪的存在，并向父母说明了身体症状与这些不良情绪的相关性。

> **孩子心里话**
>
> 我妈下班回家后，就会不停地数落爸爸，说他连辅导孩子学习也做不好。他们吵得凶的时候，我听见妈妈说要跟爸爸离婚，要离开这个家。他们因为我争吵，让我觉得是自己不好他们才说要离婚，我心里很害怕，也很自责，觉得这都是我的错。

> **温馨小贴士**
>
> 在青少年心理咨询中，家长通常有一个共性，就是期待把孩子交给心理咨询师，通过孩子做咨询，彻底改变孩子的问题。然而，孩子的症状往往只是表象，孩子问题的来源、化解和重建都离不开生养他们的家庭土壤，更离不开父母等重要他人的影响。

在与孩子的沟通中，我发现他经常使用"我不知道"这样的句子。一个 12 岁的孩子通常不会轻易关上心门，一定是有些无法触碰的体验和恐惧藏在了心底，若想要打开它需要给予足够的耐心和时间。

查不出病因的"病" | 父母冲突背后的"载重者"

父母关系冲突时，孩子可能会通过各种心理和行为问题来引起父母的注意，如身体不适、学习问题或人际问题等。孩子出现这些问题，实际上是他在尝试解决家庭成员冲突的一种本能的防御性方式。此外，父母关系冲突引发的情绪问题，继而可能转化在孩子的教育和家庭生活里，加剧他原有的心理问题。

一周后，约好了与孩子单独交谈，父亲吴俞把孩子送进咨询室后，便离开了。

我直切主题，关心地问道："南轩，距上次见面有一周了，这周你的胃痛怎么样了？"

"上周还好，吐了两次，就是干呕那种。"他回答道。

"那时，你在做什么？还有什么不舒服？"我需要细节。

"上周三早上，我去上学的时候，就有点恶心，后来又上了两节课，就开始反胃想吐，老师让同学陪我去卫生间，就吐了。"他说的仔细，果真是个细心的孩子。

"还有别的事情？或是不舒服吗？"我继续追问。

他想了一下，说道："就感觉人没什么精神，老师说如果胃里还难受，就让家长接回家休息。"

"然后呢？"我问。

"最后，班主任给我妈打电话了，我妈说吐了就没事了，让我继续上课。其实我当时心里是挺难受的。"他说话的声音低了下来。

"老师为什么给妈妈打电话？我记得是爸爸在照顾你，对吗？"我有点不解地问。

"我妈说不能听爸爸的，我心里觉得是自己不好，是我让妈妈不高兴，还让爸爸也跟着我挨骂。"他自责地说。

"你仔细想一下，什么情况下胃里难受多一些，什么时候少一些？"

我继续询问出现身体症状的细节。

"在学校时难受多，回到家里就轻松了一些。"他很快给出答案。

"南轩，你觉得学校里有什么特殊的地方让你紧张吗？"我问。

他好像在努力搜索答案，然后摇了摇头。

"没关系。咱们可以再想另外一个问题，在家里有什么特殊的地方，或者事情影响你吗？"

此时，南轩似乎感觉有些紧张，双手不自觉地握在了一起。

"你平时会经常紧张吗？"我问。

"嗯，会紧张。"他回。

"一般什么情况下会紧张？"我问。

"上数学课听不懂的时候会紧张，父母吵架说离婚时也会很紧张。"南轩小声地说道。

"为什么会在数学课上紧张？上其他课程紧张吗？"我需要确认。

"其他课不紧张，新换的数学老师很厉害，如果答不上来题或做错了，老师会大声地批评，发脾气挺吓人的，有点像我妈妈一样。"南轩回答。

"这样的场景让你很害怕、紧张。"我说。

南轩低下了头，神情有些许不安，不再说话了。

从前面母亲的介绍中，我知道他是一个情感细腻敏感的乖孩子。所以，当他面对这种压迫性紧张情景时，一定会有一些特别的内心感受。于是，我温和地问道："南轩，我想知道你感到害怕和紧张时，身体会有什么反应？"

"我一紧张就冒汗、心慌，还有反胃、恶心。"他很快给出答案。

孩子心里话

数学老师发脾气的时候，特别像爸爸妈妈吵架时的样子，说话声音很大，看起来凶巴巴的，我就觉得心里很慌，觉得自己不好，胃也开始难受，有想呕吐的感觉。

温馨小贴士

儿童躯体化症状具有复杂的心理学意义，既是儿童表达心理困扰和应对困难的方式，也是潜意识心理过程的体现。同时，家庭环境对儿童躯体化症状的形成和发展也起着重要的作用。因此，家长和教师应保持敏感和关注，及时识别并干预儿童的心理问题。

"当你感到紧张不舒服时，你会怎么帮自己呢？"我问。

"怎么帮自己？我没有什么办法让自己不紧张。"南轩小声回应。

我需要给他一些具体的方法，来帮助他缓解紧张情绪，打破心理压力带来的不良身心循环。于是，我对他说："现在，我教给你一个简单的方法。当你紧张时就用它来帮忙，让紧张的感觉舒缓下来，好吗？"

"好的。"南轩点头同意了。

接下来，我引导他在自己创建的"安全岛"上，做了五次深呼吸放松练习。这种深呼吸放松法，是一种胸腹式联合的呼吸，可以排出肺内残气，吸入更多的新鲜空气，供给心、脑等重要脏器所需的氧分，舒缓身体内脏神经的紧张反应。

> **心理学解读**
>
> "安全岛"是一种用想象法改善情绪的心理学技术。具体来说，是在内心深处构建一个令自己感到舒适、惬意、放松的地方，这个地方可以是真实存在的某个地方，如家中的沙发、小床，户外的草地、花园等，也可以是完全虚构的场景。这个地方只有自己可以进入，是一个安全的避风港。

放松练习完成后，我又给南轩留了行为观察和呼吸训练的家庭作业，咨询后跟妈妈做了访谈，对孩子躯体化症状的心理因素作了诠释，并希望父母下次能一起来，共同解决导致孩子问题的家庭因素。

"心痛"你要说出来 | 温暖情感的回归与疗愈

父母关系紧张或冲突频繁，会给孩子带来不稳定的生活和情绪环境。孩子在这样的环境中容易感到不安、焦虑，甚至产生抑郁情绪。研究表明，儿童和青少年特别容易受成年人之间紧张关系的影响，他们感知到父母冲突的频率和强度越高，越容易出现情绪、行为甚至身体机能紊乱等适应问题。

下午，夫妻两人带着儿子南轩再次如约而来。

我用微笑迎接了他们。

"今天，一家三口都坐在这里了，不知你们想说点什么？谁先开始呢？"我将目光越过面前的每一个人。

南轩像回答老师提问完成作业情况一样，乖乖地首先做了回应，说道："上周，您让我记录妈妈发脾气的情况，我记下来了，我妈这周没跟我发脾气，跟以前不一样。"

"怎么做到的？你做了什么让妈妈没再发脾气？"在这里，我有意用了一个关系提问，让南轩意识到母亲的这个改变里有他的付出。

"我知道妈妈会在什么时候发脾气，比如我作业如果很晚都做不完，我妈就会发脾气，以前我不会做的题不敢问妈妈，怕她骂我笨，没出息。"说到这他停了一会儿。

接着，南轩甚至带着惊喜地说了下面一段话："这星期，妈妈吃完饭后，我主动跟妈妈说，我有两个难题不会做，然后妈妈没有说我，而是耐心地给我讲了一遍题，我很快也就把作业做完了。"说完，南轩开心地看着妈妈，似乎在说我一点也不笨。

我也被南轩轻松的情绪感染了，微笑着回应说："真好啊！你主动跟妈妈表达自己的困难，然后认真听了妈妈的讲解，最后自己解决了问题，按时完成了作业。我理解的对吗？"

"嗯，是这样！"南轩笑着点点头。

这时我转过头，对母亲说道："刚才听了我跟南轩的交谈，不知你的感受是什么？"

"看到南轩把心里话说出来，我是高兴的。过去，他不喜欢表达自己的想法，让我很着急，摸不清他到底怎么了，常常发火，脾气一上来就抱怨爸爸不会管孩子，然后就争吵不休，结果问题一点都没解决。不过，最近我发现，孩子有变化了，开朗多了。"从母亲的言语中，洋溢着看得出来的高兴。

"刚才孩子说妈妈变了，跟以前不一样了，你觉得自己有什么变化吗？或者说咨询到现在对你带来的影响是什么？"我把话题又回到母亲身上。

"最大的发现是，我原来心里是有抱怨的，觉得自己挣钱养家，孩子不听话，老公居家不给力，回到家看到哪儿都不顺眼，急了就骂人，孩子三天两头请假不上学，病快快的，我也很焦虑，也跟他爸爸发脾气。"妈妈有些不好意思地说。

这时，我需要给一直沉默聆听的父亲一个表达的机会，于是，我将目光望向吴俞，对他说道："我注意到你一直专注地听我们的交谈，不知这

孩子心里话

其实，我心里也很难受，最近我数学有点跟不上，还经常请病假。我特别不想妈妈生气，也不想爸妈为我吵架，害怕他们离婚。我想把学习搞好，让妈妈不生气，爸爸也开心一些。

段时间来，你的感受是什么？与以前相比有些什么不一样？"

吴俞停顿了几秒，认真地说道："还是有些不一样，平时我与妈妈确实没有机会深入地交流，其实，我作为一个男人，应该承担更多，包容的更多一些，可有时也觉得委屈。"

爸爸停顿了一下接着说道："说实话，妈妈还是比较辛苦的，我心里知道。虽然我在家带孩子，但是学习方面的事也是她管得多、管得细。"

"我知道你们的分工，妈妈主外，你主内，维持一个家庭吃喝拉撒事情也不会少，所以你的付出也很难得。"我回应道。

爸爸意味深长地微笑了一下，说道："还好，还好。"

"爸爸这个人呢，在家照顾孩子比较适合他。"妈妈凤兰此时有点憋不住了，展现出快人快语的表达模式。

"也不能说适合，老师，您说什么叫适合呢？"爸爸的内心似乎被触碰到了，原本慢条斯理讲话的他，此时说话的语调也升高了。

"好好，不是适合。你还是不情愿，对吧？可当初，是你说你喜欢居家平静的生活，即便在家看孩子也是生活的本色。"

"我没有不情愿。"爸爸看到妈妈有些激动，恢复了缓慢说话的节奏，他说："我确实喜欢平静的生活，我是想给孩子一个风平浪静的生活环境。"

"行啊！你没有不情愿就好。"妈妈看了我一眼，往下压了压高涨的情绪。

等着父母的话音落尽，我向南轩提了一个问题："南轩，刚才你听到了什么？"

南轩有点小心翼翼地摇了摇头，很无助又很无奈的样子，停顿了一下，似乎又恢复到另外一种神情状态，声音提高了一些说道："他俩经常这样争吵，我也很烦的。"

听到儿子最后一句话，夫妻俩同时怔了一下，似乎他们意识到了什么。

"南轩，你是怎么看待爸爸妈妈的争吵的？"我追问，目的是孩子能表达出自己内心的感受和情绪。

"我不愿让他们吵，他们一吵架，我心里难受，就会躲起来，什么也不做。"

"心里难受时，还会做些什么呢？"我继续追问，希望父母多些了解自己的孩子。

"难受时，就在心里骂自己，都是我不好！如果我做好了，他们高兴了，也就不会吵架了。"南轩无助地说道。

"听起来，你觉得父母吵架都是因为你？"我探究他难过的深层原因。

"我不知道，但我一定是最主要的原因，我骂过自己很多次了，有时候他们吵得很凶，我很害怕他们会离婚，我班上有同学的家长就是吵架离婚的，我越想就越害怕，还会做噩梦。"南轩声音低了下来，一脸的落寞和无助。

听了儿子的一席话，妈妈的心似乎被触动，眼睛不由自主地泛红了。她把身子转向南轩，说道："儿子，你才12岁，我和爸爸吵架是大人之间的事，不是你的原因。"

她停顿了一下，声音有些哽咽，说："真没想到，我们吵架让你背负了这么大的负担，这都不是你的原因，是妈妈自己的情绪没管理好。"说完，妈妈从身边的桌子上抽取了一张纸巾。

妈妈说话的时候，南轩专注地听了，我能感觉到他紧绷的心情放松了许多。于是，我顺势问道："南轩，刚才妈妈的话，你听到了什么？是怎样理解的？"

> **心理学解读**
>
> 夫妻在咨询室的现场互动，就是夫妻日常互动模式和情绪模式的真实反映。按照家庭心理治疗理论，咨询师需要在恰当的时候给予反馈、澄清和面质，使夫妻能觉察到自身的问题，并唤醒内在动力去打破旧有的问题行为和互动模式，从而形成新的、有建设性的夫妻互动模式。

"我妈说他们吵架不是我的原因。可是，妈妈和爸爸吵架时，会说你们两个一样都不让我省心，这不是说我吗？而且也在责怪爸爸，我怕妈妈不喜欢我和爸爸了。"

此刻，妈妈真的有些震惊，或许她没想到，自己顺口说的话，给孩子心理造成这么大的影响。

于是，她急忙解释道："儿子，那都是妈妈生气时说的气话，没想到能给你带来这么大的思想负担。"

"可是，我爸也和我说是我让你不高兴，你会把气撒在他身上，他好像也在责怪我，是我让你们关系不好的。"

看着儿子如此固执地认为是自己不好，爸爸和妈妈一样的意外，当妈妈把目光投向爸爸时，爸爸已经有些不淡定了。

"南轩，爸爸有时是抱怨妈妈，但绝不是在责备你。和你妈说的一样，我和妈妈吵架都是大人的事，意见不统一就会都不耐烦，所以会吵架，并不是要离婚。"

"我，我只是不想让你们吵架，你们一吵，我就害怕。"

南轩终于说出了埋藏在自己心里的想法，南轩出现的胃痛、恶心、呕吐等躯体化症状，很大一部分原因是对父母关系破裂的担心与恐惧。

妈妈搂着儿子的肩膀，小声念叨着："儿子，是妈妈这方面做得不好，我真的不知道你心里有这么多委屈和害怕。"

南轩把头转向另一侧。

心理学解读

儿童的躯体化症状有重要的临床心理学意义，儿童在心脑、发展尚未成熟，或遭遇无法用语言表达的心理压力和困境时，会通过躯体化症状来表达心理上的不适与痛苦。这些症状可能是行为问题或身体不适，如肚子痛、恶心、呕吐、咬指甲等。

爸爸望着流泪的母子俩，深深吸了一口气，调整了一下自己的情绪，用家里男主人的语气，说道："说实话，孩子他妈挺不容易，为这个家做了很多，孩子也非常懂事，尽管我并没有像他妈那样管他很严，特别是学习上，但我最大的愿望就是希望母子俩都好，都能轻松快乐。"

说完后，又连忙补充道："从今天看过去，我与凤兰的争执对儿子有很大的影响，带给南轩很大的心理痛苦，今后还是要多注意，尽量别影响孩子。特别是我，作为男人，也得学会多包容她性格里的好强。"吴俞把深藏于心里的话说出来了，似乎也感觉轻松了许多，眼里多了温柔和坚定。

孩子经历了这次敞开心扉的对话，也终于知道了如何向父母表达自己的情绪、需要和想法，把心里的痛苦说出来，而不是让压力情绪堆积在身体里。

作为父母，他们意识到彼此之间的关系对家庭，特别是对孩子的影响以后，不断努力地做着调整。此时此刻，一家人看不见摸不着的那层情感上的隔膜，在相互坦诚和敞开的对话中慢慢变得透明起来，不再是障碍。

父母和孩子之间有了情感的流动、信任和坦诚，就拥有了一个安全、温暖和美好的港湾！

教你一招｜发现孩子心理压力的方法

发现孩子的心理压力是一个细致且敏感的过程，需要家长在日常生活中保持高度的观察力和敏感度。通过观察行为变化、监测情绪状态、沟通交谈、观察身体反应以及学习状态等变化，综合判断孩子是否面临心理压力。

以下是一些有效来发现孩子心理压力的方法。

（1）行为变化：①饮食习惯改变，注意孩子是否出现厌食或暴饮暴食的情况。厌食可能是情绪问题的表现，而暴饮暴食则可能是寻求安慰或逃避情绪的方式。②睡眠质量下降，观察孩子是否经常失眠、早醒或入睡困难。睡眠障碍往往是心理压力的一个明显迹象。③注意力不集中，孩子在学习或玩耍时是否容易分心，做事情拖拉、丢三落四。这可能是心理压力导致的注意力分散。

（2）情绪波动：①情绪波动：注意孩子是否经常情绪低落、焦虑不安或易怒。这些情绪变化可能是心理压力的反应。②过度忧虑：孩子是否对某些事情表现出过度的担忧和恐惧，即使这些事情在正常人看来并不值得如此担忧。

（3）身体症状：观察身体变化与不适症状，如孩子是否出现头痛、胃痛、恶心、呕吐、肌肉紧张等身体症状。这些身体反应可能与心理压力有关。

（4）学业与人际：①学习成绩下滑，如果孩子的学习成绩突然下滑且没有明显的外部原因（如生病、缺课等），那么可能是心理压力导致的。②社交退缩，孩子是否变得不愿意与人交往，或者在与朋友相处时表现出紧张和不自在。这可能是心理压力导致的社交回避行为。

综上所述，一旦发现孩子存在心理压力问题，家长应及时采取措施进行干预和支持，以帮助孩子缓解压力并恢复心理健康。如果心理压力引发的问题严重或症状持续存在，建议寻求专业心理咨询师或医生的帮助。

父母必读 ｜ 父母怎样的行为会伤害孩子

精神分析理论认为，儿童期的基本经历、内心冲突和精神创伤，是成人神经症、心身疾病和精神疾病的原因。因此，父母养育孩子的方式是维护孩子直至成人后心理健康的重要因素。家是爱与温暖传递的通道，也是恨与伤害传递的链条，以下列举了六种有伤害性的家庭行为模式。

（1）操控型父母："父母把我当三岁小孩子，什么事都得听他们的。"这是一些青春期孩子的切身感受。他们没有办法为自己做决定，做什么都是错的，只有听父母的才是对的。父母经常把操控伪装成"这都是为了你好""我担心你犯下不可挽回的错误"，或者利用金钱进行奖惩，或者把子女视为能力不足给予帮忙，或者自我受虐让子女产生愧疚感等方式来实施控制。

（2）不称职的父母："他们都在忙自己的事，而且他们也不会照顾人。"对于孩子来说，他们是消失的、不作为的父母，但这样的父母往往伪装成"工作狂"，或"在家里什么都不会做"。父亲或母亲的消失或不作为可能导致孩子成为家庭责任的替代者，被迫变成"小大人"。孩子的童年被剥夺，家庭陷入角色颠倒的混乱之中，孩子所背负的强烈自罪感和责任感会一路跟随他们步入成年，成人后会强迫性重复原有的行为模式，走上竭力拯救他人的路，而自己永远都是缺爱的孩子，缺失感和空虚感相随。

（3）永远都正确的父母："没有那么糟糕，他们这么做只是因为……"一些孩子坚信父母是完美的，他们为父母的不当行为开脱责任，压抑自己痛苦的感受，使用否认、合理化的防御机制来自我欺骗，这种暂时的宽慰带来巨大的代价，越是感到羞愧，就越想要弥补，希望他们能原谅自己。成人后可能会选择令他生气又失望的人纠缠，把怒气发泄在其他人身上，以避免觉察到自己心底对父母的愤怒。

（4）虐待孩子的父母："打你是为你好！""真希望你没有出生。"一些孩子遭受身体虐待、言语虐待和性虐待，未曾修复的心灵可能终身都伴随着抑郁和恐惧，无法信任他人，这些情绪会演化为负面的预期、偏执的戒备、自我厌恶等心理。有些人到成年后，这种情感上的虐待会持续，压抑的愤怒要么通过身体和心理的症状表现出来，要么受虐者转换成施虐者，不自觉地步他们父母的后尘。

（5）有癖好问题的父母："别来烦我，你就不能出去玩吗？""我没有时间，以后再说。"当父母有酒精、赌博、过度沉迷网络等成瘾问题时，孩子不仅成为他们的麻烦，还要帮助家庭伪装成"正常家庭"，谎言、借口和秘密充斥在家庭里，总是否定自己的情感和感知能力，被迫对自己的想法和感觉说谎，而丧失自信心，羞耻感和负罪感使他们很难相信他人，孩子不仅自身安全感缺失及被压抑的愤怒，还可能产生过度的责任感以拯救父母。长大以后，受人猜疑的感觉会依然存在，回避表达自己的情感，而变得痛苦和怯懦。

（6）有偏执的家庭体系："不许和家长顶嘴！""女人必须依靠男人。"所有人都是家庭这个大熔炉里锻造出来的。如果一个家庭体系"偏执"，就好比高速公路上的连环追尾，其恶劣影响会代代相传，这个体系并非父母发明，而是从先辈那里继承的一整套逐渐累积而成的感受、规则、交流和观念。孩子会被当成情感的垃圾桶或家庭问题的替罪羊，与家人形成紧密的联盟。在这样家庭长大的孩子，会盲目地顺从，没有边界感，放弃自我，害怕情感上被隔离和孤立的惩罚，活在一种自我牺牲或自我迷失的状态。

─────────── ❧ ───────────

知识链接 │ 不健康家庭角色及行为特征

　　家庭总是在寻求平衡或均衡。当家庭出现问题时，一个或多个家庭成员会尝试进行自我调节，试图重新平衡家庭，避免自我的痛苦或紧张的情绪。以下是六种不健康的家庭角色与特征，帮助家庭识别不健康的家庭角色，并及时做出适应性的调整。

　　（1）替罪羊角色：在一个不健全的家庭中，经常会出现替罪羊角色，并为那些很可能与他们无关的问题而受到指责，这是一种转移家庭主要问题的方式。儿童往往会不自觉地扮演着替罪羊角色，并被他们自身认同，并可能感到被拒绝、不被爱和被孤立。替罪羊角色的例子，比如：一个经常生病、被视为弱者或有慢性病的孩子；或者是一个挑衅的孩子，他们获得来自父母或照顾者的负面关注；再或者，在学校里遇到学业和社交方面麻烦的孩子等等，他们都成为家庭问题的替罪羊，把家庭核心冲突的焦点转移到他们自己身上，以缓解核心冲突的张力，通常他们也是唯一能够坦率地说出家庭中其他成员否认或无法看到的问题的人。尽管核心问题是家庭关系问题而不是个人问题，但替罪羊可能被贴上"病人"的标签，并被送去接受治疗。

　　（2）照顾者角色：也被称为助长者或殉道者，照顾者试图让家庭中的每个人都快乐，即使这意味着否认当前家庭的真正问题。儿童和成人都可以扮演这个角色。家庭系统不关注中心问题的解决，因为照顾者会收拾残局，以防止家庭崩溃、破裂或跌入谷底。虽然，家庭以这种不健康的方式保持了"平衡"，但它实际上阻止了家庭以健康的方式愈合和向前发展。例如，当父母一方或双方因成瘾、心理健康障碍或慢性健康状况而无法工作时，一个被父母强化的孩子就会介入。在照顾者角色中长大的孩子，可能会不自觉地被那些有物质成瘾、慢性病和精神健康障碍问题的伴侣吸引，继续承担周围人的问题，这是强迫性重复。需要注意的是，照顾者的行为是出于焦虑，担心家庭会分崩离析，他们的内心感受是不安全、孤独、不被爱和被拒绝，他们可能会一生都在低自尊、焦虑和抑郁中挣扎。

（3）英雄角色：在某些存在严重问题的家庭系统中，会出现英雄角色，是一个看起来有着"高功能"的、平衡的个体，他常常被家庭作为一个坚实的榜样，维持着一个"好"家庭的表面形象。例如，作为孩子，可能会被"父母化"，并在父母其中一方的身体或情感不在的时候扮演配偶的角色，或者可能会感到巨大的压力，要承担起家庭外部的成功和成就，再或者可能会使自己参与帮助解决家庭问题。成年后，"英雄"可能会被吸引到伴侣有情感缺陷的关系中，也可能全身心地投入工作，并在真正的亲密关系中遇到困难。

（4）吉祥物角色：在家庭中，吉祥物利用幽默和傻气来转移对严重问题的注意力。当情况变得紧张和不稳定时，他们可能会感到巨大的压力，会主动介入。当他们成功地化解了局势，这就加强了他们的压力，让他们继续转移家庭问题的注意力。成年后，吉祥物可能会感到被激烈和不健康的伙伴关系所吸引，在那里他们能够进入自己的角色，帮助化解冲突。他们经常继续这个与他们共存的角色，并且通常被认为是为他人鞠躬尽瘁。

（5）独行侠角色：这是一类处于迷失状态的孩子，他们试图尽可能地隐藏在家庭背景中，以保证自己的安全，避免动摇家庭这只船。他们可能觉得自己被忽视，害怕引起别人的注意，特别是在受虐待的家庭中，他们为缓解焦虑和恐惧，而在情感和人际上隔离。父母可能会利用他们，就像英雄角色一样，来示范家庭是多么伟大，以证明他们没有造成任何麻烦。迷失的孩子常被描述为一个独行侠，成年后的他们可能会在友谊或亲密关系中挣扎，他们可能更喜欢独处。在治疗过程中，迷失的孩子往往很安静，除非被要求，否则不会开口说话，并可能感到害怕或紧张，无法分享他们的感受。

第十篇　陷入游戏里的少年

　　"我实在不知道该怎么办！说他吧，听不进去，全当耳旁风，但不管他，那孩子不就失控了？"一位母亲焦灼地说。每天，在青少年心理咨询的接待区，一提到孩子的问题，听到最多的就是家长们这般无助的倾诉。怎么才能打破这种两难的境地？

案例解析｜隐藏在游戏背后的自我困境

> 儿子：王浩，13岁，初中一年级学生。"我真是受够他们了，一个不着家，一个天天管东管西的，还担心我看黄色视频，真不知道怎么想的！我只有打游戏时能感到一点自由。"

> 母亲：张晓羽，42岁，某机关公务人员。"儿子小学成绩优秀，乖巧懂事。可是上初中后成绩一落千丈，沉迷于游戏，做作业三心二意的，我担心他玩游戏成瘾。最近情况更严重了，不想上学，脾气也很大，几乎每天跟我吵架。"

游戏让我欢喜让我忧｜虚幻中的自我满足

网络游戏，营造了一个虚幻的世界，好像容纳了孩子的天性，提供了精神的自由和满足了现实中无法被认可的需求，但如果真的去触摸这所谓的"自我存在感"时，它却碎了！

"为啥呀？我都说了不愿意了，还带我来做什么心理咨询？你好烦啊！"一个男孩的声音，隔着房门我也听得真切。

"砰"的一声，男孩怒气冲冲地推门而入，妈妈紧跟其后。

他就是王浩，今天的来访者。

我有意当着王浩的面与他的母亲沟通，主要原因是避免引发孩子的各种猜测、戒备心理和阻抗。

"儿子今年刚上初一，可才几个月，他就不想去学校了，因为经常肚子疼，在家休息了一个多月了！"妈妈满脸愁容地说起来。

不等我回应，她又补充说："我叫张晓羽，您叫我名字就行。"

"我想再多了解一些王浩的情况，请您多说几句，好吗？"我说。

"他以前挺乖的，也是个聪明的孩子，小学成绩一直名列前茅，高分上了重点中学。但不知为什么，不到半年时间，成绩就滑到了后面，这对他的打击很大。"她叹口气，看了一眼儿子。

"你认为王浩的变化有什么特殊原因吗？"我问。

孩子心里话

烦死了！我妈就知道唠叨、瞎担心，要不是她整天逼我学习，我也不一定打游戏！

母亲蹙着眉，说道："懒呗，又贪玩。在家休息的这一个月，我稍不留神，他就偷偷打开电脑玩游戏，我很担心他游戏成瘾。"

"这种情况持续多久了？他一天能打多长时间？都是在什么情境下打游戏？"我接着问。

"以前还好，现在不上学就没谱了。他趁我不注意就打游戏，还骗我在学习，我也总批评他，可他就是不改，经常是我发脾气了，他才停下来。"妈妈沉浸到自己的情绪里，神情焦急的样子。

"一天能打多长时间？"我追问细节。

"每天加起来大概有三四个小时，不过功课他还是做的，就是要靠我盯着。"母亲补充。

最后，她不安地看向我，问道："主任，您说我儿子是游戏成瘾吗？"

此时，王浩用鼻子"哼"了一声，转过头不看母亲，像是对妈妈说的话十分反感。

"孩子还有什么跟以前不一样？"我继续问。

"有啊。最明显的就是肚子疼，主要是在学校，现在在家里就好多了。我带他去了好几家医院，胃镜也做了，都没查出什么问题。还有就是脾气特别大，动不动就发火。"张晓羽满眼无奈地说。

"孩子在学校肚子疼得厉害，回到家就缓解了，这可能是情绪引发的胃肠应激性反应，也是消化系统功能紊乱的一种表现。"我回应道。

心理学解读

胃肠功能紊乱，又称为胃肠神经官能症，属于一种功能性疾病。多发生在心理精神因素和不规律生活方式情形下，主要表现有嗳气、腹胀、恶心、腹痛、腹泻和排便紊乱等。在临床上，除针对症状的治疗外，还要针对心理问题给予及时的心理治疗。

"情绪还能引起消化功能紊乱？"张晓羽不解地问。

"人的身心是相互影响的。就像王浩，胃镜检查排除了器质性病变，可他依旧反复出现肚子疼的症状，很可能是心因性的胃肠功能紊乱。"我作了解释。

"是这样啊！"妈妈不住地点头。

"孩子学习上出现困境后，你们跟他有深入的交流吗？或者给过他什么帮助吗？"我继续问。

"有啊！我陪他学习，辅导作业，但他就是打游戏，没什么用。唉！怎么变成现在这样！我觉得太失败了！"张晓羽整个身体沉了下来。

此时，我能感受到她的挫败感、自责和消极认知。可以想象，妈妈已陷入负性情绪中，又能如何帮助孩子呢？

于是，我温和地说："作为母亲，这段时间你也很不容易，担心他学业，忧虑他未来，耐心辅导功课，你做了那么多，可孩子的状况依然没有改善，所以你有了挫败感，如果你愿意，也可以在这方面多说一些。"

"孩子现在沉迷游戏，身体出了问题，我们真的很着急。确切地说也不能叫失败，今天来您这儿咨询，也还是再尝试找方法呢。"母亲刚才说"我太失败了"的语句没有再出现。

"我注意到你说'我们'，是指你和他父亲吗？之前我没听你提到他，现在我想知道，他是如何看待王浩问题的？"我问道。

"他工作很忙，经常加班，一起吃饭的时间都很少，王浩的事都是我管。"提到丈夫的缺席，张晓羽似乎有一肚子怨气。

接下来，我将目光投向王浩，温和地对他说："王浩，刚才我请妈妈介绍了一些你的情况，你也一直在场，虽然没有说什么，但我注意到你是认真听了，

温馨小贴士

"三脑理论"是美国神经学家保罗·麦克里恩提出的，把人的大脑分为三部分，一是本能脑，控制着本能反应，在紧急情况下，会迅速做出反应。二是情绪脑，负责处理情感和社会行为，能够体验到喜怒哀乐。三是理智脑，主要负责高级认知功能，如语言、抽象思维、解决问题和创造力等。因此，父母在与孩子的互动沟通中，要避开孩子的情绪爆点，并且营造一个温暖的家庭氛围，坐下来与孩子心平气和地说话，进行情理并重的有效沟通。

心理学解读

父亲角色功能不足，是当前很多家庭普遍存在的现象。从心理健康角度来讲，这无疑会对孩子带来不利影响。在本案例中，王浩已进入青春期，父亲的家庭角色就是他心中第一个真实男性的形象，父亲不仅是他的重要他人，更是他生命中的第一个男性模板和行为示范。

141

不知有什么感受？"

王浩用犹疑的眼神看着我，低声回答说："我没啥感受。"

我感受到了他的迟疑，也体悟到他此刻的心情，特别是母亲的在场，让他觉得口难开。

于是，我试探着问道："王浩，我很想听听你的想法，这对我很重要。现在，你是想妈妈和我们一起聊，还是你和我单独聊呢？"

没等王浩回答，妈妈就主动提出："浩浩，你跟老师单独聊吧，我在外面等你。"

王浩没说话，只是点了点头。

"你平时喜欢做什么？"我从他喜欢的事情入手，提出了第一个问题。

王浩露出惊讶的表情，说道："老师，没想到你会问这个，我以为你跟我妈一样，会问我为什么不上学。"说完，他看起来轻松一些。

我微笑着说："这是我们第一次见面，我对你充满了好奇，想知道你喜欢什么？不喜欢什么？当然也想知道你生命里更多的故事。"

王浩认真地思考了一下说："我喜欢打游戏，尤其一起组队开黑，特好玩，特刺激。每次打赢对手，都超级开心！"说起游戏，他瞬间提起了兴趣。

"打游戏很快乐，还能减压。"我共情道。

他有些释然，微笑着连连点头。

"不知你打游戏时间长了会有不舒服吗？据我所知，神经医学研究发现，人打游戏和学习会使用不同的脑区。适度的游戏对纾解大脑疲劳有帮助，不过时间长了，反而会因大脑过度兴奋而疲劳，容易出现头晕、心慌、体乏和失眠多梦等。"

"打游戏时间长了会出现头晕，有时我也觉得没什么意思，打完后心很空。但我妈总跟我唠叨学习，没完没了的，我烦了，就打打游戏让心情好一点。"

> **心理学解读**
>
> 积极关注，在心理学中具有非常重要的意义，它不仅有助于促进正向价值观的建立、激发改变的内在动力、增强自我认知、建立健康的咨询关系和提高咨询效果，还有助于促进心理健康。因此，在心理咨询中，积极关注应该被视为一种重要的咨询策略和方法。

"妈妈是怎么没完没了的？"我紧跟着询问细节。

"我妈经常动不动就闯进我房间，问为什么不学习？让我心烦。有时，原本还想学一会儿的，但她一张嘴骂我，我就完全不想学了。她走了之后，我最想做的事就是偷偷打游戏。"王浩气呼呼地说，话语间透着对妈妈的不满。

显然，母亲消极情绪和孩子敌对情绪的对撞，导致各自行为的变形，妈妈从唠叨变为指责和训斥，孩子从想要做好变成了自我放弃。

现在看来，游戏不仅是王浩宣泄不良情绪的一种方式，也是反抗母亲闯入自己生活的一种防御行为。

> **孩子心里话**
>
> 我都初中了，我妈还像小孩一样管我，真让人烦！我根本感觉不到什么平等尊重，更别提信任了，不偷着监视我就不错了。

"看来，打游戏是你调整心情的一种方式。"我反馈了他自己的描述。

"不过，打完游戏，我经常心空荡荡的，如果天天这样过，我也挺慌的。"

"心情不好，想用打游戏释放一下，但释放完却发现心里是空的，打得越久心越空，是这样吗？"我想象着每天躲在游戏中的王浩，望着他的眼睛问道。

"我也不喜欢自己这样。"王浩低下头，回避着我的眼光。

王浩不缺乏能力，缺少的是方向和支持。

于是，我温和地问道："如果你不喜欢现在的自己，那你是否愿意帮助现在的你？当然你不是孤单的，如果你同意，我愿和你一起想办法。"

"您和我一起？"王浩深吸一口气说："我也不知道会怎样？那就试一试吧。"

"当然！不试一试怎么能知道结果呢！"我微笑着回应。

> **温馨小贴士**
>
> 本案例中，王浩上初中后一直未能适应新的学习环境，出现了情绪焦虑和胃肠应激的症状，他本能地启用了回避或退缩的方式远离学校，用打游戏的方式获得暂时的心理满足和解脱。同时，母亲"直升机式"的教养和父亲家庭角色功能不足，无法及时给予孩子心理帮助和支持，致使问题无法得到解决。

新环境中的"拦路虎" | 探寻孩子消极情绪源头

很多人认为，人的情绪多变源自外界事物的刺激，外界事物不改变，情绪也无法改善。其实真正让情绪改变的可能是你内在的变化，如你找到了内心真正的需求，你就拥有了面对的勇气，掌握了应对的技巧。

门被王浩轻轻推开，他和妈妈再次出现在咨询室里。妈妈介绍了孩子一周的情况后，就离开了咨询室。

"我想知道这一周来，你的感觉是怎样的？"我微笑着对王浩说。

"这周确实心情好多了。"他径直回答道。

紧接着，又不好意思地说："我……我还是会忍不住去玩游戏。"

"'忍不住'玩游戏？是你已尝试调整自己了，只是还没有达到你想要的状态，是吗？"

王浩点点头，有点失落地说："我白天能控制一下，但晚上还是忍不住。我妈说，玩游戏的总时间依然没减下来。"

"白天你是怎么控制自己的？"我好奇地问。

"我原来早晨起床后就心烦，所以啥也不想干，就去打游戏。这两天起床后不太心烦了，就没有打了，但下午实在忍不住，就去打游戏。"

"王浩，我看到了你的努力，也感受到了你的改变，这是很不容易的。"我说。

"可是我妈说，我一点都没变。"王浩有点委屈地说。

"妈妈早起上班，可能没看到你的改变，但不意味着你没做任何努力，对吗？"我回应。

王浩点点头，神情放松一些。

"任何改变都不是一天完成的，给自己一些耐心，每天做一点尝试，这也是你的成绩。"我用肯定的语气说。然后，又紧接着补充道："耐心就是智慧，我特别喜欢的一句话。"

"我再试试。"王浩似乎又有了信心。

"这一周来，你和父母相处得怎样？"我继续问。

他提高了嗓音，生气地说："我爸妈很烦人，只要成绩不好，就说我变坏了，不爱学习了，我已经够难受了，他们还打击我。"稍微停顿了一下，又气呼呼地说："我爸妈整天逼我学习，特别是我妈，还把我当小孩子看，一点不信任、不尊重我。"

心理学解读

积极关注能够让孩子感受到自己的价值和重要性，从而增强自我控制能力。当孩子得到关注和肯定时，他们更容易形成自律和自我约束的行为模式。

我问道："跟我说说爸妈是怎么逼你学习的？怎么不信任你的？"

"上初中后，每天都有一堆作业，我觉得自己有点跟不上了，考试也差了，心里很烦，就希望他们能安慰安慰我，结果我妈除了管我，就是唠叨我，还偷看我手机。"王浩委屈地说。

"父母没有及时安慰你，你觉得心里难过和失望，对吗？"我回应。

他点点头，继续说："还有呢，我妈跟我说好玩一个小时游戏，但她不遵守承诺，不到时间就把电源拔了。还老是怀疑我看不好的东西，拿我手机去检查。"

"妈妈这样管你，你很生气。这个时候，爸爸会做什么呢？"

"哼，我爸忙呀！基本看不到他，就算他在家，除了讲大道理，批评我，就是说我不努力、不争气。"孩子说。

温馨小贴士

父母忽略了自己对孩子做出的承诺，这将会带给孩子重要的影响，一是孩子不再对家长信任，甚至出现逆反式反抗；二是孩子会有情绪记忆，感到受伤害；三是有可能孩子也不再遵守承诺，只是随口允诺；四是孩子感受被忽视，会影响亲子关系等。所以，请父母重视承诺的重要性。

"听起来，你现在的状态，主要是爸爸妈妈的原因，是这样理解吗？"我贴着他的话，反问道。

"也不全是吧！"他说。

"其实，很多事情的发生既有外因也有内因。如果爸爸妈妈是外因，你觉得有什么内因吗？"我引导他向内思考。

"我自己有时比较懒吧！"他低声回应道。

紧接着，他又提高声调说："谁知道初中课程这么多，学起来特累，我们实验班又都很'卷'，我的成绩只能在中下游晃荡，真心烦。"

"越心烦越学不进去，就只能打游戏。"他又无奈地说。

"听妈妈说，你小学时成绩很好，说说看你那个时候是怎么学的呢？我猜一定也有好的方法吧？"我继续问。

这个问题似乎有些突然，他想了一会儿说："小学科目少，上课随便听听都能得到好成绩，但初中可不一样，内容太多了。"

"在学习内容上，好像是两个不同的数量级。"我一边回应，一边抛出问题："那么你们班的同学，应该都会有小升初后的适应问题吧？他们是用什么方法解决的呢？"

"可能我的学习方法也不太对。"他若有所思地回答道："别的同学都会提前预习一下，我没有这个习惯，就靠现场听课，所以经常跟不上老师的进度，后来有些地方就听不懂了。"

"现在，我们找到三个影响学习的因素，有父母的原因、自身的原因和学习方法问题，如果让你排个序，给出个百分比，你会怎么排呢？"

"我的心情大多是被爸妈搞坏的，经常我刚下决心好好预习、复习，不到一个小时，我妈准来唠叨，本来还想学习，吵一架后我就没心情了，所以他们的因素要占80%。我自己的懒也挺烦人的，做事情不坚持，大概占10%，学习方法不好，大概占10%。"

对于父母的原因，后续会专门安排父母的访谈。

下一步，我需要帮王浩挖掘一下内在资源，提升动力。

> **心理学解读**
>
> 内在资源，通常是指个体在处理困境时，平衡外部与内部的矛盾，在冲突、压力面前保持自我意识、整合自我的能力。

未来的电脑"指挥官" | 唤醒他心底的驱动力

风雨之后才能有彩虹，黑夜的尽头必定是曙光。在生命成长的历程中，坎坷与磨难不过是路途中的减速带，让我们慢下来，看清向前的方向，这样才能安全地奔向目的地。

"王浩，再问你一个问题，你未来最想做什么？"我抛出一个问题。

王浩一扫先前的惆怅，很快给出了答案，说道："我的理想是做一个电脑'指挥官'，能管成百上千台电脑，让它们替代人来工作，我就管理它们的运行就好。"

他说，两年前妈妈给他报了计算机编程课，从那时起他对计算机有了浓厚的兴趣，再加上喜欢电脑游戏的缘故，王浩自己心里的梦想，就与计算机联系在一起了。

"你想做电脑指挥官啊，那一定很懂计算机语言吧，要不然怎么跟它交流呀！"我说。

"当然要学好计算机知识，能用它的语言交流，没准我还能发明好玩的游戏呢。"王浩兴奋地说。

"据我所知，智能计算机很热门，发展也很快，你觉得为了实现自己的理想，需要做些什么准备吗？"我回应。

王浩脱口而出："我考大学想报计算机专业！"

我紧接着问："原来，你早就想好了大学专业啊！"

王浩愣了一下，然后垂下眼帘，低声说道："嗯，我特别想好好学习，考个理想的大学。"说着他蹙起眉，眼睛望着我："但是，我落下太多功课了，害怕回到学校跟不上。想到这儿就心烦。"

王浩能从拒绝心理咨询转化为主动谈及学习，这是非常难得的一个转机。

"你已经落下一些课程，担心跟不上也正常。但如果现在什么也不做，那么只会越积越多。另外，你小学的基础很好，应该还是有实力的。"我柔和地说。

"我想知道，你这几天有看过课本和作业吗？"我又问细节。

"还真有，这几天我游戏打得少了，前天把英语书拿出来看了一眼，竟然不少单词都还记得，这也让我有些吃惊！"王浩微笑着说。

"你曾经留下的脚印都在，你曾经走过的路也都熟悉，特别是你学过储存的知识，它们也一直都在脑海里，只是有时被你忽略了。"我也笑着回应王浩。

但紧接着，他发现自己需要补的内容太多，又有点犹豫了起来。

我用鼓励的眼光望着他，温和而坚定地说："试试看吧！人生会有很多个第一次，比如你也是第一次上初中，第一次遇见这么多种状况，但现在你不是一个人，你有我做帮手啊！另外，你还有父母做后盾，前面还有老师导航、同学为伴呢！"

"你想想看，是这样吗？要不要尝试一下呢？"说完，我用鼓励的眼神望向他。

"嗯。那我就试一下，反正也损失不了什么。"王浩终于笑着说。

重建家庭情感港湾 | 邀约父母孩子一起成长

当彼此走进内心的深处，这个家庭已经开始走过最艰难的阶段。大家之间的爱与情感的流动，支持着每一个成员的觉察、反思和改变。

这次咨询，我特意约了王浩的母亲张晓羽和父亲王志刚一同前来。

坐定后，我开门见山地说道："谢谢你们今天能来，要化解孩子的心理困扰和学习问题，你们的参与能起到更好的效果。"

父亲是第一次来，这时他微笑着说："抱歉老师！我工作太忙了，家里和儿子的事，都交给他妈管了。"

"我知道父亲很忙。我想知道，你对这次心理咨询有什么期待？"我把话题继续引导到与孩子的联结上。

他说："我希望儿子像以前一样听话、爱学习，少打游戏。"

张晓羽听到这里，笑了一下，说道："真要这样就好了。不过除了儿子，我也希望老公能有一些改变。"

坐在一旁的王志刚愣了一下，显然妻子的回答让他有些意外。

他扭头看向张晓羽，质问道："我不懂你的意思，明明是孩子的问题，怎么就扯到我头上来了？"

"都说'子不教父之过'，你整天忙工作，可我呢？除了上班还要管孩子、做家务。有时跟你说儿子的事，你转过身就劈头盖脸地骂他一顿，这算教育孩子？"

"你的教育也有问题啊！管得太多了，自己在找麻烦，你太唠叨了。"王志刚也有些不高兴。

"那我也是帮你啊！儿子发脾气、不学习，我还不该批评他吗？"

"我这么忙为什么呀？你带孩子辛苦，难道我不辛苦吗？"王志刚想到这些年自己的付出，也心生委屈，一脸懵懂地盯着妻子说。

父母这一段对话，呈现了他们之间情绪化的沟通模式，如果家庭里长期使用这种模式沟通，将会对孩子的心理健康和成长带来不利的消极影响。

"孩子对父母的情绪很敏感，如果父母经常采用情绪化的沟通模式，孩子本能的也会用情绪化的方式去回应父母，这种方式不仅不能解决问题，而且还会导致孩子紧张不安、挫败无助，甚至会封闭自我，拒绝沟通。"

"我们家就是这样的，每次都在抱怨指责中不了了之。"张晓羽叹了口气。

"家庭生活中，遇到问题很常见，但重要的是如何化解问题。你们就是孩子遇到问题时的资源，比如说，当孩子遇到困境时，你们要让孩子知道，他不是孤单的，爸妈会与他一起想办法。在孩子学业不顺遇到困难时，你们要跟他一起分析问题，寻找解决问题的方法，而不是你们之间情绪化的表达，因为它是无法解决问题的。"

心理学解读

情绪化沟通，是指人在非理性情绪下所产生的行为状态。情绪化状态不仅造成个体情绪起伏，还会影响行为和人际关系，成为未来生活里的隐患。所以，无论在什么情境下，都不要采用情绪化沟通模式。

温馨小贴士

本案例中，王浩已进入青春期，他能敏感地捕捉到父母厌倦与不满的情绪，加之王浩对新的学习环境适应困难，出现无助、茫然和紧张焦虑。这些消极情绪没有得到及时化解，引发躯体脏器功能紊乱，出现多种身体不适症状。显然，父母的当务之急就是尽快帮助孩子度过危机。

"我没时间啊！"王志刚摇摇头，接着说："孩子都上初中了，有妈妈在身边，难道还要我陪吗？"

我望着王志刚，一字一句地说道："王浩13岁了，已进入青春期，对这个年龄的男孩来说，父亲作为男性，有些话题更方便交流，也因此更有力量和影响力。所以，父亲对男孩的影响是非常重要的。"

父亲似乎有些感触，略微停顿了一会儿，说道："我原来想，男孩子嘛，打打骂骂都应该没问题。听了您的话，我觉得可能想得太简单了。在儿子病休的这一个月里，我的确没给过他好言好语，也没给过他什么帮助。"

张晓羽没想到丈夫会这么说，连忙接过话题，说道："也不能都怪你，每次都是我先告儿子的状，说他各种不好。"

王志刚说道："孩子大了，我确实也得改一改了！以前老觉得男孩就是要严管，总挑他的毛病，没起到真正的帮助教育作用。"

我对父亲的态度给予肯定，说道："你能如此觉察、调整自己，不仅是对儿子成长的助力，也是对妻子的重要支持。此时，你们都不再是孤军奋战，而是彼此联结的整体，这个家庭就很温暖、有力量。你说呢？"

张晓羽点点头，目光望向丈夫，说道："是啊！你跟儿子通个电话，他就很高兴。虽然我也不知道你俩说的啥，看着儿子高兴，我就感到很安慰。"

听了妻子的话，王志刚接着说："看来我和晓羽都要做一些改变，先从我自己开始，以前是忙叨叨地过日子，没有用心琢磨这些事情。"

"您能给我一些建议吗？"王志刚再次表达了他的愿望。

"我觉得书是最好的老师，可以多看些亲子关系的心理书，多了解青春期孩子的一些变化，每一本书都会教一些实用的方法。其次，与孩子相处时要尊重他，避免情绪化，或者以父亲权威自居。另外，彼此做合作者，多分享讨论，比如分享你儿时的故事、工作中的趣事，一起参加户外活动等。最后，最重要的是每周能安排一些固定的时间，给孩子高质量的陪伴。"我说。

心理学解读

高质量陪伴，是指在与他人相处时，能够全神贯注、真诚地关注对方，并与对方建立深层次的连接和互动。家庭养育中的高质量陪伴，是指父母或其他监护人与孩子在日常生活中保持密切接触和交互，给予孩子充足的关注和爱，观察他们的需求并尽量合理满足，以促进孩子全面而健康的成长发展。

这时，母亲也有感触地说："要改变的不只是志刚和儿子，还有我。现在回头想想，我的教育很偏狭，不仅盯着他，查他手机，怀疑他偷看黄色视频，没有顾及孩子的感受，谈不上信任、合作。"

"在我看来，王浩真正的问题不是厌学，而是对新环境适应不良。小学升初中对很多孩子来说，都需要一段时间去适应，包括适应不同学科的特点、老师的教学方法，以及复习、预习和作业统筹等。正因为他无法适应初中生活，才躲避到游戏中，暂时缓解自己的焦虑情绪。因此，要解决他的学业问题，就要先解决情绪困扰。"我说。

"原来不是厌学，而是新环境适应不良啊！"妈妈释然地点点头。

王志刚接着说："今天收获挺多的，以前我觉得是孩子的问题。但您告诉我，孩子的问题，本质上是家庭系统出了问题，我恍然大悟，既然是家庭问题，那就改变系统。我做机关组织工作，这个道理比谁都懂。"

家庭智慧的启动，带来了意想不到的效果。等我再次见到这家人，每个人脸上的神采说明了一切。

"我想知道，具体都做了些什么呢？"我好奇。

"回到家的当天晚上，我们避开孩子，进行了一次深谈，谈话前约法三章，一是不指责抱怨对方，只讲自己的想法感受、心理需要和内心的期待；二是只谈当下问题改进的方法途径，不纠结以往的恩怨与谁对谁错；三是重点聚焦自身要做出的改变，暂时不要求对方和孩子。没想到，这次我们夫妻谈话的氛围出奇的好，说了很多心里话，看来在家庭也不能没有约定，否则就是打乱仗。"

母亲紧接着说："最近，我也读了一些青春期的书籍，了解了孩子在心理上、身体上和性意识上的变化。我和志刚分了工，比如男孩子性知识和身体变化，爸爸跟孩子多交流。我改变'盯管跟'的做法，给孩子空间、信任和尊重。特别是在学习上，让孩子自己做主，有困难时再参与。"

王志刚急忙插话："还有游戏问题，我跟孩子谈了，游戏能让人快乐，还能缓解大脑疲劳，是网络时代的娱乐形式，我们不剥夺孩子这个喜好，但是约定了时间限制，孩子也同意了。"

张晓羽点头说："我们还跟学校老师沟通了，老师说孩子底子好，英语和语文应该没大问题，但数学有些知识空缺，志刚说周末帮孩子梳理一下，王浩好像也不反对。"

每个人都有成长的力量，我见证了一个家庭为了孩子的健康成长付出的心力、智慧和爱。

教你一招 | 识别孩子的心理防御机制

> 心理防御机制，是指个体面临挫折或冲突等紧张情境时，为了减轻内心的不安和解脱烦恼，自觉或不自觉地做出的，以恢复心理平衡与稳定的一种适应倾向性的心理活动。它的积极意义在于能够使个体避免遭受更大的痛苦或伤害，甚至激发个体的主观能动性。消极的意义在于使个体或因采取不良应对方式导致心理疾病。心理防御机制人人都有，形成于童年，越早形成的心理防御机制越顽固，越晚形成的心理防御机制越容易修正。

在青少年成长过程中，会面对各类批评或挫折，他们的心理防御系统也会做出不同的反应，有的是相对健康的，有的则是不健康、不成熟的，比如压抑、否定、退行、回避等，并会以不合理的行为呈现出来，比如常见的顶嘴、满不在乎、逃避学习、沉溺游戏等。长期使用不成熟的心理防御机制，会严重影响孩子的身心健康发展。所以，家长要及时发现孩子的不合理心理防御机制，培养健康成熟的心理防御机制。

识别孩子的心理防御机制，家长可以注意以下几点：

（1）了解孩子常用的心理防御机制：青少年儿童常用的心理防御机制有四种。①否定，属于一种简单又原始的防卫机制，主要方法就是"否定"在创伤时的想法、感觉，将不愉快的事情当作并没有发生，以此来获得自己心理上的暂时慰藉。②投射，是指个人会不自觉地将自己的过失或不认可的观念，加附在其他人身上，以此来减轻自己内心的不安。③退行，在面临挫折或不想面对的事件时，放弃原本已经掌握到比较成熟的方式或技巧，通过幼稚的方式来降低自己的不良情绪。④压抑，是一种主动的、不自觉地将违反社会伦理道德的欲望和动机驱逐回潜意识的机制。

（2）停止评判、追究对错，放下指责和攻击：当孩子出现心理防御时，主要原因还是做自我保护，大多防御是无意识、自动化的。面对孩子的不合理行为时，家长只有放下评判和指责，走入孩子内心的时候，才能体会到孩子的切身感受。

（3）试着感受孩子的心情：可以多使用"我看到……""我感觉到……"类似字句跟孩子沟通。"我……"字句可以表达自己对这件事的感受和想法，能换位感受到孩子的心理。无形中也会给孩子起到榜样、示范的作用，他们一旦学会换位思考，也就不会固守在自己的角度进行防御。

站在孩子的对立面，家长无法看到他们防御面具后面真实的表情，不妨主动走过去，绕到面具后面，告诉他：我理解你的感受。家长和孩子是一伙的，问题是跑来捣乱的，你们可以共同面对问题。

父母必读 │ 躲进游戏的孩子逃避什么

　　心理学家威廉·厄尔曼写了一本书，名为《游戏为什么好玩》，书中通过大量实例，从神经科学、认知心理学、行为心理学和进化心理学等角度做了研究，提到游戏真正吸引人的地方是目标、社交、探索、挑战、个性化和沉浸式体验等主题。在现实生活中，孩子沉溺于游戏，除了上述主题，相关心理学研究还给出了如下答案。

（1）逃避现实困境：孩子在成长过程中，总会遇到一些挫折，有的是发展中的必经之路，有的是意外情境中的特殊困境。比如学习，一旦成绩不理想，成人可能就认为是孩子不勤奋、不努力，而对孩子来讲，可能就是他们生命成长应有的部分，包括适应新的环境、建立不同以往的人际关系、探索适合自己的学习方法等。有些困境更是无力和无助，比如家庭遇到重大的变故。所以，很多孩子沉溺于虚拟的网络世界里，是为了逃避现实的困境。

（2）逃避人际交往：人际交往是生活的一部分，所以人们成长的过程，也是适应各种人际交往的过程。但无论如何，都应该是一个从简单到复杂的关系适应。对一些孩子来讲，现实的人际关系复杂程度，让他们很难适应，而游戏里的关系似乎更简单、更纯粹、更容易掌控，沉溺于游戏的孩子可以暂时逃避孤独感、人际冲突和交往困难。

（3）逃避紧张的家庭关系：有研究报告显示，孩子沉迷游戏行为与不良的亲子关系、不和谐的夫妻关系等家庭问题密切相关。不良的亲子关系，如控制型关系、忽视型关系等，均易导致孩子焦虑、抑郁和恐惧等消极情绪，为应对这些情绪，他们会到电子游戏里寻求解脱。不和谐的夫妻关系，如在孩子面前吵架和过激行为等，会对孩子造成巨大的心理压力，为了缓解压力，他们同样会逃到网络游戏里。

（4）逃避承担责任：在孩子的成长过程中，逐渐会承担一定的自我管理责任，如果父母没有注意培养孩子的良好生活习惯，以及应该承担的相应责任，比如按时作息、及时完成作业、适度分担家务等，孩子就会缺乏自我约束和自律意识，无法拥有自我管理和承担责任的能力，就会在网络游戏里放任自己。

总之，一旦孩子们在遇到上述问题，得不到足够的支持和陪伴时，就会躲到游戏世界去寻找那些虚幻的满足。

知识链接 ｜ "游戏障碍"的识别与评估

根据《国际疾病分类第十一次修订本》简称 ICD-11，诊断"游戏障碍"除了有症状方面的特征，还必须有时间维度的标准，就是"至少持续了 12 个月"。比如，专业游戏选手是把游戏作为一种职业，不属于游戏障碍范畴。然而，是否确诊为游戏障碍，属于精神疾病诊断范畴，需要专科医疗机构医生给出判断。

在日常生活中，如果家长对孩子有游戏成瘾的担心，可以参照游戏障碍的标准做出初步的评估，如果有 50% 以上符合，就要高度警觉并咨询专科医生。

（1）完全专注游戏。

（2）停止游戏时，出现难受、焦虑、易怒等症状。

（3）玩游戏时间逐渐增多。

（4）无法减少游戏时间，无法戒掉游戏。

（5）放弃其他活动，对之前的其他爱好失去兴趣。

（6）即使了解游戏对自己造成的影响，仍然专注游戏。

（7）向家人或他人隐瞒自己玩游戏的时间。

（8）通过玩游戏缓解负面情绪，如罪恶感、绝望感等。

（9）因为游戏而丧失或可能丧失工作和社交。

游戏行为在发展成游戏障碍之前的表现，临床上称为"危害性游戏行为"。针对危害性游戏行为进行早期干预，接受专业的心理辅导，能最大限度地降低对青少年的危害。

第十一篇　每次考试孩子都很害怕

对学龄期的孩子来讲，考试一直都是一个心理压力源，面对压力有的孩子能轻松应对，有的孩子则焦虑不安。一般来说，短时间内出现考试焦虑是一个常见现象，但如果这种焦虑不安持续存在，甚至影响学习和生活，就需要及时进行心理干预，帮助孩子走出心理困境。

案例解析 | 如何帮助陷入考试焦虑的孩子

　　女儿：叶籽，15岁，初中三年级学生。"我一听到考试，就莫名地紧张害怕，害怕自己考不好，害怕考不上好的高中，总觉得自己太没用了。有时，越想学越学不进去，心里特别烦，还时不时头疼，晚上也睡不好。爸妈开始还挺着急，现在也快对我失望了。"

　　母亲：43岁，某企业技术人员。"女儿最近几次考试不太理想，情绪很不稳定，身体也不舒服了，不是头痛就是睡不着觉，这让我特别担心。带她去医院看了，能做的检查都做了，也没发现有病。现在孩子马上要中考了，真不知该怎么办了？"

我好像被自己困住了 | 第一次接受心理咨询

在人生的历程中，总有一些坚守的信念，但当现实对信念造成冲击时，人往往会无所适从，只能在一个狭小的桎梏里打转。

　　或许是第一次面对心理咨询师的缘故，叶籽的紧张显而易见。

　　我感受到她的不安，于是，用温和的语气说："你好！我知道你叫叶籽，我们第一次见面，你不用拘谨，现在想说点什么吗？"

　　叶籽停顿了一下，回答说："我现在就是经常头疼，胸口有时像压着一大块石头，憋闷。"

　　"你可以仔细讲讲吗？比如什么时候开始的？有些什么过程？好吗？"我微笑着，向她发出了邀请。

　　叶籽点点头，开始了她的讲述。

　　原来，叶籽从小就是一个勤奋、努力的孩子，喜欢学习，认识她的人都说，她的小脑子就是"行走的十万个为什么"，没有她不知道的。爸爸妈妈为此十分骄傲，也更加关注她的学习，为其制订了一步一步的学习目标。

> **孩子心里话**
>
> 我好担心啊！难道我的心理真的有问题了？我见了心理医生该怎么说我的问题呢？心理医生能帮我找到解决的办法吗？

小学、初中都按照计划，顺利地进入了目标学校。上初中后，她依然保持着勤奋努力的学习态度，成绩也一直是班级前几名，是标准的优等生。

到了初三下学期，有两次考试没考好，她感到特别失落，想着再努力一把，但没想到越想考好，反而越没效率，接下来的两次考试都不理想，她开始怀疑自己。之后一遇到考试就紧张害怕。慢慢地她又出现了身体症状，头疼、胸闷、失眠等。

随着叶籽的叙述，我对她的身心状况有了大致的判断。她表现出的身体不适，比如头疼、胸闷、失眠等，并非器质性病变，主要是考试焦虑引发的心理冲突和伴发的躯体功能紊乱，属于一种常见的心理问题。

> **温馨小贴士**
>
> 消极情绪往往使孩子的注意力分散。当孩子处于消极情绪中时，比如焦虑、愤怒或沮丧，他们的思维很容易被情绪干扰，在学习上难以集中注意力，因而会显著影响学习的效率。

引发叶籽考试焦虑的内在原因是什么呢？带着对这个问题的探究，我对她说："考试不理想时，你有什么不一样的感受或者想法吗？"

"只要想到成绩不好，心就往下落，考不上高中的念头就出现了，胸闷也来了。"叶籽低声回答。

"什么样的成绩，你认为是不理想的？"我追问。

"我平时考试成绩一般都在班级前五名，一旦落出前五，我就会心里很难受。"她说。

"不在班级前五，对你来说意味着什么？"我继续问。

"我爸妈曾经说过，只有保持在前五，才能保证考上理想的高中，否则就啥也不是。"她说得很肯定。

> **温馨小贴士**
>
> 父母言行不一致对孩子的影响是多方面的，面对父母言行不一致的孩子，可能会感到自己无法信任父母，这可能导致他们的自信心受到冲击，也可能会对自己的能力和价值产生怀疑。

"你也是这样认为的？"我反问。

"是啊！我觉得爸妈说的有道理，我以前也都在前五呀。"她理直气壮地说。

"考试不理想时，你还有其他想法吗？"我扩大探索范围。

"如果考不上重点高中，爸妈一定对我很失望。我都不敢想，一想这些就更心烦了。现在每次都是硬着头皮去考场。"她的声音低了下来。

"你很担心父母失望，你跟父母说过吗？或者他们知道吗？"我问。

"爸妈也很着急，他们带我到医院做检查，都说身体没病。最近，还对我说'考不好没关系，只要努力就行了'，但我知道他们心里不是这样想的。"

"看起来，父母也有些不安，他们担心你呢。"我回应。

"其实他们越是嘴上这么说，我越觉得是自己不好。成绩不好，我自己也接受不了。"她皱起眉头，懊恼地说。

通过上面的交流对话，我对叶籽的状况有了大致的了解，目前，她除了情绪焦虑，身体不适外，还有一些心理冲突，比如思虑过度、对考试失误的反刍、过度自责与挫败感等。

心理学解读

反刍思维，是一种反复关注自身消极情绪及相应事件的思维方式。人在经历过负性事件之后，反复思考事件本身与造成的后果，沉浸在负面的胡思乱想中无法自拔，却把如何解决问题抛在脑后，这种现象在心理学中被定义为"反刍思维"。

落入无助困顿的泥潭 | 解开灾难化思维的捆绑

人生中困顿的时刻，也许是被外在捆绑住，也或许是被头脑里的想法所缠绕。当人们不知到底陷在哪里时，可能正是需要从内打破成长的时候。

"我注意到，让你心情变差的一个重要原因，是你几次考试成绩不理想，就是排名不在班级前五名，现在我们就来分析一下这个问题。"

叶籽点点头，求助的目光看向我。

"你认为中考很重要，也一直很努力，但几次考试不理想，让你对自己能力产生怀疑，情绪变得不稳定，容易紧张不安，有时头痛，晚上睡不好，精神状态越发不好。当情绪变得越来越糟，学习效率也受影响，成绩出现下滑，于是就慢慢害怕考试。现在，你就是在这种不良循环里打转，走不出去。"我对现状问题作出解释。

我看她神情专注，于是，紧接着对她说："你想过吗？最初是什么原因使你考试成绩不理想？"

"我想过，刚开始是考试前生病了，身体没有恢复好，精力不太集中。可是，后来我妈经常提醒我，生病是客观原因，不能忽略了自身的主观原因。"她说。

"你认为自身的主观原因是什么呢？"我追问。

"可能是我到了一个瓶颈，我学习很努力，不存在偷懒的问题，就算是生病也不应该成绩落下那么多，我看到后面的同学追上我，成绩比我好，我心里特别慌。"看得出她对这个问题确实有过思考。

"看来主观原因的分析让你更难受了。"我体会着她的感受说。

心理学解读

预期焦虑和恐慌，是由于孩子对可能发生的最坏情况进行了过度的夸张，因此，往往会出现持续的焦虑和恐慌，甚至变得敏感和怀疑。

"是啊！不仅没有解决问题，还让我感觉到现在是无解的状况。我的情绪越来越不好，后来就一发不可收拾了，一切都越来越糟糕，中考肯定考不上重点高中了。"

"因为几次考试不理想，让你很失望，感觉自己身体不行了、学习不行了，重点高中也考不上了，一切都完了。是这样吗？"

"是啊！现在每次考试都是硬着头皮去的，心情特别糟糕，精力不集中，考试成绩只能排到 15 名左右了。"

"嗯，然后呢？"我继续问。

"以我现在的情况，还会越来越差。考不上重点高中，爸妈肯定不高兴，心血就白费了，以后就完了。"

叶籽"灾难化"的思维模式，就像一面"放大镜"一样，把自己内心的不安、忧虑和挫折感都无限地夸大了。

"如果几次成绩不理想，就认定中考没希望了，这是一种'灾难化'的归因模式。也许你并没有意识到它的存在，因为这种思维是自动化的，但它一旦启动，就有了放大镜的效果，把所有问题都无限地放大了，让你感到不安、无助和不知所措。"

叶籽用力地点点头，说道："是的，我很焦急但又不知该做什么，就是那种茫然、看不到希望的感觉。"

"所以，你首先要做的是觉察自己的灾难归因，然后调整它。"我说。

"那怎么觉察、调整呢？"叶籽好奇地问。

"先去了解它们，把常见的不合理认知的特点熟悉了，它们跳出来的时候就能识别了。然后，你一旦有不良情绪

> **心理学解读**
>
> 灾难化思维，是一种特定的认知扭曲模式，它涉及个体倾向于将轻微的或常见的问题视为严重的威胁或灾难。过度夸张可能发生的后果，是将小问题视为大灾难，从而产生过度的焦虑、恐惧和压力。

出现，就有意识地停下来，看看是自己的哪些想法产生了这种情绪，通过改变归因模式来调整自己的情绪和行为。"我作了说明。

她似乎看到了希望，脸上第一次露出了笑容。

我心里有块"黑石头" | 释放藏在身体里的压力

人是生活在现实和心理两个世界中的。有时候，我们在现实世界里无法调和的矛盾，可能会在自己的心理世界里用某种独特的方式来松解。

针对叶籽的考试焦虑，除了采用认知疗法，对她伴随的躯体不适症状的松解也是一个重要的方面。

于是，我对她说："你身体不舒服的感觉，除了通过认知和情绪改变的方法，还可以用更直接的方式来松解。"

"我也听说过，是一种让人放松的方法。"叶籽积极回应。

"你说的对，最常用的是减压放松技术。现在，我和你做一个释放心理压力的练习，如何？"

在征得叶籽同意后，我采用放松技术，带她做了一次简易版的引导式想象放松。

我给出了指导语：首先，请你找一个舒服的姿势。慢慢闭上眼睛，调整呼吸，让呼吸尽可能地深而慢。现在，想象你来到了大草原上，是那种一望无际的绿色草原。

接下来，请你把"憋闷感"想象成一块黑色的大石头，然后开始做深慢的呼吸，慢慢地吸气，慢慢地呼气，连续做六次……

心理学解读

想象性放松法，是通过创造轻松愉快的场景感受、无意识沟通以及情绪调节与平衡，帮助个体从现实压力中抽离出来。它可以有效地调节情绪，减轻焦虑、紧张等不良情绪的影响。同时，它也有助于身体脏器功能的平衡和康复。

现在，请你看着它，对它说：谢谢你，谢谢你一直激励我奋进，你给我的信息也都接收到，现在你可以离开了。此时，请你想象那块大黑石头离你越来越远，它的颜色变得越来越淡，它的质地变得越来越柔软，它的重量变得越来越轻……

最后，随着你深慢的呼吸，黑色的石头逐渐化成一股烟雾，消散在大草原上，消散在湛蓝的天空里，最后消失得无影无踪了。

现在，你的呼吸非常顺畅，你感到非常的轻松、惬意和轻盈，也像那朵白云一样飘了起来，最后，双脚落定在厚实的草地上。

现在，请你睁开眼睛，感受脚踩大地带来的踏实感。

她睁开眼睛时，嘴角露出笑意，说道："还挺神奇的，那块大黑石头好像是变小了，我感觉不那么憋闷了。"

叶籽对放松的体验良好，又提到另一个困扰她的问题。

"我的头疼，怎么办呢？"叶籽问。

"人的大脑工作是有节律的，通常白天工作后，晚上需要适当休息，才能保持好的状态。如果你只让大脑劳动，不给它休息的时间，你说它会怎样？"

温馨小贴士

想象放松法简单易行，而且效果显著，通过创造心理环境、引导想象力、感官体验与身体放松等方式，帮助孩子达到身心的放松与恢复。父母在家里也可采用此方法，帮助孩子摆脱焦虑，改善情绪和引导入睡。

"您是说，我白天想得太多，晚上又睡不好，才会头痛，那我这失眠怎么办呢？"叶籽的领悟力不错。

"我给你讲个故事，你感受一下：有个老爷爷留了一辈子胡子，从没觉得不舒服。一天有个小孩问他，睡觉时胡子是放在被子外面，还是放在被子里面？于是，老爷爷晚上睡觉时就特别在意胡子的位置，可他发现，胡子放在外面不舒服，他就移到被子里面，可还是感到很别扭，又重新放到外面，来回折腾了一个晚上，还是没搞明白。"

"我觉得，胡子放哪里不是问题，只是太在意了，就成了一个大问题。"叶籽领悟到故事的隐喻。

借着胡子老爷爷的故事，我给出了调整睡眠的建议，一是把睡眠视为一个自然的过程；二是提醒她要逐步培养睡眠节律，形成自己的睡眠生物钟；三是睡前15分钟可以做一些帮助心身放松的小活动，或者是冥想放松、瑜伽伸展，或者是适当的慢跑等。

她一边点头，一边说道："我都记住了，谢谢您。"

在咨询结束前我请妈妈进来，单独和她进行了交流，给母亲提出了几点建议，比如多给孩子积极关注，重塑她的自信；不要过度关注孩子的身体症状，以免让孩子产生问题错觉；另外，建议母亲减少对考试结果的关注，避免引发孩子的心理压力等。

> **孩子心里话**
>
> 这样的分析我还是第一次听到，真的挺有意思的，对我也很有帮助。放松的方法还真的挺管用，我回去得好好消化一下。终于找到解决问题的办法了。

妈妈听得很仔细，并且做了笔记。

走出自我怀疑"魔咒" | 接纳不完美自己的勇气

人们有很多情绪问题，只因圈在了自己描画的网里，认为自己的世界才是世界，世界之外的都是异类，异类越多，问题也就越多，只有你打开了门，才能有越来越多的同类扩充你的世界。

再次见到叶籽，整个人看起来精神了不少。

她一坐下来就迫不及待地说："现在我睡觉好多了，也不怎么胸闷、心慌了，人好像清爽起来了。"

"跟我说说，你是怎么做到？"我好奇地问。

叶籽笑着说道："如果我感觉自己不舒服了，就开始反思，反思自己的想法是不是又用放大镜了，还像您说的那样，找到一个合理的解释做替换。感到胸闷时，就做一遍放松练习，还挺管用的。"

"跟父母交流了吗？"我问。

"嗯，爸爸妈妈告诉我，过程比结果更重要，有些问题并不只有一个答案，让我从多个角度看问题，就觉得可以选择的高中还是很多的，心情就越来越好。"她语调轻松。

停顿了一下，她继续说道："这几天我还发现，班里其他同学也一样害怕考试，只不过没有我那么明显罢了。"

"所以，考试焦虑并不可怕，几乎每个学生都有。其实，真正困扰你的是，你总想控制住焦虑，让自己不紧张。"

"还真是。考试时总想不紧张、别出错，结果根本控制不住，反而更无法专注了。"叶籽回应说。

"你打过篮球吗？如果你想让它停下来，你会怎么做？"我故意问。

"想让篮球不跳、停下来，就别拍它呀！"她很快给出答案。

"所以，允许考试时有点紧张，反而会减少紧张的心理反应。就像篮球，你排斥它、拍它，它跳动的次数就越多，对吗？"我说。

"您是说，可以接受考试紧张。"叶籽说。

"其实，每天你身边发生的事情很多，你关注到多少？那些你没有关注到的会是什么呢？"我继续引导。

"它就是背景，对吧！"叶籽似乎感悟到了什么。

"人的想法是一样的，有研究发现人的大脑里每天有6万~7万个想法出现，而你能感受到的可能就那几个，大多数都是背景，不会对你产生影响。"我解释着。

"接纳考试焦虑，接纳自己的想法，不去控制，也不去争辩，与它们和平相处？是这样吗？"

她似乎想通了，用她的理解向我提问。

心理学解读

接纳，是允许我们的想法和感受按照它们本来的样子存在，不管它们是愉快的还是痛苦的；对它们开放，给它们腾出空间；放弃与它们抗争；允许它们顺其自然，来去自如。

"接纳焦虑情绪，并不是说什么都不做，而是放弃对它的控制和抗争，简而言之，就是八个字'顺其自然、为所当为'，比如考试，接纳焦虑的存在，并投入做试题当中，而不是将精力放到与焦虑的抗争中。"我进一步解释。

"我有点明白了，最近我成绩下降，

是我总纠结在不好的结果上，没有了自信。忽略了审题和分析试卷，也忽略了对功课预习和复习的调整安排。"她对自己的分析，让我感到惊喜。

"我赞同你的分析，因为只有你最了解自己。"我强化了她对自己的责任。

最后，叶籽说："现在我想清楚了，考试也就是在教室做题，如果平时能安心做题，那么考试做题也只是换个地方，这样想想，心里就不慌了。"

说到这里，叶籽停顿了一会儿，然后，用调皮的眼神看着我，说道："不瞒您说，心理咨询还挺有用，我想说谢谢您！"

我看着叶籽的背影，送出了我心里的祝福，愿她带着青春的热情和勇气，去追逐属于她的诗和远方。

教你一招 | "RET 自助表"改善坏情绪

合理情绪疗法，由美国著名心理学家埃利斯于 20 世纪 50 年代创立。其理论认为，引起人们情绪困扰的并不是外界发生的事情，而是人们对事件的态度、看法、评价等认知内容，因此要改变情绪困扰不是致力于改变外界事件，而是应该改变认知，通过改变认知，进而改变情绪。他认为外界事件为 A，人们的认知为 B，情绪和行为反应为 C，因此其核心理论又称为 ABC 理论。

很多人的心理困扰，是由不合理信念导致的情绪困扰，切断不合理信念在认知系统内的传播，是改善心理困扰的最常用的方法。儿童青少年群体，思维正处于发展的不成熟阶段，常常会受到片面的不合理认知的影响而产生情绪或行为的问题。调整认知对他们来说更会受益匪浅。

RET 自助表，是合理情绪疗法常用的技术，可以帮助人们认识不合理的信念，长期练习，可以提升和自身不合理信念辩论的能力，从而改善情绪等心理困扰。

RET 自助表的使用方法：先让求助者写出事件 A 和结果 C，然后从表中已列出的常见的非理性信念（不合理信念）中找出符合自己情况的 B，或写出表中未列出的其他非理性信念（不合理信念），要求求助者对 B 逐一进行分析，并找出可以代替那些 B 的合理信念，填在相应的栏目中。最后，求助者要填写出他所获得的新的情绪和行为，这是求助者自我疗愈很好的工具。

RET 自助表

A 诱发事件	B 非理性信念	C 情绪 / 行为反应	D 理性信念	E 新的情绪反应
演讲	听众必须都得鼓掌	紧张、担心、害怕，发挥失常	听众都鼓掌当然好，但有人不喜欢、不鼓掌也正常，现在的结果也是自己努力的结果	坦然、放松，正常发挥自己

父母必读 ｜ 考试焦虑的心理特点

对青少年来说，学业是最重要的社会职能，在大多数情况下，社会、学校和家庭也都会关注孩子的学习状况，考试似乎成为评判孩子学习好坏的唯一标尺。

考试焦虑是学龄期孩子常出现的心理问题。虽然，适度的焦虑，可以激发考试时学生的发挥，但过度焦虑的孩子也是大有人在的。国内有心理学家做过相关研究，总结了容易产生考试过度焦虑的孩子，有如下一些共性的心理特点。

个性特质方面：抑郁气质、敏感。

当一个孩子是抑郁气质的时候，意味着他很悲观、没有自信，总是用消极的视角看待自己，容易出现考试焦虑。积极的、乐观的孩子有过度考试焦虑的比例会更小些。

对事情敏感的孩子往往是多疑的，很难产生信任感，面对考试也容易思虑过多，顾虑过多，情绪就容易焦虑。

情绪特性方面：情绪化，害怕失败，害怕别人失望。

情绪不稳定的孩子，往往因很多不确定因素在各种情绪间变化，面对考试，更容易产生过度的考试焦虑。

害怕失败的孩子，往往特别看重成绩，对成绩微小的起伏都很敏感，从而不能正常发挥自己的水平，容易产生考试焦虑。

有些孩子很害怕让别人失望，比如，他特别害怕让父母、老师失望，没有清晰的自我认知，往往把成绩与自己等同起来，认为自己考试考不好，就等于得不到大家的认可，大家认为自己不好，自己就不好，是一个恶性循环。所以，他们就更容易产生考试焦虑。

自我价值方面：低自我价值、自我期待高、用成绩体现自我价值。

低自我价值、自我期待比较高和用成绩体现自我价值的孩子，往往把自我的价值与成绩联系在一起，认为成绩不好，自己就是无价值的，没有自尊。所以容易出现严重的考试焦虑。

行为特点方面：自我拒绝、准备不足。

不接受自己的孩子，往往自尊较低，看不到自己的可贵之处，对学习也不容产生兴趣，不愿参加考试，进而出现考试焦虑。

如果孩子对考试的准备越不足，说明平时不太重视考试，平常努力也不够，这种准备不足的状态，会加剧考试焦虑的程度。

同时，对于什么样的父母容易导致考试焦虑的孩子？研究者也总结出八个特点，分别为高拒绝、高否定、高惩罚、高干涉、高保护、高溺爱、高期待和高标准。

知识链接 | 用"森田疗法"缓解焦虑

森田疗法，是日本东京慈惠会医科大学森田正马教授（1874—1938）创立，取名为神经症的"特殊疗法"。1938年，森田正马教授病逝后，他的弟子将其命名为"森田疗法"。

森田疗法主要适用于强迫症、社交恐怖、广场恐怖、惊恐发作的治疗，另外对广泛性焦虑、疑病等神经症，以及抑郁症等也有疗效。随着时代发展，森田疗法的适应证已扩大到正常人的生活适应和生活质量中。其实，森田疗法也是一门人生学问。

"顺其自然、为所当为"是森田疗法的基本治疗原则。森田正马强调，"顺应自然"不等同"听天由命"，不是让人们对症状放任不管，而是让人们认识到自己在自然的位置，意识到对超越自己控制能力的自然现实的抵抗是无用的。该疗法中的"为所当为"，是建议人们做当下该做的事情，提醒在有症状的情况下，把注意力集中在有益的行动上，放在当下能做的事情上。

有焦虑情绪的人，他们往往将思考指向遥远的未来、未曾发生的事物上，扩大消极认知，影响当下的认知和行为。森林疗法顺其自然的原则，正是让焦虑的人对未发生的事情不去控制、不逃避接纳，缓解由此带来的情绪困惑。尊重它们的存在，转而专注于当下可以做的事情中，体验行动中的乐趣。

第十二篇　父母离婚，孩子受伤吗

婚姻，使两个原本不同的人组建了一个家庭，他们之中有执子之手与之偕老者，也有走着走着便散了的。离婚，对曾有婚姻关系的两个人，有可能是一种解脱，也可能是两败俱伤。但是，对孩子来说，父母离婚亦是让他们失去曾经拥有的"家"，有些孩子能适应这种家庭关系变化，而有些孩子却因此陷入内心的伤痛之中。

案例解析│如何让离婚后的孩子不受伤

儿子：林默默，11 岁，小学五年级学生。"我没什么事，都是老师大惊小怪，我就是玩飞镖时，不小心把玻璃打碎了，非得叫家长来，还让我看心理医生，真有意思。"

父亲：40 岁，某报社记者，离异。"老师给我打电话，说孩子在学校闯了祸，请家长赶紧带回家好好教育。我狠狠地批评他，他嘴上说改，可行动上没什么变化。我也跟他聊了，他就说老师太较真，还说晚上难受、睡不着，让我给老师请病假。"

儿子在学校闯了祸│内心孤单落寞的孩子

如同自然界中小树苗的长大，离不开阳光雨露的滋养。孩子的健康成长，也需要父母持续陪伴、支持与关爱。父母离婚后，孩子最需要被读懂的是内心的孤独、不安和恐惧。

初次见到林默默，最明显的感觉就是他对距离的敏感。不知为何，他低头跟在父亲的身后，还一直保持着两三步左右的距离。

爸爸伸手想把他拉到身边，他下意识地躲了一下，爸爸有些尴尬，不停地向我微笑，说道："这孩子就是有点不听话。"

"没关系，在这里你们可以放轻松一些。"我微笑着请父子两人落座。

爸爸示意儿子坐在我对面沙发上，自己拿了一张折叠椅，坐在距沙发不远的地方。林默默坐下后，眼睛直直地看着我。

我用目光回应了他，温和地说："你叫林默默，对吗？"

他脸上没有表情，只是机械地轻点了两下头。

爸爸急忙敦促说："林默默，回答老师的话呀。"林默默猛地把头转向爸爸，对他蹙了一下眉，嘴里"嗯"了一声。

"默默，你今天已经到这儿了，想说点什么吗？"我问道。

孩子心里话

为什么要我来做心理咨询？又要找个人给我讲大道理了呀？现在，谁讲也都是没用的，我不想再听了！

他停顿了一下，然后把身体转向爸爸，干脆地说："你说吧！"

爸爸忙接过话，对我说："好，我先介绍下情况。"

原来两周前，爸爸接到老师电话，说孩子在学校和同学打闹，还玩了飞镖，把教室的玻璃打碎了，差点让同学受伤，问题很严重，希望家长配合来处理，并好好教育孩子。

爸爸说，孩子闯下祸后，不仅被老师批评，给学校赔了一笔钱，还打乱了自己的工作计划。所以，心情很焦灼。在家跟孩子的沟通中，孩子脾气硬，虽然嘴上说以后注意，可实际上没什么行动，在家依然偷着玩飞镖，还自己做飞镖。有两次爸爸实在压不住火，动手打了孩子。从那以后，孩子对爸爸很疏远、拒绝，总说身体不舒服，也不愿去上学了。

爸爸说，无奈之下，前后去了三家医院给儿子看病，但医生都说身体没什么问题，建议他先做心理咨询。

我注意到，爸爸在讲述中，林默默似听非听，四处张望，似乎有意在逃避爸爸的声音。

于是，父亲说完后，我把目光看向林默默，说道："默默，爸爸讲的我都知道了，现在我想听听你的补充？"

"好好。应该听听林默默的。"父亲也快速给出回应。

林默默没有说话，眼睛依然环顾着四周，似乎不想说任何与自己有关的事。

又是一阵沉默后，我轻声对林默默说："你如果现在不想说，也不勉强，我们看看能不能做点别的。"

> **心理学解读**
>
> 人的肢体语言，是一种传达思想和情绪的沟通方式。肢体语言在日常生活、舞台影视剧中都有广泛的应用，是人们交流中不可或缺的一部分。肢体语言也是一个人内心世界的反映，这些无意识的表现，更能准确地反映一个人的内心想法。林默默的肢体就传递出很多情绪和想法。

爸爸感觉到有些尴尬，站起身来，对我说："老师，要不我先回避一下，让林默默自己跟您聊聊，可能他不太想我参加。"

"这样可以吗？"我转向林默默，问他。

"可以。"林默默回答的很快，一点也没有犹豫。

听到儿子的回答，父亲不自然地笑了笑说："您见笑，他最近总不愿意跟我说话，我先出去了，在屋外等他。"

父亲走了以后，林默默调整了一下自己的坐姿，显得更自在一些了。

我问："我想知道，爸爸刚才说的那个自制飞镖，是个什么玩具，给我讲讲吧。"

听我说起飞镖，他表情发生了细微的变化，有点警觉，又有点迟疑。

"你能动手自己做玩具，不简单啊！只是这个飞镖到底是个什么样子，我很好奇。"

我单纯表达出来的好奇感，似乎减少了林默默的戒备，他将目光看向我。

我没有催促他，只是面带微笑地等待。

孩子心里话

这个心理老师就是不一样，没有批评我，也没有教育我的意思，对我玩飞镖也没有大惊小怪的。不像其他人都觉得玩飞镖是一件不好的事，知道我玩飞镖都会露出讨厌、不屑和担心的表情。

终于，他开口说话了，认真地问我："您也喜欢飞镖？"

"我对你会做玩具感兴趣，也想看看你飞镖的庐山真面目。"我轻松地说。

林默默听到后，放下了心理戒备，神秘地从口袋里拿出一样东西。

"这就是我做的飞镖，其实一点也不危险，我的飞镖头都磨平了，平时都是在家里的墙上投靶子。"

"我可以仔细看看吗？"我问。

林默默把飞镖递给了我，解释说："平时我不带去学校，那天是忘了，放在书包里，好朋友想看看，我拿出来演示了一下，没想到一不留神打到教室玻璃上了。"

我端详了一下飞镖，好奇地问："这个东西都是你制作的？"

"不全是，我在网上买的制作工具，然后自己再打磨成飞镖。"

"你是从什么时候开始做的呢？"我想知道他飞镖背后的故事。

"我刚上四年级时。"他给出了答案。随后，又低声补充了一句："嗯，就是我爸妈离婚的那年。"

在接下来的对话中，我与林默默一点点聊到他喜欢上飞镖、制作飞镖的过程。

爸爸是记者，经常出差，是妈妈全职在家带大的，本着不能输在起跑线上的理念，各种课外教育都是超前的，钢琴、绘画、武术等素质班都上过，所以他小学成绩一直很优异。

后来，妈妈到东北创业，越来越忙。奶奶从老家来到北京，帮助照顾林默默的生活起居，爸爸还是很忙，不是出差就是加班写稿，有时候会给孩子一些零花钱，默默越来越独立了，能自己处理一些生活上的事情。

上小学四年级时，爸爸妈妈离婚了，林默默跟着爸爸生活，寒暑假也会去东北跟母亲生活一段时间。可是，后来妈妈又结婚了，他去妈妈那里的次数也就减少了。更多的时候，他都是一个人在家，无事可做的时候，他喜欢刷短视频，喜欢看飞镖的节目。

偶然的机会，他认识了同样喜欢飞镖的高一年级的同学，两人兴趣相投，经常一起骑车上下学，聊关于飞镖的事情。他们练习投飞镖，还会讨论如何制作，这让他们觉得特别有意思。父亲因为在家的时间很少，所以就很轻松地回避过了爸爸。

> **温馨小贴士**
>
> 父母认为孩子能早早地自己照顾自己，是良好家庭教育的象征，并为此感到非常骄傲。但临床心理观察发现，对于过早独立的孩子，可能在亲子关系和依恋关系上有所不足，或在人际交往中遭遇困惑，但无论原因是什么，都建议家长多关注、多陪伴和多理解孩子。

听完孩子的讲述，我将林默默经历过的生活画面，一块一块地拼接到一起，眼前呈现出父母离异后，一个内心倔强、孤独、可爱和聪明的男孩子。

我有些难过，无论他如何独立和聪慧，可毕竟他才是个11岁的孩子啊！

情感世界冰封了 | 唤醒亲情，让温暖回归

每一个成长中的孩子，都渴望来自父母的爱，当爱而不得的时候，他们或许会发展出超越年龄的成熟。

在与林默默的交谈中，我感到他比同年龄的孩子更成熟一些。比如，当我谈到他父母及家人的话题时，他都会停顿一下，思考以后再给出答案。

"我记得你父亲说，你身体不舒服，不想去上学，能说说是哪儿不舒服？什么时候开始的？"我进一步探究。

"就是不想吃东西，还吐过两次，身上没劲。"他说。

"以前有这些情况吗？最早是从什么时候开始的？"我追问。

他蹙了一下眉头，声音低沉地说："去年，妈妈离开北京回东北的时候，我就不想吃东西，后来慢慢就好了。这次不舒服，好像就是上次跟爸爸起争执以后。"说到这里，他的神情显得忧郁、落寞和无助。

心理学解读

没有器质性问题的身体症状，有可能和心理因素有着密切的关系。本案例中，林默默下意识地忽略掉我问的时间问题，很可能是一种心理防御，探究防御对分析和调整他的心理状态有帮助。

于是，我柔声对默默说："爸爸妈妈分开了，你也难过，也伤心，但你都压在自己心里了，你知道吗？心里空间是有限的，如果你难过、想流泪，就一切顺其自然，这些情感都是心里最温暖、最宝贵的。"

果然，我话音刚落，孩子的眼泪就顺着面颊无声地滚落下来，他迅速用手擦去泪水，等新的泪水又流下来时，他又用胳膊擦了起来。

我把纸巾递过去，陪着他尽情地释放压抑已久的情绪。

等他的情绪稳定下来，心情恢复平静了，我温和地切入主题，问道："现在，还想说说学校玩飞镖的事吗？"

他平静地说："我知道在学校玩飞镖是不对的，但我并不是故意的，那是个意外。"

"当你说是个意外时，心里有什么期待吗？"我贴着他的话问。

"我希望有人能理解我。"他先是小声嘟囔着，然后又倔强地说，"但也无所谓。"

说着，他又表现出了那副满不在乎的神情。

"你最希望谁理解你？"我聚焦了话题。

看他没有回应，于是我接着问："是你爸爸吗？"

"他吗？他上个礼拜找我正式谈了一下，我觉得挺好笑，就知道讲大道理，谁还不懂！"说起爸爸，他的情绪又有点起伏。

"你的意思是爸爸根本就不理解你？"我把话里的内容呈现出来。

"也不是不理解，就是他喜欢用自己的想法控制我。"他略微停顿了一会儿，接着说，"不过，学校的烦事他也去处理了，回来又给我讲了一些道理，我也听了。"

"我想知道，你是怎么看待爸爸的？"我把话题引入到亲子关系上。

"我爸平时管不上我，我也对他没抱啥希望。他整天加班、跟朋友喝酒，也挺累的。"说起爸爸，林默默的情感显得比较复杂。

"爸爸陪你时间不多，你生气吗？"我追问。

他深吸了一口气，说："我生气的是，他总安排别人来陪我，好像我没人管，很可怜。"

没等我说话，他又情不自禁地叹了一口气！

"默默，有什么不好说的吗？"我问。

"他没时间照顾我没关系，要是他也像我妈一样再结婚，那我怎么办啊？"他有些难过地说。

我似乎明白了一些，直截了当地问道："爸爸有女朋友了？"

他先是吃了一惊，或许是没想到我会猜测出来，然后低声回应道："我觉得，他应该有女朋友了。"

"你认为爸爸故意瞒着你？"我追问。

"嗯。"他有点生气地说，"我都长大了，他不说，我也能感觉出来。"

爸爸有女朋友的事瞒着孩子，林默默忐忑之余，最担心的是爸爸也会远离他而去。

我问起妈妈，他回应说："我妈都挺好的，她有公司。"

说到这里，他支吾了一下。

心理学解读

心理学中的反向形成，是一种心理防御机制，就是将不合乎自己态度的感受用相反的方式呈现出来。林默默总是表现出无所谓、不在乎的态度，恰恰显示出他对父母的爱的渴望。

孩子心里话

我父亲的事让我怎么说？那可是他故意要瞒着我的事情，我总不能给他暴露出来啊！所以，我只能憋在心里。

温馨小贴士

父母认为不把离婚的原因告诉孩子，是为了保护他们，但却忽视了孩子对原因的猜测会引发自我攻击。表面上看孩子理解父母的再婚，但孩子也会联想到是自己不好，父母才要离开家、不要自己了。对于懂事的孩子更要多关注他们的内心想法。

然后，低下头小声说："她已经结婚了，早就顾不上我了。"

他的无助感更明显了。

"爸爸没有说他女友的事，你心里不舒服？"我引导他表达情绪。

"他也许有难处！"林默默还是隐藏了情感。

"或许，有机会听听爸爸的解释？"我提出应对的意见。

林默默没有说话，他仍然在压抑自己。

"默默，我知道你把自己很多想法都放在心底，这些想法和情绪被压抑的太多，日积月累，身体就会出现一些不舒服的症状。其实，情绪是一种流动的能量，把这种能量用语言释放出来就轻松了，这不是矫情，是照顾自己的情绪和身体，在我看来也是一种能力。你可以尝试着帮助自己。"我言简意赅地作了说明。

"嗯。我也想自己帮自己。"他终于作出回应。

"对于我们刚才的讨论，我想知道你的感受？"我问。

"我觉得您还挺厉害的，说的话和别人不一样，没有讲大道理，也能听懂我的话。"默默微笑着说。

"谢谢你夸我哦！今天有收获吗？"我追问。

"以前我不知道，说话还能改变情绪，觉得挺新奇的，以后要试试。不过下次见您，我想带飞镖给您看看，可以吗？"他热切地看着我。

"如果带到这里，我可以答应你。但如果是别的地方，还是要尊重规则和要求，你觉得呢？"我回应说。

心理学解读

"过渡性客体"是指婴儿从早期的母体依赖到完全独立期间的过渡需求。过渡空间对儿童的成长是非常必要的。婴儿通过过渡客体抵御焦虑、抑郁等情绪，获得安全感，儿童的游戏一直是存在于过渡空间的过渡现象，成人也在过渡空间中发挥创造性。

"我知道。"他回答得干脆。

"我想知道，带着飞镖有什么特别的感受？"至此，我隐约感到，默默似乎对飞镖有一种特别的需求，他似乎融入了某些心理和情感寄托。

果然，他回应说："爸妈分开以后，我一个人在家，只有飞镖陪着我。其实我喜欢玩飞镖，就是想让它给我做个伴儿。"

我意识到，对于父母离婚以后，内心孤单的林默默来说，飞镖对他又多了一种心理功能，即孩子内心的"过渡性客体"。

咨询结束前，我请父亲进入咨询室，对导致孩子心身问题的原因，做了一些初步的分析，建议父亲回家以后抽出一些时间，跟儿子做一些沟通和交流。

爱要大声说出来 | 唤醒与见证情感的链接

每一个生命，都是独立的个体，即使是面对自己的孩子，父母也不可能完全知晓他们的所思所想。孩子出于生存的本能，会用各种方式去迎合父母，无法展示内心中真实的情感需要，因此，离异后与孩子坦诚地沟通，是唤醒爱、感受爱和拥有爱的重要通道。

再次见到林默默，他脚步轻盈地跟在爸爸身后，父子俩坐在同一个沙发上。

"今天孩子计划好了，他要单独跟您聊，我还是在门外等。"爸爸开门见山地说。

"那您先说一说这几天孩子的情况？"我也开门见山。

"我请假在家陪了他两天，我们俩也聊了聊，我还跟他妈妈联系了，孩子和妈妈互通了电话，妈妈说很想来看看默默。"

父亲刚说完，好像又想起什么，又急忙补充说："这几天，我好像没听见孩子说难受了。不过，他还没说什么时候去学校。"

父亲说完，就起身离开了咨询室，把有限的时间留给了我和孩子。

"默默，这两天你自己感觉怎样？"我问孩子。

"这两天，我爸陪着我，在家里给我做了好吃的，就是还给我讲大道理。其实我都有点想上学了，但我没告诉爸

> **心理学解读**
> 父子的身体语言，讲述了他们关系的变化。

> **孩子心里话**
> 爸爸就是不能有话直说，总是拐弯抹角的。如果你想让我上学，为什么不直接跟我说呢？一直都误解我。可爸爸你知道吗？我待在家里也很闷，也很想去上学了。

爸。"林默默真诚地说。

"刚才听你父亲说，妈妈好像很牵挂你、关心你，愿意停下工作到北京来陪陪你。"我说。

"我知道，其实妈妈瞒着我要生小弟弟了。他们都以为我不知道，但我偶然从爸爸的电话中听到了。"

温馨小贴士

爸爸和妈妈都在无意识地隐瞒自己重要的信息，这对离异家庭的孩子来说，是重大事件。坦诚的沟通，更利于彼此关系的维护，也是对孩子足够的尊重。

"听到这个消息时，你的感受是什么？"我追问。

"心里有点生气。我妈都不告诉我，我还是偷听的，能不生气吗？"默默说。

"你希望妈妈能跟你说，是吗？"

"嗯！不过我妈很快要变成别人的妈妈了，我也不能有过多要求。"他自嘲地叹了一口气，尽是无奈与失落。

"妈妈要再生一个弟弟，这让你想到了什么？"我继续问。希望能帮助孩子释放压抑的情绪，表达出内心的所思所想。

"能想到什么，肯定不会像以前那样爱我了呗。"他回答。

"你害怕失去妈妈的爱，对吗？"林默默没说话，只是转动了一下身体。

"担心又有什么用？有了小弟弟，对妈妈来说，有我没我就更不重要了！"说完，他长长的吸了口气。

心理学解读

父母和咨询师帮助孩子，把深藏在心底的话说出来，把聚积在身体的消极情绪释放出去，对帮助孩子消除持续累积的心理压力、恢复身体机能的平衡稳定，是一个非常重要的关键点。

"如果你当面问问爸爸妈妈，会不会听到更真实的想法呢？有时候，人会把想象的东西，认为是真实的，但是念头不是事实，它像云彩一样，是流动的、跳跃的、变化的。"我作出了解读。

"我怕他们真的不再爱我、喜欢我了。"默默低下头，小声说。

"人都是独立的，可能他们并不知道你的担心。你感觉父母只在你生病时才关心你、照顾你，这会让你有种错觉，认为生病了，才能得到想要的，比如爸爸的陪伴，妈妈的问候和探望，对吗？"我问。

"你说的也对。那我该怎么办呢？"默默问。

"如果父母知道你的担心，他们可能会用你需要的方式爱你和关照你，帮助你消除这些不真实的顾虑。所以，把真实的想法告诉父母，是最高效的方法。或许，现在可以把爸爸请进来，把担心直接告诉他，也算是个尝试。"我给出建议。

"可是，我还是有点紧张。"他不安地说。

"我会在这儿陪着你，安心做自己吧！"我积极鼓励。

林默默点点头，同意了。

爸爸被请进来，我介绍了孩子看似固执、顽皮和倔强背后的心理需求，以及深藏心底对失去父母爱的担忧与恐惧，希望今天彼此能将心里话说出来，在我的见证之下，父子俩做了一次倾心交谈。

林默默鼓起勇气，抬起头看着父亲，说道："爸爸，妈妈就要有小弟弟了，我也知道你有女朋友了，很害怕你离开我，不要我了。"

听到儿子说出这些话语时，做记者的父亲泪目了，他把孩子拉入怀中，说道："儿子，爸爸一直都很爱你。我只是担心你年纪小，怕告诉你会影响你。今天，爸爸知道了，你长大了，我不用隐瞒什么了。无论发生什么，爸爸都在你身边，一直爱你。"

默默不断地点头，安心地待在父亲怀抱里，感受这久违的父爱。

心理学解读

咨询师采用见证技术，可以增强故事的力量与真实性、促进孩子的自我认同与价值感、激发内在资源与力量、促进情感表达与释放、巩固咨询效果以及增进人际互动与理解等。促进其进一步的探索、思考和改变，最后，将其内化成自我的一部分。

我建议，现场给妈妈拨一个电话，让默默也把担心跟母亲表达出来，爸爸点头同意了。

电话那一头传来了母亲柔和的声音："儿子，妈妈想你呀！你都好吗？"

我用热诚的目光望着默默，鼓励他把憋在心里的话大声说出来。

这时，默默挺直了身子，终于勇敢地说话了："妈妈，我担心有了小弟弟，你就不爱我了。"

"你是妈妈的儿子，永远都是！不管有了谁，默默都是不可替代的。"

母亲在电话那一头大声回应。

听到妈妈的话后，他的眼圈红了。

然后，默默点头，激动地说："嗯嗯。妈妈，我一直在心里想你，就是没有说出来。"

妈妈也感慨地说："儿子啊，妈妈下个礼拜就去北京，也去看看你爸爸。"

爸爸在一旁插话，高兴地说："欢迎王女士光临，我来做饭。"

此时我看到林默默笑了，是那一种很开怀的、幸福的、压抑不住的笑容！

尾声

林默默过了那个周末以后，就回到了学校。爸爸为他的飞镖专门买了一个展示柜，柜子里的每一个飞镖都在讲述一个故事。爸爸妈妈专门到咨询室进行了一次离异夫妻的咨询，他们真正了解到了林默默，也对自己以往的忽略进行了反思。他们都意识到，夫妻的婚姻关系可以解除，但作为父母，对孩子持续的陪伴、支持与关爱的精神联结无法解除，这既是责任，也是义务，更是生命对生命的爱与珍视。

教你一招 | 父母离异后孩子不受伤

在人们价值观多元化、对自由理解差异凸显化以及婚姻观念多变化的大背景下，离婚率在逐年攀升。离异家庭的孩子，不能像以前一样时时刻刻都有父母的陪伴，容易产生更多成长的烦恼，甚至心理疾病。所以，离异父母也需要让孩子拥有完整的爱。

首先，保持良好的情感沟通。父母离异是夫妻两人法律程序上关系的结束，但对孩子来说，血缘使然的亲情连接无法真正断开，心理上的依赖也很难快速转向。多数离异家庭孩子出现问题的原因，就是亲情被切断，心理依赖被强行剥夺。家长不了解孩子的真正需求，没有建立新的心理支持。所以，无论孩子归哪一方抚养，抚养一方除了给予更多一点的关心和爱护以外，另一方也不要忽略对孩子的情感与爱的链接。

其次，父母离异后不要互相指责。当孩子真正意识到自己的家庭和别人不一样的时候，他们可能会有疑问，也可能会有情绪，这个时候没必要隐瞒，应该大方地解释给孩子听，不要以为孩子不懂，只要说得清晰，孩子的接纳度可能会超出成人的认知。但一定要注意的是，双方都不要抹黑和指责另一方，就算失败的婚姻对你造成了影响，也不要将悲伤、痛恨甚至罪恶的情绪传递给孩子，因为有的孩子会将情绪指向自己，这对他们的人格发育会产生一定的影响。双方的共同决定并不是孩子的错，孩子不应成为承担婚姻错误的替罪羊。

最后，为孩子创造相对稳定的生活环境。在孩子的生命历程中，父母离异本身就像一场心理世界的强烈地震，容易带来很多不安全感。研究发现，很多离异家庭的孩子能够健康成长有一个共同的因素，就是监护人提供稳定的情感价值，也就意味情感链接和心理依赖的持续存在，能够持续地感受到被爱、感受到自己在亲人们的心目中很重要，孩子也会因此保持着自信和快乐。

父母必读 | 父母离异对孩子的影响

　　父母离异，会对孩子的心理造成比较大的冲击和影响，如果家长能对这些影响有清晰的认识，社会对孩子进行有效的关注和引导，也能帮助他们健康成长。

通常来讲，父母离异可能会对孩子造成以下几个方面的影响。

（1）容易造成孩子强烈的自卑感：父母离异后，有的孩子会觉得自己没有完整的家，不如别人，比别人差，做事情也总喜欢把自己放在比较低的位置，甚至回避与他人接触，同伴关系也不容易稳固，造成他们与人交往的能力下降。

（2）可能会产生被遗弃感：父母离异的孩子，有可能觉得自己是没人要的，强烈的被遗弃感有可能让孩子产生仇恨、报复等心理，如果引导不好，还可能导致社会事件发生。

（3）可能造成孩子行为的怯懦：父母离异后，孩子可能会感觉这是一件十分丢脸的事情，在老师、同学、亲戚、朋友面前抬不起头，做事情都倾向于小心翼翼，担心由于自己的原因惹出是非。

（4）可能造成孩子自责的心理：很多离异家庭的孩子，会把父母分开的过错归咎于自己，认为是自己不好、不听话才造成了他们的争吵和分离，这种自责还会让孩子的个性发展倾向于更为敏感，并且如果长期处于这种自责情绪之中，还会导致一定的情绪问题。

（5）可能会造成心理创伤：有些父母离异的孩子不愿意接受父母的新家庭，也很抵触谈论他的家庭，父母离异在他们的心里留下了很深的伤疤。

（6）可能会造成极端的孤独和叛逆：因为父母离异，他们的内心非常矛盾，在憎恨父母的同时，也非常渴望父母的爱。因此，父母离异的孩子可能会下意识地做一些极端的事情，这样父母和其他人就可以关注到自己。

针对离异家庭孩子可能产生的心理问题，提供以下建议。

（1）父母要做好自己的情绪的管理：避免将自身的不良情绪传递给孩子，短期的影响会增加孩子的不安和恐惧，长期的影响则会造成孩子对婚姻的恐惧，影响其将来的家庭幸福。

（2）提供积极、稳定和一致的教育模式：家长和社会多增强情感支持，给予孩子足够的关爱和陪伴，让他们感受到安全和自尊。同时，要关注孩子的情感需求，及时发现并解决他们的心理困扰。

（3）与孩子保持诚恳的沟通：这种方式可以帮助他们感到被尊重和接纳，进而有助于减轻他们的心理压力。也可以通过角色扮演、绘画、写日记、玩心理游戏等方式鼓励他们表达自己的情绪和想法。

（4）建立积极自我认同：家长要关注孩子的优点和进步，给予肯定和鼓励。同时，要帮助孩子建立正确的价值观，让他们认识到自己的价值所在。

（5）加强人际交往指导：家长要帮助孩子建立良好的人际关系，提高他们与人交往的能力。可以通过组织团体活动、鼓励孩子参加社交活动等方式，让孩子逐渐适应新的社交环境。

综上所述，离异家庭孩子的心理问题不容忽视。家长和社会都应当关注孩子的心理需求，加强情感支持，帮助他们建立积极的自我认同，让他们健康成长，迎接未来的挑战。

知识链接 ｜ 情绪与情感不是一回事

情感和情绪是日常生活中经常使用的两个词语，它们都是与情感和心理体验有关的概念。尽管这两个词常常被互换使用，但它们实际上有着不同的含义和特点。接下来让我们了解一下情感和情绪之间的区别和联系，以帮助我们更好地理解自己和他人的内心世界。

情绪发生较早，多与人的生理性需要相联系，是人和动物共有的；而情感发生较晚，它是在社会生活中产生的，是人类特有的。

情绪所表达的是个体需要与情境之间关系的反映，这种反映是以个体的愿望和需要为中介的一种心理活动。情绪通常会随着时间变化，并可能在一天之内多次变化。情绪是对特定事件或情境的反映，它可以是积极的，也可以是消极的。情绪较为表面，不涉及深层次的信仰和价值观。青少年儿童处在身心发育的成长阶段，他们的情绪表达有着典型的特点，比如情绪不稳定、容易冲动。

情感与情绪不同，它是一种复杂、持久和深刻的心理活动。它更多地与社会性需要紧密相伴，如友谊、爱情、归属感、尊重等有关。情感通常较为稳定，不像情绪那样短暂而强烈。情感通常是与个体的价值观、信仰和个性特质等相关联的，它们反映了一个人的核心价值和身份。儿童青少年的情感同样表现出内隐性、延续性特点，同时也会有两极性和冲动性的特点。

针对孩子情绪、情感处在不成熟和发展中的特点，家长需要更细致、更客观地认识孩子的情感世界，也要恰当地引导他们情感的表达。

情感处理：要科学认知，合理表达。

让孩子能清晰地了解自己的情感，承认它们的存在，不要试图压抑或否认它们。情感是人类的自然反应，重要的是要接受它们。找到合适的方式来表达情感，比如沟通交流、书写日记、绘画、音乐、运动等方式。情感的表达有助于释放内心的压力。

情绪处理：要自我觉察，适当调节。

让孩子有意识地觉察自己的情绪，了解它们的变化和触发因素。自我观察有助于更好地应对和管理情绪。可采取积极的情绪调节策略，如深呼吸、冥想、运动或与支持系统交流。这些方法可以帮助平复情绪，并防止它们升级成更强烈的情感。

第十三篇　这爱情，让我感到心痛

心理学大师艾·弗洛姆说，爱情首先是给而不是得，而给的能力是由人格的发展来决定的。如果不努力发展自己的全部人格，那么每种爱的尝试都可能会失败。

案例解析 | 解读男女恋爱心理需求差异

乔晓宇：18岁，大学中文系一年级学生。"我和男朋友恋爱半年了，我很珍惜这份感情，但让我难过的是他却好像厌倦了……"

男友：肖刚，19岁，同校工程系二年级学生。"我感觉女朋友变了，她跟以前不一样了。现在，每天总是频繁给我发信息，稍不如她愿就发脾气，责问我干什么了？这让我难以接受。"

陷入爱情的迷宫 | 忍不住怀疑男友的爱

恋爱是一段美好的旅程，但也不可否认，其中存在着很多的情感矛盾和认知行为差异。这些矛盾和冲突有时候会让人感到迷失、痛苦和不知所措。因此，及时觉察情感和情绪的变化，有效地化解矛盾冲突是恋人的必修课。

咨询预约单上，名字是乔晓宇。

乔晓宇进入咨询室后，她安静地坐下来，双手交叠置于膝上，等待着我先开口。

"晓宇，今天你来咨询，想说些什么呢？有没有你特别想要讨论的主题？"对于第一次来咨询的学生，一个开放式问题可以有更多的话题空间。

"我有个问题，可以先问问您吗？"她没有直接回答，而是给我抛过来一个问题。

我微笑着点点头。

"老师，您相信爱情吗？"她突然向我发问，提出了一个情感世界的难题。从她问话的语气，语调和神情中，不难看出她心中的郁郁寡欢。

我紧贴着她的话题，说道："我好奇，你问了一个如此深奥的问题，我来推测一下，你谈恋爱了，对吗？"

她还是没有马上回答我，继续提问："您是心理专家，您认为这个世界上有真爱吗？"

"在我看来，爱情是很美好的，这也是每一个人内心都渴望爱的原因。但是，对爱的感受，每个人的答案都不会一样。当下，我还不知道你所指的真爱是什么，可以多说说吗？"我一边回应她的问题，一边引导她继续表达自己。

"我还是相信真爱，相信它的存在，但遗憾的是它持续的时间太短了！太短了！"她语声慢慢低沉下来，内心的失落全都写在脸上。

看来，她今天的咨询目标，应该就是自己的情感问题，或许就是关于爱情与真爱。

"听起来，你好像在爱情方面遇到了困惑，是这样吗？"我需要确认。

"可以先说说你的爱情故事吗？比如如何开始？经历了什么？困扰是什么？"我问。

乔晓宇点点头，深吸了一口气，开始讲述她的爱情故事。

> **乔晓宇心里话**
>
> 我知道，世界上没有爱情的标准答案，可我已经陷入这个迷宫里了。现在的自己感到被爱与不爱的情感拉扯着、煎熬着，再这样下去我就要抑郁了。

乔晓宇是个社会活动能力比较强的女生，刚入大学不久，就积极报名参加了学生会干部的竞选，因出色的文笔、流畅的口才和出众的组织能力，她成功竞选上学生会宣传部副部长的职务。在这里，她认识了高一届的工程系学长，肖刚。

在学生会里，他俩是搭档，经常一起通宵达旦地设计海报、组织文化活动。因为两人能力相当，配合默契，多次出色完成学生会的校园工作，被同学们认为是才子佳人、琴瑟和谐，还笑称是学生会的"神雕侠侣"。

在周围同学们的起哄下，原本只是工作关系的两人，一来二去，彼此逐渐产生了爱慕之情，再加上身边的同学都开始谈恋爱，校园里到处都是甜蜜的味道，两个人的心也越走越近。

半年前，两人的关系发生了真正的变化。那是一个周末的登山活动，同学们大都流连于沿途的美丽风景，只有他俩专注攀登，率先来到山顶。

我注意到，晓宇一边饱含情感地述说，一边沉浸在既往的回忆中，似乎不愿意漏下每一个甜蜜的情节。

当时山顶上只有他们两人，乔晓宇满头大汗地坐在肖刚身边，阳光透过层层叠叠的树叶照在他轮廓分明的侧脸上，晓宇仰望蓝天，不禁脱口而出："肖刚同学，我们试着谈一场恋爱，如何？"没想到肖刚毫不犹豫地答应道："好呀！吾愿亦如此啊！"不久后两人就开启了热恋模式。

此刻，晓宇有些激动："恋爱以后，真的很开心，我第一次发现，原来这世界上有一个人能这么懂我，我们有说不完的话。那段时间我沉浸在幸福中，心里甜滋滋的，朋友说我抱着手机傻笑。"她清了一下喉咙，继续说："刚开始就是拥抱、接吻，后来也发生了更亲密的关系。半年时间很快过去了，我感觉自己越陷越深，每天都想跟他在一起。但是……"

晓宇稍微停了一下，端起茶几上的水杯，平复了一下自己的心情，继续说："但是，他却跟我不一样，并没有因为我们在一起了跟我更亲密，反而变得没有那么有激情了，每天四平八稳的，照样听各种讲座，参加社团活动，陪我的时间也明显少了。我心里开始嘀咕，难道他已经不在乎我了，不爱我了。"

乔晓宇说到这儿，眼神变得有些黯淡起来，语气也显得无助、伤感。我的思绪，一边跟随着她讲述的故事，一边梳理着问题演化的脉络。

我对她说："你们从学生会的工作伙伴关系，发展到相知相爱的情侣，有过很多美好的感受和幸福的体验，这是很难得的。但是，刚才听你说，他现在跟以前不一样了，你感觉他可能不在乎你了，关于这部分可以多说一说吗？"我继续问道。

这时，乔晓宇没有迟疑，我知道她心里一定有很多话想说。

她说，因为两人同属于学霸类的人，也一致认为，谈恋爱不应该耽误学习。于是，一起做了规划，周末作为共享时间，两人可以一起玩耍，周一至周五的时间，要各自专注于学习。但是，原本双方商量好的规划，执行起来却遇到了障碍。

"起初还能坚持，但情感是没法控制的，我总是想见他，但他却坚持要以学业为主，不能天天黏在一起。有时候，我忍不住给他发信息，他竟然不回我。一旦他不理我，我就特别生气，甚至还做出一些不可理喻的事。我有时候会想，如果不爱了，干脆分手算了，与其这么痛苦纠结，不如早点了断。"乔晓宇说着，露出了痛苦的表情。

"你可以跟我仔细说说，到底你是怎样的不可理喻？又是如何痛苦纠结吗？"乔晓宇的叙述有些模糊不清，我需要澄清她的真实感受。

"我也不知道为什么一切突然都变了？即使约定了不联系，我还是忍不住一直看手机，看朋友圈，猜他为什么没找我，忍不住发信息给他，问他还爱我吗？可是，他经常都不回复，我好难受的。"回忆这段感受时，乔晓宇的情绪越来越激动，泪水止不住地流下来。

乔晓宇说，自己为了能看到男友，她会在宿舍门口搜寻肖刚的身影，徘徊在教学楼、图书馆、小超市这些他可能经过的地方，渴望制造偶遇，但几乎总是失望大于希望。

刚开始，男友肖刚还会向晓宇回应自己的社会活动和学习安排，但在乔晓宇连珠炮似的质问之下，他也逐渐失去了耐心，索性不回消息、不作解释了。

> **乔晓宇心里话**
>
> 我爱他，是很爱的那一种，特别是我与他有了肌肤之爱后，我更确认这份情感了。但不知为什么，我的情绪反而越来越不稳定了，我心里有点慌慌的，似乎想要抓住什么，难道是我害怕失去男友？担心有了性关系后他就不爱了？我的心情就越来越焦虑、不安和纠结了。

肖刚的回避与冷处理，让乔晓宇更加抓狂，经常发出质问："肖刚，你真的爱我吗？对我来说，爱就是遏制不住的想念，你只把周末给爱情，难道不想我吗？"

"我精力有限，当沉沦在你的爱中，就会有一种淹没的感觉，我很不喜欢这种感觉。"肖刚一脸真诚地说。

"你不喜欢？"她质疑。

"是的。我感觉很不好。特别是你对我日常生活的查询，对感情的质疑，让我感到不被信任和被纠缠，我很无力，爱也就没那么强烈了。"肖刚无奈地回应。

听到这儿，我意识到乔晓宇对这段恋爱关系的怀疑占了主导，这时的她处在彷徨不安之中，或者说是他们关系未来走向的十字路口。

果然，她眼睛望向我，低声问道："老师您说，爱是持久的吗？你相信爱吗？这几天我有时整晚都睡不着觉，他真的爱我吗？难道我和他有了身体亲密，爱就变了？"

"你觉得，发生性关系对你意味着什么呢？"我看着晓宇的眼睛，认真地问。

"我觉得更爱他了，确认他就是我的爱人，想要他更多地陪伴我。"她回。

说到这儿，她稍微停顿了一下，半自嘲半认真地补充说："尽管也是一个独立女性，但也想让他对我负责。"

爱之所至，性之所往。

这时，晓宇又提了一个问题："我就是想不通，刚开始他对我那么好，但现在却越来越冷淡了？每次我看到好东西，我都想给他留一份儿，可他总是一副无所谓的样子。"

"您说，是不是恋爱时间久了，男人会腻啊？"不等我回应，晓宇接着问。

"你认为男友态度的改变是时间久了，那你再想一想，还有没有其他原因呢？"我想通过开放性提问，拓展她探索问题的思路。

"我也想不出还有别的什么原因，可能就是不爱了吧。"

"时间的确是一个流动的概念，恋人交往初期，都会展示出自己好的一面，留下美好的印象，比如通情达理、温柔体贴等。时间久了，自然也会出现更多不同侧面，可能是强势、任性和指责，甚至是吵架时的歇斯底里，也正是这些相处的细节，会潜移默化地改变彼此的心境。你再想想看，或许这就是你们关系改变的原因。"我耐心地解释。

听到这里，晓宇的眼睛望向我，说道：

心理学解读

男女两性对性关系的伦理、体验和认知上的差异始终是存在的。特别在中国文化背景下，男女会对发生性关系赋予多重意义。一般来说，女性会随着性关系的建立，会对男友萌生出更多的感情依恋，甚至是心理依赖，而男性则更重视自己的社会化角色，在追求情感的同时，也渴望拥有社会性认同与成功。

心理学解读

心理学家把恋爱分成四个阶段。一是相互依存期，男女内心充满了对异性的向往、好奇和欣赏，渴望彼此缠绵。二是矛盾潜藏期，两性间强烈的感情会逐渐转为平和，内心开始渴望有独立空间，拥有自主权，不受对方支配或掌控，是矛盾、冲突和误会的高发期。三是相对独立期，通过双方信任感的加深、共识的达成，彼此的理解、包容和互助意识增强。四是平淡共生期，感情稳定，相处模式已成形，两人不再只是单纯男女朋友关系，更多将对方视为自己的知己或亲人。

"您分析得有道理，我觉得自己不仅心境变了，好像人也变了。"

"仔细回望一下，先看看自己的变化是什么？再考虑变化的原因为何？"我说。

晓宇点点头。

我的心痛他不懂｜男女恋爱心理需求碰撞

男女在恋爱中的心理需求和期望是有明显差异的。男性可能更希望在恋爱中保持一定的独立性和自由度，而女性则可能更希望在关系中获得更多的亲密和依赖。这种内在需求的冲突，常导致恋人在寻求自我满足的过程中出现矛盾，甚至引发剧烈的情感冲突。

透过玻璃窗，一眼望去，银杏树金黄色的叶子格外地显眼。

"晓宇，你看看窗外的银杏树，有没有两片完全一样的树叶？"我问。

"当然没有。即使看上去差不多，但每片叶子，它们叶柄的粗细、叶脉的走向、形状与结构，以及色彩的浓淡等，都是千差万别的。"晓宇的生物知识还是很扎实的。

"自然很神奇，让每个叶片都不一样。人类更是如此，每个生命也都是独一无二的，比如人的想法、情感和需求，如果再加性别差异，那必然是一道难解的生活题目。"我说。

乔晓宇望向窗外，没有马上回应我的话。

> **温馨小贴士**
>
> 真正的爱，是在自我人格成熟的基础上，给予彼此空间、时间和自主权，不仅相信两个生命既独立生长，又相互依存的情感基础，而且也坦然接纳真实生活中的细碎和不完美。

过了一会儿，她抬起头，疑惑地看着我，说道："您的话我听进去了，我和他都是独立的人，我是应该尊重他、相信他。可是，我怎么才能知道他内心的需要呢？"

我说："可以先从理解对方开始，比如你渴望两个人有更多时间相处，也就是亲密的需求，而他则希望有自我空间去联结社会，属于社会性需求范畴。有一本书，书名是《男人来自火星，女人来自金星》，里面描述了男女两性在生理上、心理上和行为方式上的差异，如果你想更多地了解他，可以从这里开始。"我给出建议。

"嗯，书名我记下来了。古人说过'相爱容易相处难'，这句话还真有道理。现在才发现爱一个人，是一项特别难的课题。您说，我怎么做才能让爱变得更好呢？"乔晓宇想要一个如何爱的答案。

"我想知道，你觉得你们俩什么时候相处最舒服呢？"

我采用了例外提问的方法，引导晓宇的感受回到他们感情好的时期，利用她过去成功的经历和体验，帮助她看到自己找到答案、解决问题的可能性。

"还真奇怪，明明应该恋爱更甜蜜，可现在回忆我们相处的过程，反倒是做朋友、做搭档时最快乐。那时，我对他没要求，合作起来轻松默契，分开时，我们各忙各的，踏实自在。难道这就是'距离产生美'？"她不解地问。

心理学解读

在心理咨询中，例外提问是一种重要的技巧，旨在发掘来访者的内在资源和力量，通过询问例外情况，可以帮助来访者发现自身在面对问题时所拥有的积极面和潜在资源，从而增强他们的自我认知和自我价值感。

心理学解读

心理边界感，是心理学家埃内斯特·哈曼特提出的，指在人际关系中，个体知道自己和他人的责任和权利范围，既保护自己的心理空间不受侵犯，也不侵犯他人的心理空间。对于乔晓宇来讲，调整两人之间的心理边界感是十分必要的，否则，双方不同的情感表达方式，可能会上升为道德化的评判，成为亲密关系维系的羁绊与束缚。

其实，人与人的社会交往，是有明显人际边界的。然而，恋爱是一种亲密关系，恋人之间的边界感会在身心融合后变得模糊起来，带来你我一体的融合体验，使边界感更加模糊。这种情境下，一旦对方无法满足乔晓宇的情感需求时，她便会本能地抱怨、质疑对方情感的真实性，或者采用提出新需求的方式，以此来检验他们爱的真实性。

然而，乔晓宇的男友却认为关系已确定，就意味着感情也就稳定了，无须时刻在一起，他期待两人保持一定的边界，自我拥有更多的独立空间和自主权。

显然，当下两个恋人的内在需求是不一样的，甚至在一定程度上是冲突的。

于是，我说道："相比做搭档时舒

服的感觉，恋爱中的你们，像不像两只相互取暖的刺猬，你想抱得更紧一点，却因双方身上的刺，靠得太近刺痛了对方。"

"嗯。"晓宇点点头。

"恋人之间的关系也是有边界的，不意味着个人空间的消失，两个人捆绑式的爱是很不舒服的关系模式，往往难以持久，你觉得呢？"我把问题又抛回给乔晓宇。

"我一直在想，我好像把自己弄丢了，现在的我，不是我自己原来的样子，也不是我喜欢的样子，我不喜欢这种状态。看来一定是什么地方不对了。"她摇摇头，认真地说。

"你的感受是真实的，试想一个没有独立自我的人，就像大树缺失了土壤根基，很难在日月星辰的变化之中，拥有永恒不变的爱。所以，拥有一个独立、稳定和有勇气的自我，既是爱坚固的土壤，也是爱最好的营养。"我用肯定的语气说。

"嗯，我好像发现自己的问题了，就是爱情把我淹没了，我已经变了，不再是原来那个自己了，我的感觉对吗？"乔晓宇望着我，急切地求证。

我微笑着点头。

至此，我看到了乔晓宇对爱情的理解和认知上的变化。她从刚开始咨询时对爱情的哀怨与无助感，到现在她对爱新的感悟与理解，以及对失去自我的觉察，对恋人关系边界的认知，都有了新的探索和思考。

于是，我说道："晓宇，当你重新开始审视自我，专注于自身，你会更新

温馨小贴士

乔晓宇在感情中表现出的勇敢、执着令人佩服，她对肖刚的爱真挚、浓厚而热烈，但如果一味试图通过付出情感来留住对方，或者通过道德压力让对方为自己负责，这样反而会对爱情关系产生十分消极的影响，增加彼此的情感裂痕。

自己对爱的感悟与想法，在与男友相伴的日子里，分享你的所思所想，依然如你们做工作伙伴时一样，互相理解与帮助。否则，对男友哀怨与愤怒的情绪、重复固化的想法，只能让爱失去活力，陷入纠缠和怨念之中。"

"这几天我想了很多，我的爱情之所以经不起时间的考验，是我把自己的人生、寄托和未来都打包在爱情上了，当我没有了目标，又开始在男

心理学解读

哀怨与愤怒的情绪，是一种强烈的、难以控制的负面情绪状态，它可能吞噬个人的理性，具有以下特征，一是强烈的情绪波动；二是负能量的传播；三是理性被情绪卷走。因此，学会管理情绪，避免陷入情绪黑洞，是维护心理健康的重要内容。

友身上找存在时，任谁都会觉得很烦。"晓宇说出了心里话。

我说："你发自内心说出的这些话，是特别难得的。让我看到了你的改变，你已把向外的抱怨和愤怒，改为自我的觉察和思考，我有些好奇，你是怎么做到的呢？"我用好奇提问，来见证和丰厚她的问题转化和自我成长。

"是您跟我说的话触动了我，您说人的情感是流动的，爱情也是流动的，无论是谁想要持久美好的爱情，都不能在亲密关系中失去自我。"她流畅地说。

"还有吗？"我追问。

"记得您还说，人是有自我意识的，不仅会变化，还是独立的，恋人之间也是如此。您还说，无论对谁，都要不断地反思和丰富自我，才能用自我力量去滋养爱情。"

她带着微笑，说得很真诚。

爱情是场双人舞 | 架起两性之间沟通的桥梁

如何有效沟通，是情侣关系稳定发展中非常重要的一个部分。如果两个人沟通不畅或者出现误解，就会产生情感冲突，甚至引发更多的质疑、矛盾和冲突，致使恋爱关系出现危机。

两周后，咨询室来了一位"不速之客"。

"老师您好！"他礼貌地与我打招呼，脸上带着微笑道，"特别感谢您，这段时间晓宇变得我都快认不出来了。我琢磨是谁对她有这么大的影响力，就想过来看看。"

面对肖刚的到来，我思忖着调整了咨询计划。

他很好奇女友的变化，我想顺势推一把，邀请他做乔晓宇心理成长的见证人，巩固她在认知行为上的改变。

"那你说说看，晓宇的哪些改变让你感到惊讶呢？"我抛出了问题。

"以前总是抱怨，埋怨我不爱、不懂、不珍惜她，我感觉很受伤。其实，我十分珍惜我们的感情，但我作为男人，爱一个人就要给她未来。如果我俩天天黏在一起，恐怕毕业后都没人要我，那还怎么谈爱呢。"他表达清晰，音调稳定。显然是认真思考后的答案。

我听得出来，这是一个男人的心里话。

心理学解读

心理咨询中，"见证"的含义不仅有看到，还有证实、分析和理解等意义。当来访者的故事、想法和改变被他人看见、理解和反馈时，它就更真实可信，成为来访者积极的内在力量，促进其进一步地探索、思考和改变，最后，将其内化成自我的一部分。

"以前，无论我怎么解释，她都听不进去。无奈，我就故意不理她，其实也是在赌气。这两周她变化挺大，不再抱怨我了，也不再反复问爱不爱她，还让我纳闷了一阵子。"他一口气说了自己的感受。

我继续微笑着问："晓宇的改变，你的感受是什么呀？"

"我最大的感受是心里舒坦，她似乎也安心多了，不在我这儿纠结了，精神气足了。所以嘛，我们现在的感情很美妙。"说完他嘿嘿一笑，转过头，望向乔晓宇。

"晓宇，当你听到男友这么说，你有什么感受？"我也将视线转向她，问道。

晓宇看着肖刚，仔细地听着他说的每一个字，睫毛微微颤动："我感受最深的是他说'想给我未来'，我一直以为他在敷衍我，看来还是我小心眼。"

晓宇说到这里，眼圈有些红了，继续说："这段时间我开始自省，把更多的关注点放在自己身上，调整自己的心态，不再向外去索要了。我发现，当我开始改变时，好像他也在改变，会主动关心我了。"

我笑着点点头，说道："爱可不简单啊！它是一门终生要学的学问，更是一门爱的艺术。人在爱情的不同时段，会有不同的情绪、心理和行为特点，也许未来你们还会在某个时空里，遇到新的感情困惑，所以，你们彼此之间的及时沟通是很重要的。"

"我想问您，如果我和晓宇再出现争执，我应该怎么沟通才能让她不误解，同时也不伤害她呢？"肖刚语速有点快，或许，这个问题已经困扰他很久了。

我回应说："有一种沟通方式叫做非暴力沟通，你可以尝试用这种方法与人沟通，可以更理性、更清晰地表达情绪和需要。"

"太好了，具体应该怎么做呢？"肖刚满怀期待地问。

> **乔晓宇心里话**
>
> 我知道沟通是重要的，但在跟男友相处中，除了生气就不知道怎么沟通了，所以，现在我还是不会沟通，情绪一来我就跟它跑了。现在，我也特想跟您学习如何沟通的方法。

"这种沟通方法有四个要点，就是先观察、再感受、谈需要、提请求。我就用你们俩的故事作为例子解释一下。"

我让他们想象，曾经发生在两人之间的一个不愉快场景，一步一步给他们演示，非暴力沟通的运用。

"其实，恋人间良好的沟通，最终的目的就是让彼此能感受到爱。沟通的本质不是比对错、比输赢，而是为了让彼此的心走得更近。"我说。

看着两人默契的表现，我相信，往后他们会有更多的勇气和智慧，去面对生活中新的难题和挑战。

教你一招｜学会"非暴力沟通"

> 非暴力沟通的方法，是马歇尔博士提出的沟通新理念。它主张人们用心观察和倾听，专注于彼此的感受和需要，最大限度地避免语言暴力，培育彼此的尊重、关注和爱。因此，非暴力沟通，又被称为"爱的语言"。

在《非暴力沟通》这本书中，作者介绍了沟通的四个要素。

（1）不带评论的观察：观察是指客观地描述事实，而不加入个人的判断和评价。通过观察，我们可以更加准确地了解自己和他人的行为，避免主观臆断和误解。

例如：第一步观察，"我们的约会，你没来。"

（2）体会和表达感受：感受是指我们对事情的反应和情绪状态。在非暴力沟通中，我们需要表达自己的感受，而不是将责任归咎于他人。通过表达感受，我们可以更好地与他人建立共情和连接。

例如：第二步感受，"我感到没有被尊重，不被爱了。"

（3）说出具体的需要：需要是指每个人内心深处对满足的渴望和期待。通过表达自己的需要，我们可以让他人更好地理解我们的需求，从而寻找到解决问题的方法。

例如：第三步需求，"为了更好地经营我们的感情，我需要咱们之间能彼此尊重。"

（4）提出具体的请求：请求是指以积极的方式向他人表达自己的期望，而不是强迫或者命令。通过请求，我们可以与他人协商解决问题，达到双赢的结果。

例如：第四步请求，"以后，我们两人都不擅自爽约，确实有情况，要及时沟通、说明。"

非暴力沟通是一种以尊重和理解为基础的沟通方式，运用它，人们可以建立互相尊重、理解和合作的关系，从而提高人际关系的质量。

—⚭—

父母必读 | 让爱情更美好的智慧

尽管爱情中也有波折，但它的美妙总是让人无法停止对爱的追求。孩子到了恋爱的年龄，在体验爱情美妙的同时，一定会遇到情感的波折。有的家长在这时，常常不知所措，说多了可能助燃了孩子的情绪，说少了又起不到什么作用。虽然，爱情一直是人类亘古不变的难题之一，没人能获得真正的答案，但也有人找了一些破解爱情谜题的心灵智慧。

"爱一个人最好的方式，是经营好自己，给对方一个优质的爱人。"这句话似乎道出了对待爱情的真谛。无论发生什么，一个自我强大和优质的人，总能找到属于自己的爱情。那么，如何在爱情中自我成长呢？

（1）提升自我认知：了解自己的优点和缺点，接受自己的不足，才能更好地发展自己的潜力，让自己成为更优秀的人。

（2）学会自我反思：不断审视自己的行为和思想，及时发现自己的问题并加以改进。帮助自己更好地保持爱情的美好。

（3）学会独立思考：很多人认为，爱情中的双方应该完全相互依赖，其实，这很容易导致个人成长的停滞。相反，保持一定的独立性，不仅能够增强个人的自信心，还可能在职业、兴趣等多方面获得更多的发展机会。独立思考是成长的必要条件，它可以让我们更加自信地面对生活中的挑战和困难。独立性并不意味着隔绝，而是要在相互支持的基础上，给予彼此一定的空间。

（4）不断自我提升：社会的发展和变化也会对爱情有影响，但只要不断学习和实践，提高自己的能力和素质，就能更好地适应各种变迁的冲击，为爱情保鲜。

（5）共同成长：恋爱的最高境界是双方互相鼓励，共同探索世界，发现彼此的优点并加以发扬。当对方取得进步时，要给予真诚的赞赏，让恋爱关系成为推动彼此前进的动力。同时，也要学会在恋爱中接受挫折，从中吸取经验，共同成长。

知识链接 │ 爱情中自我依赖与独立

爱情是一种美妙的两性关系，双方既有融为一体的情感融合，同时，又是具有独立人格的社会人。因此，情感依赖与个体独立之间的纠结，常常成为爱情中会遇到的问题。依赖让人温暖，但过度的依赖会让关系失衡。独立让人感到自由，但过度的独立又会让关系变得疏离和冷漠。要想拥有持久的爱的关系，维系好依赖和独立的平衡就至关重要。可以参考以下几点：

（1）提升觉察能力：无论是对自我的觉察，还是对外在的觉察，都可以让我们对关系中的双方有更全面、更清晰的认知，比如各自的心理需求、情绪状态和行为习惯等，而认知是调整的基础。觉察能力，可以通过练习获取，比如正念练习等，也可以通过自我反思来获取，比如记日记等。

（2）不断自我成长：无论是平衡哪一方，均需要投入一定的心理能量，而心理能量要依靠不断自我成长来获得。读书、个体咨询、团体咨询等都可以作为自我成长的途径。

（3）学会沟通和表达：在爱情中，有效的沟通是至关重要的。沟通可以帮助我们了解对方的想法和感受，同时也可以表达自己的想法和感受。沟通越充分，越能更好地理解双方，也越容易找到依赖和独立的平衡点。

（4）保持尊重和理解：爱情中独立空间的需求，很容易让对方产生认知的偏差，或行为上的不悦。在充分沟通的基础上，尊重个人空间和个性特点，理解依赖和需要，才能让我们找到爱情中的平衡点。

总之，珍惜恋爱中的每一个时刻，无论是甜蜜还是困难，这些经历会让我们更加成熟、更加懂得如何去爱和被爱，以共同创造美好的爱情故事。

第十四篇　奶奶带孙子，会有问题吗

随着社会快速发展，做了父母后的年轻人工作和生活的压力日渐凸显。于是，很多家庭养育孩子的任务开始转移到祖辈身上，"隔代养育"逐步成为一种养育模式。在孩子家庭教育方面，既有优势也存在一些弊端，如何实现隔代养育下的双赢，对很多家庭来说都是考验。

案例解析 | 重视家庭角色功能的影响

孙子：小源，12岁，初中一年级新生。"我也没什么不舒服，就是害怕离开家，不想去学校……"

奶奶：68岁，企业退休干部。"孙子是我和爷爷带大的。小升初，上了比较好的寄宿中学，可开学才一个月，老师就说孩子跟不上生活节奏，情绪不好，还总爱哭，让带回家调整。后来，他说啥也不想回学校了。无奈，就转到家附近中学，谁知道刚上了没两天，他又不想去学校了，您说这孩子是怎么了？"

父亲：39岁，企业高级管理者。"老师让我们带孩子看看，有没有什么毛病。但回家这几周，我看都挺正常，没有学校老师反映的那么严重。现在，孩子不愿上学，怎么说也讲不通，同事建议试试心理咨询，就带他来您这儿了。"

奶奶掌心的宝贝 | 不平衡的家庭动力

一个稳定的家庭，各成员的能量会既保持着独立的存在，又有着合理的联结，形成平衡的能量结构。任何一位成员能量过于强大或弱小，都可能造成家庭系统问题的出现，并通过不同形式显现出来。

清晨8点，心理咨询室门口，五位家庭成员排成一列鱼贯而入的情景，给我留下了深刻印象。

最先进来的是爸爸，手拿着公文包，紧跟其后的是妈妈，不急不忙的样子，第三个进来的是奶奶，牵着一个十几岁的小孙子，最后进来的是爷爷。

爸爸看到我，忙不迭地说："老师好！我是小源爸爸，是我约的咨询，这是我儿子小源，今天妈妈、爷爷奶奶都来了，人有点多，不好意思了。"

> **心理学解读**
>
> 根据来访者的需求，心理咨询可以采用多种形式。比如根据是否见面，分为线上和线下；根据来访者人数，可以分为个体咨询、家庭咨询和团体咨询。不同的咨询方式有不同的规则，通常是来访者与咨询师共同协商，或者根据咨询进展需要而定。

"没关系，大家都请坐。"我请大家落座。

男孩似乎并不想坐，拉着爷爷的手四下张望。

"今天第一次咨询，看着全家都来了，应该对咨询都有自己的想法。请先介绍一下基本情况吧！小源和爷爷要坐下吗？"

"我能代表他们，他俩不愿意坐，可以先在外面等一会儿。"我的话音未落，奶奶就急切地插话。

我没说话，只是心里多了一份留意，并用询问的眼光看着男孩和爷爷。

祖孙两人同时点点头，附和着奶奶。

爸爸看了一眼妈妈，说："我们可以留在这里，奶奶介绍情况，我们补充。"

我说："好，既然这是全家人的决定，那我就先和奶奶、爸爸妈妈聊一下，一会儿再跟小源和爷爷交流。也许小源对沙盘有兴趣，爷爷可以陪小源在沙盘室休息。"

祖孙两人刚进入沙盘室，奶奶就讲述起小源的情况，在这期间，除我问了几个关于小源出生、学习的问题外，爸爸妈妈一直没有说话，等奶奶讲完后，他们才补充了一些医院检查的情况。

"听了介绍，我对孩子的情况有了初步的了解。孩子自己的感受和想法，我还需要在咨询中进一步了解。现在我有一个问题需要确认一下，这次全家过来，是想做家庭咨询？还是只给孩子做心理咨询？"

奶奶回应道："是给孩子做咨询，解决他的问题，但现在他不愿离开家人，去哪儿都得人陪着，要么是我和爷爷，要么是爸爸妈妈，一个人咨询不知道行不行。"

我点点头，继续问："这次来咨询，是怎么跟他说的？"

奶奶说："刚开始他不同意做咨询，后来说大家一起陪着，他才同意来的。"

"好。一会儿我问问孩子，看他是愿意单独谈还是全家一起谈，咱们再做

温馨小贴士

青春期的孩子，自我意识快速发展的阶段，自我主张、自我决定是最为常见的表现。为了让孩子社会心理健康发展，家长要尊重他们的自主意识发展，给他们提供成长、发展的机会。比如，对于涉及他们自身的问题，要多征求他们的意见、多给他们做决定的机会。

决定。"

"可以。"奶奶和父母都点头表示同意。

我请小源和爷爷再次进到咨询室后，对大家说："我想先听听，每个人对咨询是怎样想的？"

奶奶急切地说："我就想让孩子心情好，每天都开开心心的，孩子不高兴，我心里也不好受。"

爸爸说："我和妈妈讨论过，一直是希望小源能尽快正常上学。不能因为不开心就不上学，大人也都有不开心的时候，不开心不也得上班挣钱吗？孩子上学也一样，开心不开心都得去，不能太惯着孩子。"

爷爷说："孩子健康就好，健康最重要。"

如同很多家长一样，他们并不太容易聚焦于同一个咨询目标。

我转身看着一直没说话的小源，问道："你呢？对这次咨询有什么想法呢？"

"不知道。"小源小声地说。

"那你为什么会来呢？"我用好奇的语气问道。

"奶奶和爸爸让我来的。"他回应。

"你愿意单独聊聊，还是全家人一起聊聊？"我问小源。

"我还是想全家人都在。"他这次没犹豫，比较肯定地说。

"那我们就做一次家庭咨询。刚才我注意到，小源好像对沙盘很感兴趣，今天可以用心理晤谈的方式进行，也可以用家庭沙盘游戏的方式，不知你们的想法是什么？"

这时，小源小声对奶奶说："我想做沙盘。"

"我孙子喜欢做沙盘，就做沙盘吧。"奶奶快速作出了决定。站在一旁的爷爷也急忙附和，说："奶奶可以代表我，我就不参加了。"

爸爸妈妈似乎也是习惯性地服从了奶奶的决定。于是，接下来，奶奶、爸爸、

心理学解读

家庭动力是从系统学的角度，来研究家庭成员间的关系和成员间关系对家庭整体系统的影响，以及家庭整体系统对每个成员的影响等。了解一个家庭的动力关系，不仅可以帮助我们调整不合理的家庭系统状态，还可以在系统中疗愈家庭个体成员。

妈妈和小源一起做了家庭团体沙盘。

在请他们家庭成员决定沙盘制作的顺序时，奶奶说："我孙子先拿，我第二，他爸爸妈妈在后面吧。"

小源点点头，爸爸妈妈又商量了一下，爸爸第三，妈妈第四。

到目前为止，从观察到的家庭系统动力上看，奶奶是家庭的主导，掌握着绝对的控制权，其他人都习惯于围绕着奶奶。小源也似乎与爷爷奶奶更亲近些，爸爸妈妈之间的关系更紧密并相对独立些。

不被觉知的世界 ｜ 家庭角色功能缺失

家庭的每个角色都有着特殊的功能，有的是养育，有的是生产，有的是联结，有的是娱乐，等等。任何一个角色功能的缺失，都可能影响着整个家庭系统状态。

沙盘制作过程中，我带着好奇观察着这个家庭中的每一个成员。

这是一个比较特殊的家庭沙盘作品，他们各自摆放的沙具比较集中，呈现出四个相对集中的区域。沙盘的右侧区域基本上是小源的沙具，有金字塔、小动物、有人物等；奶奶摆放的沙具全部在中间，并形成一竖排，以房屋、植物、家居等为主；爸爸的沙具全部在左侧中下区域，以历史和神话人物为主，仅在右下中部，摆放了一个诸葛亮；妈妈的沙具集中在左上角，一个田园氛围很浓的区域。

最直观的感受是，奶奶摆放的沙具，横亘在爸爸妈妈与孩子之间。看起来，他们家庭关系的连接与互动还很特别。

"请你们从不同角度看看这个作品，分别给它起个名字。"我引导着沙盘游戏的进行。

奶奶说："我看叫'家'吧！"

爸爸说："叫'神力'。"

妈妈说："叫'梦想的地方'。"

小源："应该叫'打怪兽'。"

几位家族成员各有自己的想法，起了完全不相同的名字。接下来，我将逐一请他们对这幅沙盘作品进行自由联想，并且讲述自己在沙盘中呈现的故事。

"我就是摆个家，我想把这个家照顾好，别的也没啥想法。"奶奶说。

"我喜欢这些神话和历史人物，他们都有神奇的力量。"爸爸说。

"我喜欢幽静的环境，周围有花有草，心情可以很放松。"妈妈说。

小源迟疑着没有说话，爸爸催促道："你说啊，你不是要打怪兽吗？"

> **心理学解读**
>
> 自由联想是精神分析的技术之一。在一个安全的环境下，让来访者打消一切顾虑，想到什么就讲什么。自由联想用来了解来访者无意识层面的愿望、幻想、冲突以及动机。

看着小源依然犹豫着，我接过话说："小源，你要打怪兽，能不能告诉我沙盘里有怪兽吗？怪兽在哪里？"

"怪兽就是这个学校。"他脱口而出，指着沙盘中的一个建筑物。

"这是一所什么样的学校呢？"

"坏学校。"小源说。

爸爸连忙解释道："小源说的就是他不想去的那所住宿学校。学校管理比较严格，做得不好就扣分，小源不喜欢，就说这是坏学校。"

"虽然要求严点，那个学校教学质量还是不错的。"妈妈补充说，爸爸附和着点头。

"您怎么看呢？"我转身问奶奶。

"我孙子从小就没吃过啥苦，也从来没有一个人离开过家，寄宿学校要求那么严，他肯定受不了。"

"听得出，奶奶特别心疼孙子，您沙盘里摆的房子，您起的作品名字，都能感受到您对家的重视，想必对孙子的照顾也很用心吧！"

"是呀！这孩子被我照顾得啥都好，不知为啥去了学校就不好了？"奶奶皱起眉头。

"您这个问题提得特别好！"我指着小源说的那个学校沙具，问道，"您仔细看一下这个学校，它让您联想到什么？"

奶奶端详了一下那个建筑物，说道："我就想看看这个学校里面到底是怎样的？小源在里面是怎么样？"

"您是担心小源在学校里的什么吗？"我追问道。

"我想看看他吃得怎样？教室怎样？什么原因让小源不愿意去上学？"听得出来，奶奶话里带有情绪。

"对孙子您付出了很多，为他想了很多。我有个好奇，您觉得一个男孩子，他自己心里在意什么？或者需要什么？"

"这些没有想过，我能想到的就是这些。"奶奶说得干脆。

"爸爸妈妈你们知道吗？小源自己最在意，或者还需要什么呢？"我转头问。

"爷爷奶奶将孩子照顾得很好，我们都特别放心，他应该不缺什么了。"妈妈回应道。

爸爸没有马上回答，他把眼镜向上扶了一下，思考了一会儿，慢声说道："上初中了，都 12 岁了。我觉得他需要自己长大，总靠奶奶照顾他，就总也长不大。"

听了爸爸的话，妈妈和奶奶都点头，表示认同这个观点。

只有小源没有说话，显得有些茫然无助。

我看向孩子，说道："小源现在都上初中了，个头都跟阿姨一般高了，是个小伙子了！我想知道，在这个班里其他同学能做的事，你也同样能做，对吗？"

> **孩子心里话**
>
> 我哪里没长大？就是爸爸妈妈觉得我没长大，爷爷奶奶就说我长大了，还懂事！

小源摇摇头，说道："不能。我做事情很慢，主要是被子叠不好，每次都要扣班级分，老师批评我，说影响班级成绩。不过，也不能都怪我，平时奶奶和爷爷也没教过我，我肯定不会，就算我会叠了，也很慢！我心里很烦，也很难受。"一直话语不多的小源，委屈地道出了心里的话，大家都有点吃惊。

"看来是我们替小源做的太多了。他长大了，应该教他做些事，不能老是心疼，这样下去也许会耽误了孙子。"奶奶很有感触地说。

"妈，是我们甩手惯了，平时工作忙，也觉得小源挺听话，没惹过啥事，关注得太少了。"妈妈看奶奶情绪有些低沉，急忙安慰她说。

听到妈妈这么说，我顺势，把话题转移到小源的父母这边来。

我对妈妈和爸爸说："我想知道，刚才在沙盘里摆放的沙具作品，有没有发现有什么特别的地方？"

"我发现，我们摆放的沙具距离孩子比较远，中间被奶奶摆放的沙具隔开了。"爸爸笑了一下说，妈妈点点头。

"请体会一下，你们与孩子的这个远距离，不知感觉到了什么？"我问。

"是不是我们父母把与孩子相处的空间，全让奶奶代替了，我们反而退到奶奶后面去了？"妈妈很敏感，率先回应了我。

"原来，我觉得有老人照顾得特别好，不用我插手，大家都轻松，我安心工作就好。现在看来，不应该这样'大撒把'，现在连孩子心里想什么、需要什么都不知道。"不等大家反应，妈妈紧接着又补充道。

"妈妈说得对，我也总在忙工作，找轻松，但确实忽略了对孩子的培养。"爸爸有些自责地说。

我做了回应："在小源的成长中，奶奶承担了最多的责任，尽管这种隔代的爱是无私和珍贵的，但有些应该是父母给孩子的，奶奶也无法替代。比如，父母在孩子人格品质、规则感、责任感和人际关系等方面都有示范作用。另外，沙盘上爸爸和孩子中间隔着奶奶，有种力不从心的感觉，所以，父亲选择了一些神话人物，想通过神力来改变。但我觉得男孩子更需要父亲给予的力量，也需要有父亲作为榜样。"

听了对沙盘的解读，爸爸、妈妈和奶奶不约而同地感到了对孩子的歉疚，目光不自主地望向小源，妈妈甚至还特意向小源那边挪了挪身体。

这时，我把话题引到孩子身上，说道："小源，沙盘里有沙具能代表你吗？"

"有。就是那些士兵。"他快速回答完后，用手整理了一下那几个士兵的姿势，让它们看起来更有精神。

"你觉得这些士兵具备什么样的品质呢？"我问。

"勇敢、有力量。"小源说。

"如果小源跟这里面的士兵一样，勇敢、有力量，那你将会做什么呢？"

> **心理学解读**
>
> 咨询师在这里的总结，强化了各位家庭成员对自己家庭角色职责的承担意识，以父亲角色的举例，让大家也会反思自己的想法和行动。

207

我把士兵的品质直接迁移到小源身上，给予他一种积极的心理暗示。

"当然要打败敌人，不管是什么敌人，包括这个'怪兽'。"小源用手指了指沙盘力的几只怪兽。

"孙子就是厉害啊！奶奶以后教你打怪兽的本领。"奶奶一马当先，最先回应。

"儿子，天底下没有怪兽，等你勇敢了，也就见怪不怪了。"妈妈理性地说。

"我支持小源成为勇敢的士兵，不再是那个遇到困难，就跑回家哭鼻子的小孩子。"爸爸也说出了对孩子的期待。

"我体育挺好的，全身都是力量！"小源举起手来，想证明自己。

"最后，想请大家说说今天有什么收获？"为了将这次咨询中获得的感悟、反思和思考，继续延伸到现实生活中，我邀请大家做一次咨询小结。

> **温馨小贴士**
>
> 暗示，是指一个人在不知不觉中，接受他人语言和行为的影响产生"认同"的心理过程。暗示有积极消极之分，凡受到暗示使人增加力量、勇气、快乐和信心的是积极暗示，反之则是消极暗示。父母的积极暗示，对孩子改变一些不良行为是非常有效的方法。

奶奶依然是第一个发言，说道："我认识到小源不再是个小孩了，需要长大、需要自立，要不然也会被同学和老师小瞧！以后不能包办了，要让孙子做些事。"

"我想，孩子教育的问题，不是有好的物质生活就可以了，陪孩子长大是作为父亲必须做的事情，工作再忙也不能逃避责任，要不然孩子以后会责怪我的。"爸爸发自内心，很有感慨地说。

"其实，我们也需要改变，今天看来孩子的问题，的确不是他一个人的问题，我们家长都是有责任的。"妈妈最后一个回应，说出了很有智慧的话语。

看着小源欲说又止的神情，我鼓励他，说道："小源你呢？你收获的是什么呀？"

"我觉得，我肯定不是只哭鼻子的士兵，我能打败怪兽！"小源语气坚定。

我们不禁为小源内心里那份勇气和力量而喝彩。

我能打败"怪兽" | 重塑父母功能角色

为促进孩子健康成长，家长需要在不同时期选择不同的教育方式。婴幼儿时期，全身心的呵护是必需的，但到了青少年时期，及时掀开全能呵护的网，让他们勇敢地去面对阳光和风雨，才能锻造出自身真正的力量。

爸爸把小源送到咨询室门口，孩子自己走了进来。

"小源勇敢了，今天自己来的啊！"我注意到他的变化。

听到我夸奖他，小源不好意思地笑了。

"今天就我们两个人，你有什么悄悄话要说吗？"我用俏皮的眼神看着他。

小源迟疑了一下，摇摇头。

我从侧面引出话题，说道："我们的咨询，已经做了两次了，你发现爸爸妈妈、爷爷奶奶最近有些什么变化吗？"

"有呀！奶奶教我叠被子，爸爸还教我打篮球。"小源回答。

"你觉得这个变化是怎么来的呢？"我引导小源去思考。

"跟心理咨询有关吧。"小源说。

"通过心理咨询，他们或许找到了自己的不足，或者找到了化解自己问题的方法。如果你愿意说说你的烦恼，我们也可以讨论怎么去化解它，你愿意吗？"我说。

> **心理学解读**
>
> 心理咨询师在对整个家庭进行了信息收集、现状评估和问题预判以后，为了促进孩子尝试学习独立面对问题和解决问题，特意安排了一对一的心理咨询，这对于促进孩子心理成长、融入社会人际是非常重要的。

他肯定地点点头，似乎上次咨询结束时那个有勇气的小源回来了。

"你现在最大的烦恼是什么呢？"我问。

"爸爸让我上学，我不想上。"他回应。

"你肯定不会无缘无故不去上学，是什么让你不想上学呢？"我追问。

"我害怕。"小源有点羞愧地说。

"具体怕的是什么呢？"我继续问。

"害怕老师批评。"他说。

"老师批评你的时候,你一般会怎么想呢?"我需要具体化。

"我觉得自己很笨,就是做不好,我在学校的表现太差了。"他低声说。

"你这样想的时候,心情是怎么样的?"我问。

"当然心情不好,不愿见老师,也不愿见同学。"他回答说。

"你愿意待在家里,也是因为家里没有人批评,你心情会好些,是吗?"我问。

他忙不迭地点头。

"小源,现在我请你在这张纸上画一个等边三角形,然后在每个角上写两个字,分别是想法、情绪和行为。"

"我写好了。"他动作很快。

"心理学把这叫作'认知三角',现在我用这个认知三角疏理一下你现在的困惑。"我解释说。

心理学解读

小源的问题可用认知三角理论来调整。认知三角,是认知行为疗法的核心技术。三角形的三个顶端分别代表"想法""感受"和"行为"。一个人的想法、感受和行为形成一个完整的大脑、心理和身体的闭合回路,它们之间的关系是双向的、相互影响的。CBT疗法通过改变想法,来改变感受,继而改变行为。当然,也可以通过行为改变,来改善自我的想法和感受等。

"你现在的状态是,老师批评了你,你认为自己是错的、是无能的、是丢人的,这是你的想法;你紧张、难过、害怕等,这些都是情绪;你不愿去学校,跑回家躲起来,是行为。你看看它们之间的关系,糟糕的想法引发了情绪反应,而情绪又导致你的不恰当行为反应,这是不是一个三角的循环?"我在纸上比画着,观察着小源的表情。

"嗯,就是这样。"小源似乎逐渐听明白了,抬起头问:"那我怎么办呢?"

"有一种方法,就是通过改变想法,来改变情绪,最终改变行动。比如,改变'我是错的、无能的、丢人的'的想法,变为'是我遇到了问题,而不是我有问题,我的问题是叠不好被子,那是缺少练习导致的,错的地方是练习少了,而不是我是错的',如果你的想法改变了,你的情绪也就会着变化。现在你体会一下，情绪是怎样的？"

"如果这么想一圈，好像我知道自己错在哪了，知道该做什么，就不那么紧张害怕了，心里也没那么难过了。"小源有感悟地说。

"那么回忆一下，你之前是怎么想的呢？"我继续问。

"嗯。我有点知道了，就是我之前把自己想太糟糕了，所以才害怕、担心，我的理解对吗？"小源清晰地说。

"其实，这个过程也可以从情绪开始。"我继续说："可以先调整情绪，比如，当你出现坏情绪时，可以通过调整行为，像用放松法，让肌肉不再紧张、呼吸减慢，身体松弛，让情绪变得稳定一些。有了稳定的情绪，就可以对自己遇到的问题做理性分析，然后再去行动，做你觉得应该做的事情。这样一来，那些糟糕的想法也就会慢慢地平复下来。"

"那您能教我一些放松方法吗？"小源急迫地问。

"当然可以，我给你提供一些资料，你可以跟着学习和练习。"

"太好了。"小源笑着点点头。

"接下来，我要给你留一个家庭作业，每天记录 3 件让你感到比较满意的事情，或者是你自身拥有的长处，比如待人友善、愿意分享、喜欢运动等。这些都是转变你消极想法为积极想法的资源库。"

温馨小贴士

家长要成为孩子的资源，而不仅仅是拐杖。孩子在成长过程中，不仅需要呵护，更需要经历风雨。在孩子遇到困难时，家长可以做拐杖，提供支持，但一旦他们有机会去勇敢探索时，家长应该成为他们最稳固的资源，让孩子真正地成长，应对更大的风雨。

"这不难。我以前还获得了不少奖状呢！"

"真好，都得过什么奖状啊？"

"我都有些记不清了，应该有爱心奖、读书奖、爱护小动物奖、孝心奖，跳绳和骑自行车也得过奖呢！"小源说着嘴角不自觉地咧开了。

望着小源微微涨红的脸，听着他信心十足的回答，我感到他逐步走出了自我的迷茫，唤醒了内在动力，打开了前行的心门。

"在我看来，小源是一个很有力量的男生，虽然更换学校让你感到难过，但现在你有了很多资源，比如爷爷奶奶会教你一些生活技能、爸爸妈妈也愿意陪你一起找方法，你自己在经历这件事之前也有好的基础，给自己一些时间去融入一个新的环境，你愿意尝试吗？"

"我肯定愿意，自己现在这个样子我也不喜欢。"小源认真地说。

稍微停顿了一下，他又接着说："我就是心里难过，其实学校的事也没那么难，只是我心里有些抗拒、不想做，现在我不那么烦心了，就觉得没那么可怕了。"看起来小源是健谈的，更让我欣喜的是，他对自己问题的看法，有了成长性的转变。

"你说得没错！当你允许自己不适应，并给新环境一些时间，你就不会那么烦恼了，继而你会发现问题没有那么大，做事情也没有那么难，对吗？"

"您说得真好，现在我就是这种感觉，好像没太难的事。"小源回应说。

尾声

小源一周后上学，上学期间又做过两次支持性咨询，主要讨论新学校的适应问题。奶奶也打来电话告诉我，他们老两口已经放心地去老年学校学习绘画了。最开心的是，孙子已经是一名快乐的初中生了。

教你一招 | "四个不做"化解隔代养育困惑

隔代养育已然成为一种新的家庭养育模式，但因为教育程度、观念、身份的不同，孩子父母和长辈之间难免会在养育方式上产生分歧，如何在隔代养育中培养出一个品格优异的孩子，有以下几个问题需要重视：

（1）优势互补共促孩子发展：祖辈在照顾孩子的生活起居上有着丰富的经验，父辈在育儿观念上符合当今社会的发展趋势，能适应不断变化更新的社会需要，二者的整合，可以形成完整的家庭教育观。在尊重祖辈经验的同时，吸纳父辈新的家庭教育的理论知识，协调一致达成科学养育观，共同促进孩子的成长发展。

（2）父母不做"甩手掌柜"：当祖辈提出替自己抚养子女时，年轻父母是不是都乐于当"甩手掌柜"？但是家庭教育不是哪一个人的责任，需要整个家庭共同的努力。祖辈通常可以提供完善的生活保障，但生活背景不同、社会环境不同，思维容易固化，也可能会影响孩子适应当代社会发展的进程。父母在家庭的角色职能是无法替代的，比如母子之间的依恋关系关乎孩子安全感的形成，父亲责任感和使命感的影响是孩子人格成长中的重要部分，任何的缺失都会影响孩子人生的发展。

（3）建立良好的情感联结：年轻父母难以有足够的时间和精力照顾孩子时，祖辈们可以发挥时间和精力的优势帮助解决这个困难。但父母与孩子的情感互动，以及良好的亲子关系，是祖辈们无法替代的。亲子关系对孩子的成长至关重要，父母不管再忙，都应该抽出时间与孩子进行有效的沟通，增进了解，使孩子感受到父母的关心和爱护，形成安全的亲子依恋。

通常来说，六岁之前是建立情感联结，形成良好亲子关系的一个最佳时期。然而，现在有个误区，很多家长都会选择，在这个阶段安排孩子去学习像钢琴、画画、跳舞等技巧，以为这是孩子的早期培养。其实，持久而亲密的亲子关系对他们今后的影响更为深远，应该抓住关键期，给孩子良好的情感和个性培养。

（4）平等视角的对话：不管是祖辈还是父辈在与孩子交往时，都应该站在孩子的角度上去看待问题，而不是以长辈自恃。当孩子与自己的想法不一致时，家长不应该专断独行将自己的想法强加于孩子身上，这不但不会令孩子信服，反而会使孩子产生反叛情绪。与孩子进行沟通时，家长应该多倾听孩子的想法，将自己的姿态放平，把孩子当作朋友一样进行平等的交流，相互之间建立一个平等的关系，从而建立一个相互信任的关系，减少亲子之间的冲突。

父母必读 | 父母功能角色缺失与影响

> 家庭是孩子成长的沃土，要发挥好家庭的教育和养育职能，父母功能角色的定位至关重要，以下分别从母亲、父亲功能角色两个方面来做一些知识介绍。

母亲在孩子的成长过程中扮演着非常重要的角色。她的角色功能缺失会导致孩子情感、社交、教育和心理健康方面出现一系列问题。

（1）情感影响：孩子可能会有被遗弃和不被爱感，这种感觉可能会导致他们对自我价值产生怀疑，强烈的自卑感。同时，因为孩子没有从母亲那里学到如何建立健康的情感联系，所以他们在建立亲密关系时可能会遇到困难。

（2）安全感缺失：母亲是孩子安全感的来源之一，她的缺失可能导致孩子缺乏安全感，这种缺乏爱与关怀的痛苦可能会伴随他们一生。

（3）社交和行为发展：没有母亲的指导和榜样，孩子在学习社交规则和适当行为方面可能会遇到挑战，可能导致他们变得更加内向或是过于依赖同龄人的认可。

（4）教育和学业影响：母亲通常是孩子学习的第一个和最重要的老师，她的缺位可能使孩子在学校表现不佳，缺乏学习动力和目标。

（5）心理健康问题：孩子可能会感到孤独和无助，因为他们缺少了一个在困难时期提供支持和安慰的角色，这可能导致焦虑、抑郁或自尊心问题。

父亲角色功能的缺失同样对孩子的影响是深远的。不仅同样能对孩子的安全感、情感发展等方面有影响，还可能会导致孩子性格和品质、性别角色混乱和社交技能发展受阻等一系列问题。

（1）性格和品质的影响：父亲功能的缺失可能导致孩子性格上的怯懦、缺乏自信和阳光心态，甚至变得懦弱。对于男孩来说，缺少父亲的教育和引导，可能无法形成应有的刚毅、稳重和责任心。

（2）性别角色混乱：父亲在孩子的性别角色认同上有着不可替代的作用。父亲的缺失可能导致孩子性别角色混乱，尤其是男孩可能表现出过于女性化的特征，而女孩则可能表现出过于男性化。

（3）社交技能发展受阻：父亲通常扮演着社会化的角色，他们的长期缺席可能会影响孩子的社交技能发展。孩子们需要与同龄人一起学习和玩耍以发展社交技能和情感，如果缺乏与父亲的互动，他们可能会感到不自信，导致在社交场合中感到焦虑和不安。

综上所述，父母家庭角色功能的缺失对孩子的影响是多方面的。父母们应该尽可能多地参与孩子的成长过程，以发挥他们在孩子教育中的重要作用。

知识链接｜"自我效能感"对孩子的影响

心理学家班杜拉于1977年提出自我效能感的概念，并将其定义为"人们对自身能否利用所拥有的技能去完成某项工作行为的自信程度"。自我效能感，对孩子发展的影响是多方面的，主要体现在以下几个方面：

（1）影响孩子学习发展的机会：自我效能感高的孩子更倾向于选择具有挑战性的任务和目标，因为他们相信自己有能力完成这些任务。相反，自我效能感低的个体则可能避免选择具有挑战性的任务，因为他们担心自己无法胜任。这种选择差异会进一步影响个体的发展和学习机会。

（2）影响孩子的努力程度和坚持性：在面对困难和挑战时，自我效能感高的孩子相信自己能够克服困难并取得成功，因此愿意投入更多的时间和精力。相反，自我效能感低的个体则可能在遇到困难时轻易放弃，他们认为自己无法改变现状。

（3）影响孩子的归因思维及情绪：自我效能感高的孩子更倾向于将

失败视为学习和成长的机会，而不是对自己能力的否定。相反，自我效能感低的个体则可能陷入消极的思维模式和情绪状态中，对失败和挫折产生过度的担忧和恐惧。

（4）影响孩子的成就和表现：由于自我效能感高的个体更愿意选择挑战性任务、付出更多努力并坚持不懈地追求目标，因此他们通常能够取得更高的成就和更好的表现。这种成功体验又会进一步增强他们的自我效能感，形成良性循环。相反，自我效能感低的个体则可能因为缺乏自信和努力而表现不佳，进一步降低他们的自我效能感。

（5）影响个体的身心健康：自我效能感还与个体的身心健康密切相关。自我效能感高的个体通常具有更强的自我调节能力和应对压力的能力，能够更好地管理自己的情绪和行为。这种积极的心态和行为模式有助于他们保持身心健康和幸福感。相反，自我效能感低的个体则可能因为长期处于消极状态而增加患心理疾病的风险。

因此，提高个体的自我效能感对于促进他们的全面发展和成长具有重要意义。如何帮助孩子提升自我效能感呢？有几个小方法可供参考。

（1）给孩子设立阶段性小目标，在不断的小成功中提升自我效能感。

（2）帮助孩子辩证看待自己的优势与劣势。

（3）选择一些认为能做好的事，多次的成功能帮助孩子培养一种"我能行"的成功信念，慢慢就可以解决畏惧棘手的问题了。

（4）请孩子列出认为自己最难和最容易应对的具体情形。从比较容易的工作着手，在获得一些成功后再去应对那些较难的任务。

（5）及时关注孩子的成功。屡次的失败或许让孩子觉得有些事情是做不了的。但一定要时刻告诉他/她：失败都成为过去，现在的你又重新满怀着信心和成就感。

（6）保持随时记录，以便直观地看到孩子的成功。

第十五篇　我不知怎么跟好朋友和解

　　青春期的孩子，心中充满了想去了解自己和他人的好奇，并十分关心自己在他人心中的形象。同时，他们内心会有很多矛盾，既想守住自己的秘密，不愿让更多人看透自己，又希望他人能够理解自己；既想要独立，又不愿失去必要的依赖。此阶段，父母不再是说心里话的最佳人选，朋友成为他们生命中十分重要的关系。

案例解析｜找回自我力量，做真实自己

> 女儿：王诗涵，13岁，初中二年级学生。"我就是不想去学校了，坐在教室，我就喘不上气来，根本学不下去，想在家学习。"
>
> 母亲：43岁，某服务中心公务员。"我女儿最近不知道怎么了，总说不舒服，不想上学，让我跟老师请假。我问她哪儿不舒服，她也说不清，我约了几个专家看了看，医生都说身体没啥事，建议找心理医生看看，孩子不愿意，今天也是被我硬拽来的。"

妈妈拉我做咨询｜冰冷的心被温暖了

自己的心事为什么要告诉别人？面对成年人的关心，当青少年选择沉默来应对时，可能只是在说，你们都不理解我，也帮不上我。

13岁的王诗涵，身材微胖，稚嫩的面容感觉比实际年龄小一些。

被妈妈推进咨询室后，她眼睛扫视了一下房间，选择靠门边的沙发，身体也朝向门的一侧，好像随时要离开的样子。

我微笑着，用温和的语调问："诗涵，我可以这样称呼你吗？"

也许是出于礼貌，她微微地点了下头，没有说话。

"你以前做过心理咨询吗？"我继续问。

孩子心里话

我觉得谁也帮不了我，我也不想做咨询，心理医生想说什么都行，我就先听一听，看看心理咨询到底能干啥？医生能说些啥？

她摇摇头，依然沉默。

"你知道在心理咨询中，我们两个人的谈话是保密的吗？"我主动引出了话题。

王诗涵转动了一下身体，抬起眼睛望向我，似乎保密二字引发了她的兴趣。

我继续给她介绍心理咨询的工作流程和原则。她静静地听着，依然没有说话。

我说完以后，沉默了几秒。听我不说话了，她抬起眼睛瞄了我一眼。

"刚才妈妈说，你不愿意做咨询，但今天还是来了，是什么让你来到

这里的呢？"知道她一直在听，我又问了一个问题。

"我要是不来，我妈就会一直唠叨没完，我不想听她唠叨。"王诗涵终于说话了，像是在重申自己就是不想咨询的意愿。

"我明白了，你来到咨询室就是想让耳朵清净一些，是吗？"我回应道。

王诗涵有一种被理解的感觉，冲我深深地点了下头。

"既然要待在这里，那就索性做点什么，比如，说说让你不开心的事？烦心的事？"我用适中的语速，温和的语气说。

她抬起眼睛看了我一眼，像是在心里盘算着什么。

看着她犹豫的样子，我继续用温和的语调说道："没关系的，如果你实在没什么可说的，我也可以把妈妈请进来，跟她说明情况，提前结束咨询。"

"那不行！现在回去我妈肯定不同意，她还会把我拽回来的。如果我回去了，她只会继续唠叨，还会再给我找别的咨询师。"她一下子紧张起来，快速地说道。

心理学解读

一般来说，非自愿来访者缺少咨询动力，为了让咨询能顺利地推进和发展，咨询师会在咨询过程中寻找、挖掘和促进来访者的内在动力。在这个案例中，咨询师询问王诗涵来到咨询室的原因，就是在探寻咨询动力的一部分。

孩子心里话

看来，这个咨询师还是能懂我一点，今天我来咨询室就是不想听我妈的唠叨，想让我的耳朵清净一下，只是不敢跟我妈说而已。

"哦？原来是这样啊！"我回应道。

大概是我温和的态度给了她鼓励。她望向我怯怯地问："如果我一直不说话，咨询可以不收钱或少收钱吗？"

"按咨询工作的规定，是不可以的。"我温和但肯定地说。

"可我啥也没说，你也没做什么，为什么还要收这么多钱呢？"她提高了声音继续问。

"诗涵，来到心理咨询室的人，付费购买的是专业咨询师的工作时间。有的人能充分利用这个时间，尽可能多地讨论问题，分析和探索解决问题的方法，让自己的花费更有价值。可有的人不愿意讲话，也会收获一些别的东西，比如像你说的听不到妈妈唠叨，躲个清净。"我耐心地做着解释、引导，毕竟她只是一个13岁的孩子。

王诗涵专注地听着，我感觉她听进去了。

"如果你坚持不说话，我会尊重你，但收费是心理咨询工作的原则。"我补充说。

王诗涵听懂了，不情愿地说："好吧。是我妈硬让我来的，我也没想好说啥。"

"你认为，妈妈为什么这么坚持让你做咨询？"我紧贴着她的话问。

她想了一会儿，欲言又止。

"你再想想，可以说你愿意说的，不想说的也别勉强自己。"我需要为她释放一些心理压力。

这时，王诗涵似乎有些忍不住了，脱口而出说道："我知道，她就是想让我快点回学校。可我回到学校真的很难受，现在去不了，我就想待在家。"

"你是说，妈妈不知道你在学校很难受，所以催促你尽快回学校，是吗？"我澄清道。

"她知道我难受，可她觉得我也没查出啥毛病，不明白为什么难受，总是念叨你没查出毛病啊！我也不知道为啥，就是难受，不想回学校。"王诗涵很有情绪地说。

"你从什么时候开始身体不舒服的呢？发生过什么事情吗？"我继续探究。

"跟一个好朋友吵架以后，我就特别难受。当时她说了很难听的话，我冲她发脾气了，同学们也嘲笑我。我告诉

心理学解读

咨询付费，是心理咨询一个重要设置。咨询付费有促进个体参与咨询、激活心理动力的积极作用。①来访者愿意付费是改变最基本的前提，经济的付出使来访者更重视自己的问题，从而产生比较强烈的改变动机。②收费可以提高问题解决的效率。③付费可以使咨访两方职责十分明确，各自都有需要遵守的权利和义务，明确的关系对问题的解决非常有利。

温馨小贴士

儿童青少年处于成长期，身体反应和心理状态的链接更复杂多样，很多找不出缘由的身体不适合症状，可能是心理出现困惑的信号。父母可能基于自身的知识和经验，多半会聚焦在治疗孩子身体的症状，而很难看见身体症状背后的心理原因。

了老师，老师没管，说女同学之间有小矛盾正常。我又告诉了妈妈，她说这是小事，让我自己调整。"她沮丧地说着。

"你跟好朋友吵架是什么时候发生的事？"我继续问。

"大概两个星期以前吧。"她回应。

"现在，你身体的感受是什么？"我需要把身体症状具体化。

"经常嗓子发紧，喘气不舒服，特别是一坐到教室里，就浑身难受，学不进去。在家就好很多，能看看我喜欢的书。"她认真地回答。

"这些信息很重要，最近发生的这些事，与你感觉到的不舒服有明显关系，接下来，我们还需要进一步做些工作。"我说。

"您是说，心理咨询能帮到我？"王诗涵望着我，急迫地询问。

心理学解读

通常在首次咨询过程中，会收集一些有意义的信息，对来访者做出最基本的评估，比如诱发事件、主要身心症状、问题发生时间等。

"从目前了解的情况看，如果我们一起努力，心理咨询能帮助你改善一些身心症状，至少你会觉得更轻松一些。"

"那我愿意，我妈肯定也高兴。"她像是有了意外的收获，兴奋地说。

至此，身处咨询室的王诗涵，感受到了不同以往的被尊重、被理解和被关注的新体验，让她从沉默中到看到希望。

跟好朋友吵架了 | 身体述说我的心伤

一般来说，孩子的情绪表达方式有两种类别，一类是语言表达，另一类是非语言表达。孩子心理问题引发的躯体化症状，就是非语言表达的一种典型例证。所以父母想要理解孩子，不仅要听他的话语，还要倾听他身体的呢喃。

王诗涵再次来到咨询室，我注意到，这次她没有选择门边的沙发，而是坐在靠近我一侧的沙发上。看来，这次咨询是她愿意来的。

"上次回去后，感觉怎么样？"我看着她，温和地问。

"我感觉好像轻松、踏实了一些。我前几天就想着早点来，看看我到底怎么了。"果然，王诗涵一改上次拒绝的态度，表现出强烈的咨询动机。

"我记得，应该有两个要探讨的主题，一个是身体难受，另一个是跟好朋友的关系。你看今天我们先聊哪个呢？"我把选择权交给了她。

"先聊聊身体难受的事吧！我不想那么难受了。"她很快给出了答案。

"上次听你母亲说，她带你去医院检查过身体，好几个专家都说你身体没有问题，是这样吗？"

"我去看了呼吸科、心血管科，还有消化科，还做了血液检查，都说没问题。"王诗涵细致地做着说明。

"如果已经排除了身体的疾病，那就可以考虑是心理因素引发的躯体化症状。"我回应说。

"心理因素？我喉咙不舒服，喘不上气是千真万确的，不是装的。"她不解地问。

"你的感受是真实的，考虑心理因素引起的，不是说你故意隐瞒、说谎，而是指从心理的角度去分析问题。"

"噢，是这样！"王诗涵似乎明白了一些。

"上次咨询时你说，嗓子发紧是跟同学吵架后出现的，能详细说说当时吵架的情形吗？"我需要澄清细节。

温馨小贴士

人的心理因素，通常是指所有心理活动的运动、变化过程，如记忆、推理、信息加工、语言、问题解决、决策和创造性活动等，比如包含个人独特的心理特征和个体行为的稳定性，以及人在不同发展阶段上的不同的心理特点等等。

"记得班里要搞个活动，就是跳个健身操那样的舞蹈，老师让大家尽量参与，看到大部分同学都报名了，我也就举手报名了，结果我的朋友却说'你长这样还报名，别吓人了'，她这是说我丑呀，我特别生气，当时就跟她吵了起来。"说到这里，王诗涵的脸都涨红了。

"你讲这件事时，我仍能感觉你的声调提高、语速变快了，神情还有些紧张，你是觉得说你丑的这句话，让你心里有受伤的感觉，对吗？"

"她是我最好的朋友，她不该当着同学的面那样说我。不过，我当时也骂了她，反应也确实有点过了。"她说。

"有点过了，是指什么呢？"我追问。

"就是说她不通人性，而且声音挺大的，让她也很尴尬，最后她也生气了。"王诗涵声音低了下来，好像有些自责。

"那天吵完后，我就有点后悔。可是也挽回不过来了。"她又补充说。

"你觉得，自己没有被尊重，发脾气是应该的，但又觉得自己的反应有点过度了。除了有些自责和后悔，还有些什么感受？"我继续追问。

"反正就是很纠结。从那以后，我都不敢在班里大声说话，有时想说话，嗓子就发紧。还有，就是好朋友也不理我了，感觉上学挺没意思的。这是您说的心理因素吗？"她好奇地追问。

"现在，我可以从心理学角度解读一下。好朋友当时的那句话，刺伤了你的自尊心，让你很痛苦，你就用激烈的'反击'做出回应。但你没想到的是，你的反击又伤害了你的好朋友，你失去了最好的朋友，现在想起来你有些自责、后悔和伤心，在这种情绪状态下，身体就会出现一些不舒服的感受，包括嗓子发紧、睡不踏实。"我解释着。

"我不知道，还有这么多心理活动啊！"王诗涵似乎听明白了。

"这些复杂的心理神经反应，往往是在人的潜意识中进行的。一般觉察不到它，所以大部分人都会把视角聚焦在身体反应上。"我回应她。

王诗涵点点头，说："难怪呢，医生都说我没什么病。"

接下来，我又给她详细介绍了压力应对的策略，并指导她做深呼吸放松练习。

王诗涵很配合，做得也很认真，在反复引导下，她做了5次腹式呼吸练习。结束后我问她的感受，她说嗓子没有那么紧了。

> ### 孩子心里话
> 原来是这样啊！看来心理学的研究还挺有意思，应该多听听，自己可以多了解些自己的心理。我留下来做咨询也算选对了，看来医生建议我做咨询是有道理的。

"说心里话，我最伤心的是好朋友不理我了，很孤单的，现在连上学也觉得没意思。"王诗涵说出了心里话。

"现在，可以跟我介绍一下你的好朋友吗？"我问。

"她是我最好的朋友，我们从小一起长大，上小学、初中都在一个班级，谁都知道我俩是最好的朋友。"她说。

"能做这么久的好朋友，真难得，你们过去吵过架吗？"我追问。

"我们以前从来没有真正吵过架，有时辩论几句，大家都当玩笑就化解开了。这次吵架后，我俩一直都没说话，我心里很难受。"说到这儿，她的心情低落了起来。

"除了这个好朋友，你还有别的好朋友吗？"我问。

心理学解读

孩子的人际互动关系，是他们社会支持中很重要的部分。对于已进入青春期的王诗涵来讲，同学是她接触最多、时间最长的同伴，他们之间的友情和互动关系，将对她的社会心理发展有着重要的影响。

"几乎没有。我长得胖，小时候人们总说很可爱，可到初中后，我发现不是这样的，班里爱美的女生有个小团体，她们想拉我好朋友一起玩，但好朋友说必须带上我才行，她们就同意了。"她低头回应。

王诗涵略微停顿了一下，又接着说："但我能感觉到，她们还是在背地里嘲笑我。每次我心情不好，好朋友都会安慰我，我觉得她人特别好，就很喜欢她。"

"妈妈知道这些情况吗？"我继续问。

"我和妈妈说过，她让我别想那么多事，身体胖就多运动，让我把精力用到学习上。"提到母亲，她是有情绪的。

温馨小贴士

父母眼里看起来的小事情，可能就是孩子世界里天大的事，影响着他们自我成长、人际关系和人格建构。加之，孩子尚不具有成熟的社会认知，处理问题的策略和经验。因此，父母要多倾听孩子的心声，成为他们成长路上的陪伴者、帮助者和引导者。

"我能感觉到，你失去好朋友之后的无助、伤感和自责。今天，你愿意跟我分享这些，就是在帮助自己走出这种困境，如果你愿意，我们就一起努力，重新找回你和朋友的友谊，你愿意吗？"我尝试为她点燃心里的希望，激发她内在的动力。

王诗涵红了眼圈，用力地点点头。

咨询结束前，我邀请她做了接下来一周的生活计划。

最后十分钟，我和母亲做了单独交流，母亲意识到自己平时忙于工作和家务，对孩子的关注、倾听和鼓励不够，决定回家后认真梳理一下，先从改变自己开始。

不再自卑的勇气 | 自我内在力量回归

青少年的伙伴关系，金子般珍贵，失去了，也许会痛得无法言说。慢慢地拨开迷雾，找到了隐藏在内心深处的动力，搭起重启友谊的阶梯。

王诗涵第三次来到咨询室，整个人松弛了很多。

她坐定后，还好奇地问我，前两次好像没注意到咨询室里的摆设，现在发现还有沙盘这么好玩的东西，还追问这是干什么用的。

"沙盘是做咨询用的，你想尝试一下吗？"我征求她的意见。

"嗯嗯。"她嘴角含笑，用力地点头。

王诗涵的沙盘制作过程比较流畅，作品也比较简洁。

"你觉得自己在沙盘里面吗？"我重点提问到自我意象的问题。

"我不在这里面，没有我。"王诗涵摇摇头。

"如果让你从现在的沙具中，选一个来代表你，你觉得哪个更像你一些？"我坚持引导她去探索自我意象。

王诗涵观察了一会儿，指着一个小矮人说："这个吧。"

"这个小矮人什么地方能代表你？或者你们有什么相似的地方？"我问。

"都比较丑吧。"王诗涵脸上不觉掠过一丝苦笑。

> **心理学解读**
>
> 沙盘作品解读时，"我在哪里"是投射来访者评价自我、描述自我心理状态的关键内容。沙盘作品中自我像的缺失，往往反映出来访者对自身理解的模糊，或自我同一性还没有确立，或分离个体化没有得到充分的发展。

"你是这么看自己的？"我提示她再仔细观看下小矮人。

她一边审视小矮人，一边点点头。

"在记忆里，你最早一次听别人说你丑是什么时候？是谁说的？"我问。

"奶奶、爸爸都说过，我五六岁吧。他们都喜欢男孩，我也不怪他们看不上我。"王诗涵慢慢地说。

"我知道，你说不怪他们说自己丑，这是理性反应。但这不代表情感上认同，也许从那时起就对丑这个词变得敏感，甚至形成负性情绪记忆。以后当你听到类似语言时，幼时的情绪记忆有可能被激活，这时情绪就爆发了。"我尝试做出一些解释，帮助她能更好地理解自己。

"你再回想一下，当你认为好朋友说你丑时，就控制不住发脾气，还骂了她，有没有可能是情绪记忆的激活迁移？如果你能理解自己情绪爆发的历史缘由，可能对好朋友的怨气就会降低，因为，发生争吵你自己也是有缘由和责任的。"我继续解释。

"嗯。小时候的事情我一直都记得，如果真是那样，对朋友的怨气好像一下子没那么厉害了，还有点小内疚呢。"她似乎释怀了，语气轻松地说。

孩子心里话

老师的话我听懂了，原来情绪是有记忆的。不该把责任全都推给好朋友啊！

"每个人都有心理防御机制，那些不被接受的事情会压抑在潜意识中，平时不容易觉察到。"我回应。

王诗涵点点头说："我有点明白了，那天好朋友的话刺激了我，我心里一直被压抑的情绪，一下子爆发出来了，把自己都吓一跳。其实那些怨气委屈早就存在，不全是好朋友造成的。我理解的对吗？"

说完后，又急忙补充说："好朋友不理我，我觉得特别的孤单，都提不起精神了。"

"现在，你对跟好朋友的关系有什么新的想法？"我问。

"我还想跟她做好朋友。"她急切地说。

"那么接下来，你会怎么做呢？"我问。

"我就是在想，怎样主动跟她开口说第一句话？"她很认真。

"你有什么好主意吗？"我继续问。

心理学解读

无条件积极关注对建构孩子的自信非常有效。它是指无论对方的品质、情感和行为怎么样，我们都不对其做评价和要求，而是给他们无条件的温暖和接纳，肯定他们的积极行为，使他们觉得自己是有价值的人。

"以前，我俩经常放学后到一个冷饮店里吃冷饮，每次感觉都很好。我在想，要不要找机会约她去吃冷饮，然后和她说说我做咨询的事。"她在开动脑筋，想办法了。

"你为找回好朋友在想办法，我想如果好朋友知道了也一定会高兴，因为朋友不是单方面的失去，而是都失去了对方。"我回应。

"可是，我也担心她不理我。"王诗涵有点灰心地说。

"担心很正常。如果你去约她，她依然不理你，你心里会怎样想？"我问。

"我觉得挺没面子的。"她说。

"没面子，你是怎样理解的？"我追问。

"就是别人觉得我不够好呗！"她不假思索地说。

"你认为只有别人觉得你好，你才是好的，是吗？"我反问她。

"我……我还是挺在意别人对我的看法的。"她似乎觉察到什么。

"你听过盲人摸象的故事吗？七个盲人都从自己的感受描述大象，但都不是大象真实的样子，只有把感受链接综合起来，才能看到真实的大象。人也一样，要从不同的角度去看自己、看别人，才能看得真实一些。"我说。

王诗涵点点头。

"在我看来，别人看你的眼光是重要的，但更重要的是你自己如何看自己？如何遵循自己的意愿做事情？比如，你很想把好朋友找回来，那你愿意为自己去做吗？还是重新回到原点呢？"我启发性地说。

"在跟您交流之前，我肯定是不敢去做的，但是现在我想去试一试。"说完，她嘴角露出了笑意。

"如果你遵循内心做了自己想做的

心理学解读

对自我缺少清晰认知的人，会过分在意别人的看法，把希望寄托在他人的评价、他人的指导上。自我不能真正地发挥功能，无法恰当地应对冲突和挫折。

温馨小贴士

进入青春期的孩子，思想逻辑处在快速成熟的过程中，对人生的思考也是最积极、最愿意深入的时期，他们不仅需要物质上的满足，更需要家长精神上的共鸣。如果父母依然把他们当作小孩，认为只需要严格管理、灌输教育，往往会导致亲子关系冲突问题。家长如能及时调整角色，由教导者变为引领者、分享者，将会对孩子人生的发展起到关键的作用。

事情，无论结果怎样，都去接纳它，因为你是自己的主人，你只是做了自己想做的事。"我回应说。

"我懂了，我决定约她去吃甜品，好好聊聊，反正我努力了，她是什么反应我都接受。"她抬起头来，肯定地说。

这次咨询后，王诗涵妈妈又来过一次，她告诉我，女儿跟好朋友已经和好了，现在不仅可以去上学了，而且身体难受的感觉也消失了。

我望着母亲如沐春风的笑脸，在心里体悟着孩子成长的不容易，但我相信无论孩子再遇到怎样的困扰，家和父母永远都会给她最温暖的支撑。

教你一招 | "心理画像"技术走进孩子内心

> 孩子成长的过程是一个快速变化的过程，如何能走进孩子的心里，真正去了解他们的变化，对很多家长来说是一个难题。心理学中"心理画像"技术，可以帮助家长们更深入地了解孩子的内心。

心理画像是一种通过观察和分析人的行为、言语、情感等表现，推断其性格特征、价值观和动机的方法。这种方法可以帮助我们更好地理解他人的情感和需求，同时也可以帮助更好地认识自己。这里给大家介绍三种具体方法和途径。

（1）四象限法："四象限法"是提供给大家四个维度的线索，用文字、语言或其他方式描绘出"自我画像"。第一象限是身体感受，可以通过五种感官渠道（眼、耳、鼻、舌、身）描述自己的身体感受。第二象限是自己的情绪情感，描述自己的情绪、情感，比如喜怒哀乐、热爱、厌恶等。第三象限是想法观念，描述自己的认知、理念等。第四象限是觉察/反思/行动，对某些事物规律的体悟等。

例如，请孩子在下图四个象限里记录自己的关键词。

情绪情感	身体感受
想法观念	觉察 / 反思 / 行动

（2）人际互动法：如果说四象限法是从个体的视角来描述自己，那么人际互动法强调的是从群体中感知自己，描述自己。人际关系就是一面镜子，映射出每个人成长中尚待解决的问题，生命中出现的每个人都是帮助我们完成成长这项作业的。

例如，让孩子参加团体心理活动，在团体互动中，多维度多视角地感知和认识自己、主动或间接地得到别人眼里的我的反馈。

（3）心理投射法：心理学里有很多用于测量的工具，都可以帮助我们认知自己。一类是量表测量，比如常用的人格量表、症状自陈量表、情绪量表、应激源量表等。还有一类是投射类工具，比如梦的分析、绘画、沙盘、OH 卡等，在不同的介质上，我们都可以看到自我心理画像。

例如，在沙盘作品中，寻找代表自己的"自我像"沙具，对这个沙具的感受和认知，就是在投射对自己的认知和觉察。

心理画像技术，对成人和孩子均可以使用，可以帮助我们更全面、真实地了解自我或他人。

父母必读 | 孩子自卑自责，父母怎么办？

自责是指个体因缺点或错误而感内疚谴责自己的心理状态。积极的自责是一种自我反省，消极的自责是对自我内部的攻击。自卑是指个人体验到自己的缺点或无能而产生的消极心态，心理学家阿德勒认为，自卑是人类的正常心理现象，但有双重性，适度的自卑可以产生成就需要，但过度的自卑会影响人格的发展。日常生活中所说的自卑自责，主要指消极的自责和过度的自卑，下文中的自卑和自责就是这个含义。

自卑与自责是一对孪生兄弟，有着自我评价过低的共同特点。如果孩子长期处在低自我评价中，不仅会带来情绪问题和行为问题，还会影响孩子完整人格的发展，最终可能导致心理疾病的发生。所以，一旦发现孩子处于自卑与自责之中，家长要给予关注、倾听和共情，帮助其尽快恢复客观的自我评价。

以下是父母如何帮助孩子，学习客观评价自己的一些策略和步骤。

（1）建立信任关系：成人需要与孩子建立信任关系，让他们感到被尊重和被理解。这样，孩子才会更愿意接受指导和进行反馈。

（2）教孩子反思技巧：可以通过引导孩子向自己提问，帮助他们进行自我反思，例如：在这个任务中，我做得好的地方在哪里？哪些地方还需要改进？等等。

（3）提供有价值的反馈：成人应该给予孩子具体和正面的反馈，强调他们的努力和进步，而不仅仅是成果。这有助于孩子理解自己的长处和需要改进的地方。

（4）批判性思维：通过讨论和分析案例，成人可以帮助孩子发展批判性思维能力，这有助于他们更加客观地看待自己的行为和表现。

（5）鼓励自我监控：可以鼓励孩子记录自己的学习和行为表现，通过日志或学习文件夹等方式，让他们有机会定期检查自己的进步和挑战。

（6）强调积极心态：应该强调积极心态的重要性，让孩子明白能力是可以通过努力提升的，而不是固定不变的。这有助于孩子在面对挑战时，依然能保持积极态度，并将错误视为学习和成长的机会。

知识链接｜同伴对青春期孩子的重要性

同伴关系，是年龄相同或相近的青少年之间，通过共同活动而形成的相互协作的关系。

青春期的孩子在同伴群体中被同伴接纳的程度、所处的角色和地位等，对他们的成长有着至关重要的影响。同伴关系可以给他们带来愉悦和振奋，但一旦关系出现问题，也会让他们感受到极度的痛苦和羞辱。

为什么同伴关系对于青少年如此重要？

（1）青春期的孩子自主意识的发展，让他们对父母的依赖越来越少，而把更多的依赖转移到同伴身上。

（2）青少年与同伴接触的时间可能会多于家人，且同龄人之间更容易在思想和体验上产生共鸣，随着他们对情感理解和移情能力的逐渐增强，彼此深入的分享也会增进朋友间的亲密感。

（3）同伴群体给予的归属感、人际关系体验、面对学习的共同挑战、解决问题能力的共同培育、相互信任的支持和自我价值感体验等，是别的群体无法替代的。同伴关系的功能在于可以吸收同伴的经验，发展社会认知和社会技能，培养社会责任感和增强情感支持。

综上所述，父母在对待青春期孩子的同伴关系时，要保持清醒的头脑。做到理解同伴交往对孩子成长的意义，支持与指引孩子进行恰当的同伴交往，让孩子自主经历获取人际交往的能力，这对亲子关系的维护和促进孩子健康成长能起到积极作用。

第十六篇　想放弃高考的孩子

青春期是身心发展最迅速的时期，也是情绪状态波动比较明显的时期，处于青春期的个体对自我的认知、对社会的认知、对人与人关系的认知等，还都在不断地探索之中。

案例解析｜唤醒孩子深层的心理驱动力

> 女儿：小文，17岁，高三毕业班学生。"现在我总是心烦，马上就要高考，可我怎么也学不进去了，我觉得自己没救了，想放弃高考了。"

> 母亲：48岁，机关工作人员。"孩子最近情况很不好，她说书念够了，坐在教室太难受了，心很烦，还总想哭，觉得自己考不了大学，有时都想捅自己一刀，听孩子说这些话我吓坏了，什么也不敢说了。"

坐在教室太难受了｜高考之前如临大敌

高考前夕，由于学习任务的持续加重、家长和老师的殷切期望、自我认知发展有限等因素，高三学生往往容易感受到学业上的压力，从而产生焦虑、紧张和自我怀疑等心理冲突。

走进咨询室的人，不是预约表上的学生，而是孩子的母亲。

"孩子在外面呢。我可以先给您介绍一下孩子的情况吗？"母亲说。

我微笑点头，请她坐下说。

"我女儿高三了，孩子最近情况不好，她说书念够了，坐在教室太难受，心很烦，听她说这话我吓坏了。其实，她成绩一直挺好，平时就好胜，自尊心强。"母亲说到这儿，眼圈已经红了。

"您先别急，孩子愿意跟我谈的话，我们单独谈谈，我了解一下具体情况吧！"我说。

小文走进咨询室，神情倦怠，眼神里透出一丝不安，她没有直视我，扫了一下房间，在沙发一角坐了下来。

"你今天来想谈些什么吗？刚才妈妈说她很担心你，你自己感觉怎么样？"

> **孩子心里话**
>
> 老师每天都提醒我们，黑板上也写着高考倒计时。现在我每次考试都很紧张，就像赴战场的感觉，考好了就皆大欢喜，否则就像是做错事一样。我害怕老师失望，害怕父母失望，更害怕自己失去一切。我现在就觉得自己承受不住这些了，一个人的时候会担心的掉眼泪。

我问道。

"我就是特别心烦，学不进去了。"小文小声地回应。

"可以具体说一说，是一种什么样的心烦？"我问。

"就是觉得自己很差劲，好像学不动了。"她低声说。

"这一定很难受，我想知道，这个想法是从什么时候开始的？"我继续问。

"就是前两三周开始的。"说完，她又补充说道，"最近我妈妈请了假，在家陪我，她说心理咨询会让我好受一些。"

当我与小文的眼神触碰时，看到她眼睛里除了无助，还有一种渴求和期盼，我能感觉到她内心的不安，也能感受到她对心理咨询怀揣的希望。

"还有什么不舒服的感受吗？"我追问。

"一走进教室，心里就感到毛躁，注意力不集中，学不进去。"小文说。

"最近，你在家里的感觉怎么样？"我问。

"待在家里，心里就好受多了，我爸妈现在不问学习上的事情。"

"心情不好的时候，脑子里会想些什么？"我继续追问。

"就是想自己怎么能这样，考不上大学怎么办之类的。"她情绪低落。

从孩子和母亲的描述中得知，已经高三的小文，面临高考临近的现实压力，引发了学业焦虑、紧张和担心，同时伴有自信心下降，以及自我评价低等特点。

"什么情况下，容易出现心烦的感受？"我问。

"只要一想到高考、考试这些事情，就心烦。"她答。

"这种心烦的感觉，你以前有过吗？"我问。

"有过的，记得我初三时也心烦得厉害。但那时我还是想学习的，也很快就调整过来了。"小文想了想说。

"这次跟上次最大的不一样是什么？"我追问道。

心理学解读

心理压力，是指个体在面对生活适应过程中的各种压力源时，所产生的心理紧张状态或情绪体验。这种压力状态通常源于个人与环境之间的相互作用，当个体感知到环境要求超出自身应对能力或资源时，就会产生心理压力。

"就是不想学习了，学不进去了，以前不是这种感觉。"小文低下头，懊丧地说。

"有什么特殊原因吗？"我问。

"也没特别的事，就是要高考，老师最近经常说，高考是人生最关键一步，做不好就会后悔一辈子。我很害怕这个时候出问题，可是偏偏就出问题了。"

小文说完，就把头转向一边。

此刻，我能感受到她的忧虑，但又无所适从的无助。

无法承受的输赢 | 走出自责的死胡同

持续的学业焦虑，会明显干扰人的注意力和思考力，致使难以专注于学习过程，导致记忆力下降、学习效率低下和成绩下滑。另外，持续的学业焦虑，还可能削弱人的自信心和自尊心，使人对自己的能力产生怀疑。

"你认为自己出什么问题了？"我问。

"我前段时间觉得学习很累，就想停下来歇歇，可刚歇一会儿，就开始自责了。"小文说。

"你累了，想歇会儿，但歇下来就自责，越自责越无力，越无力越学不进去，越不学就越自责，形成恶性循环。最后，你就开始厌倦自己了，我理解得对吗？"

"嗯，就是个'死循环'。我就是不知道该怎么办？才觉得没出路了。"小文无助地说。

在小文的叙述中，学业焦虑引发的心理冲突和矛盾持续存在，并进入了固化式"死"循环，一边是"学习不能停下来，否则考不上大学，人生失败"的想法，另一边是"心烦得厉害，无法进入学习状态"的情绪行为。

要改变小文无力、僵化的自我现状，

温馨小贴士

心理压力对学生的影响是复杂而深远的。适度的心理压力可以激发学生的潜能，提高学习效率。然而，当心理压力过大或时间过长时，就会对学生的身心健康产生负面影响，如导致焦虑不安、自信心下降、降低学习效率等。因此，父母要及时发现，提供心理支持和帮助。

先要缓解她严重的学业焦虑和心理压力，打破现存的消极认知、负性情绪与不良行为的压力循环圈。

我对小文说："打开这个死循环的关键点，就是行动，如果能行动起来，自责就会减少，压力也会随之释放，你觉得如何？"

"可是每次我想行动的时候，都停下了。"小文低声说。

"我怎么理解这句话呢？"我好奇地追问。

小文犹豫着，等了好一会儿才说："我害怕成绩不好，害怕失败，害怕没有未来。"

"失败是指什么呢？"我追问。

"失败就是丢人，就是什么也没有了啊！"小文不假思考地回答。

"看起来，你心里的学业不是知识的积累，而是贴上了'我失败''我成功''我丢人'这些标签。所以每次考试，让你害怕的就是这些念头，对吗？"

"是这样，考试成绩好，就觉得自己赢了，成绩不好就是输了，心情好好坏坏，像坐过山车一样，心很累的。"小文用复杂的眼神看着我。

"如果你把刚才的那些标签都拿掉，感觉又会如何？"我用了假设提问，帮助她打破对问题的僵化认知。

"如果不考虑那些，学习是个挺有意思的事，至少我觉得知识有价值。"小文好像在憧憬着什么。

"那么，打开死循环的方法就是撕掉那些标签，因为它们就是'紧箍咒'，所以你要做出一个选择，要不要撕掉那些标签？"我把改变的选择权交给小文，只有经过她认同的改变，才是有价值的改变。

"撕掉标签？我可以吗？"小文犹豫着。

我意识到，小文已经站在了抉择的关键点上。此时，我尝试推她一把。

于是，我说："打开'紧箍咒'的

温馨小贴士

心理标签，会影响孩子的认知、情绪和行为。例如，给自己贴上"失败者"标签的孩子，可能更容易产生沮丧和放弃的情绪，而被贴上"成功者"标签的孩子，则可能更有动力和信心去追求成功。因此，父母要及时发现孩子给自己贴的心理标签，并给予矫正性干预。

钥匙就在你手上，只有你才能做出这个选择。"

"我肯定想打开那个紧箍咒！可我不太相信自己啊，觉得心里很空虚，不知所措，您可以帮我吗？"小文求助的眼神看着我，说这话时眼圈都红了。

我理解小文的担心，也理解她临门一脚时的无力感。

是啊！当她的内心没有自信和勇气时，何尝能做出一个有力量、有担当的选择呢？

于是，我决定选用绘画疗法，这是一种非言语性的沟通方式，可以带给小文直观的感受和创作的自由，对缓解学业压力、减轻焦虑和提高自信心等，具有良好的适配性。

自我怀疑的怪圈 | 唤醒深层心理动力

孩子的深层心理动力，是掩藏在行为背后的真正动机和内驱力。通过对深层心理动力的挖掘，可以帮助孩子更深入地了解自己，包括自己的价值观、信念、情感需求和动机等，以便激活她内心深处的积极和正向的力量。

在绘画治疗开始前，我向小文发出邀请，征求她的同意。

我说："小文，下面我想请你画一幅画，你愿意吗？"

"对画有要求吗？比如要画什么内容？"她询问。

"就在这张 A4 纸上画一幅画，没有要求，也没有任何限制，你心里想画什么都可以的。"我一边回答，一边拿出纸和彩笔。

"好的。"小文拿起画笔。

她铺平了画纸，思考了一会儿，开始了认真创作：她在纸张右侧画了一大片蓝色的海洋，在左侧面向海洋的地方画了一栋房子，周围有些小花和小草，房子被栅栏围住，屋里摆放了椅子和桌子，桌子上有闹钟和一盆花，屋门前有一条宽宽的，用五彩石铺成的大路，直通到大海。沙滩上有高大的椰子树，树上有不少椰子。还有，一个红衣小女孩

> **心理学解读**
>
> 　　绘画疗法，是表达性艺术治疗的一种形式。个体通过绘画这一非言语工具，将内心的感受、情感和冲突以视觉化的方式呈现出来。在绘画过程中，个体可以获得负能量的释放、解压、宣泄情绪、调整情绪和心态，从而增强自我意识、缓解情感冲突、提升自我心理效能。

坐在沙滩上。

"我画好了。"小文抬起头来，眼睛望向我。

"给这幅画起个名字，你觉得叫什么好呢？"我好奇地问。

她端详了半天，说道："春暖花开吧。"

小文创作的画作"春暖花开"，让我感到十分欣喜。我似乎透过这些画面看到了小文的世界，看到了她内心的美好、力量和愿望。她期待自己的世界也可以像大海一样辽阔，像五彩石一样多姿多彩，也能像椰子树一样硕果累累。

这时，我微笑地对小文说："如果让你找一个自己的象征物，你觉得画里的哪个部分比较适合你？"

小文没有犹豫，指着海边的那个小女孩，说道："这个是我，坐在大海边，面向大海。"

"为什么是她？能跟我说说吗？她是一个什么样的人？"我问。

这时，小文迟疑了一会儿，喃喃地说道："其实，她除了学习还可以，也没什么优点，性格也不太好。"

"你是在说你自己吗？不过我想知道的是你为什么选这个女孩来象征你，她什么地方吸引了你？"我拓展话题。

"我喜欢她望向大海的样子，红色的衣服显得有精神。"她回应。

"还有什么吸引你的？"我追问。

"她托腮的样子也喜欢，好像望着大海在思考。"然后，她又感慨地补充说："我觉得大海不会想那么多，它只是自然涌动，潮起潮落，就已经很美了。"

她转过头望着我，若有所思地说："老师，您说我是不是想得太多了，我把自己搞累了，其实以前我不去想高考啥的，我的成绩也挺好的。"

"小文，请再看看你的画作，这画上所有的东西都是你创造的，是从内心流淌出来的，它们就蕴含在你的生命里，是你完整的一部分。"我说。

小文神情专注，听得认真。

"在你的画作里，那宽广的、蔚蓝色的大海、那结满果实的椰子树，还有通向大海路上那些五彩的小石头，还有房间里的闹钟、桌子上的花儿，所有这一切的美好，都是因你而出现，是你赋予它们的，难道不是吗？"我接着说。

小文睁大了眼睛，似乎被我的话吸引了。

心理学解读

深层心理动力是人类精神活动的内在驱动力，它来源于个体的无意识之中，影响着个体的成长、发展和社会行为。通过心理动力学疗法和文学作品的分析等方法，我们可以更好地探索和理解深层心理动力。

"生命是有力量的，它们既能感受阳光的温暖，也能抵御寒冬的冰雪，人本来就是大自然的一部分，经历过一些风浪，感受到一些刺痛，或者胡思乱想骂自己，都是允许的，也是正常的。"说到这儿，我稍微停顿了一下。

然后，用手指着桌子上的画，对小文说："你再来看看这幅画，这些小花儿、小草儿，它们看着不大，但却十分有个性，美好且独立，这本就是来自你内心的力量和美好，只是被你忽略了。"我说。

小文的眼睛里有了光亮，嘴角含笑地点头。

"我希望你把'春暖花开'的画面留存在心里。接下来，我会指导你来操作一下。"小文点点头。

"现在，请你慢慢闭上眼睛，调整一下自己的呼吸，在心里给这幅'春暖花开'照一张相片。"

"嗯，照好了。"小文答应着。

"想象大海就在你的眼前，它海面辽阔，海水清澈，小女孩坐在沙滩上，沐浴在阳光里，此时，小女孩感到内心特别的踏实、充实和温暖，请你把此刻的感受印刻在心里，然后把它们贮存下来。以后，当你感到焦虑不安的时候，就像今天一样，闭上眼睛，让呼吸慢下来，把储存的照片调出来，让小女孩看到属于自己的大海、远方和春暖花开。记住了吗？"

"好的，我都记住了，存在脑子里了。"小文睁开眼睛，微笑点头。

"如果在画里再添加一些人物，你想把谁加进来呢？"我问。

"爸爸妈妈，还有同学和老师吧。"她回答。

"为什么要加这些人呢？"我反问。

"这幅画的名字就是'春暖花开'，所以人多些看起来才更像春天的

心理学解读

心理暗示，是一种有效的心理治疗方法，它通过非批评性的语言暗示，来引导患者产生积极的心理和行为改变，解除心理上的负担和压力。在实施心理暗示疗法时，需要建立信任关系、选择合适的暗示方式、营造积极的氛围并验证暗示效果。

样子，我也会加入其中的呀。"小文微笑着说，调皮地眨巴眼睛。

"那我们总结一下咨询走过的历程，看看你获得了哪些能量或方法、资源和积极的体验，可以用来指导你今后的学习和生活。"

"我一直都记得您说的话。您说，把学习看成让自己增长知识和智慧的事，和其他输赢与功利的念头分离开；您还说，没有哪一次考试能决定人的一生。我觉得您说的是对的，我好像是钻进牛角尖里了。"小文不好意思地说。

"不钻牛角尖了，就是不再把学习和考试看成人生的输赢，只要把知识掌握了，就能变成自己的智慧。"小文接着总结道。

"在咨询历程中，你印象最深刻的地方是什么？"我问。

小文思考了一下，说道："就是那幅画。"

"为什么呢？可以告诉我原因吗？"

"我还是愿意相信一些东西，通过自己画的分析，让我看到了另一个自己，一个心里有大海的女生，这种惊喜给了我希望和自信。"说到这儿，她又补充了一句，说道："如果用一句话说，那就是做我自己就好了，就像大海和大树一样做自己，不跟别人去做比较。"

小文笑着说，她已经可以轻松幽默地谈话了。

相信小文走过的这一段生命的历程，心存温暖，更有力量，正如哲学家尼采说过的那句话：任何不曾杀死我的东西，都会让我更强大！

最后，我把这句话，送给所有勇敢走过困境的孩子们！

教你一招 ｜ 释放压力的六个技巧

　　心理压力，是指个体在面对难以适应的环境要求或威胁时产生的心理体验。心理压力的来源，可以是外部环境，如工作压力、家庭关系、学业压力、社交压力等；也可以是内在原因，如个人自我认知模式、情绪情感反应以及应对方式特点等。

　　释放心理压力，对于维护身心健康至关重要，以下给出一些减压的方式方法，供大家参考：

　　（1）正视压力：认识到压力是生活中不可避免的一部分。接受压力的存在，并尝试去理解它对你的影响，是释放压力的第一步。

　　（2）分享感受：与信任的朋友、家人或专业人士分享你的感受和压力来源。倾诉可以减轻你的负担，并获得他人的支持和建议。

　　（3）改变思维方式：尝试以更积极的方式看待问题。将挑战视为成长的机会，并关注你能够控制的事情，而不是担心无法控制的事情。

　　（4）放松身心：参与你喜欢的活动或爱好可以帮助你转移注意力，放松心情，比如尝试一些放松技巧，如温水浴、按摩、听轻音乐或进行其他放松活动，这些活动可以很快转移和舒缓紧张焦虑的感受。

　　（5）运动调节：户外运动可以帮助人释放紧张情绪，尤其是晨起后的身体运动，可以舒缓身体的紧张感和疲惫感，促进大脑皮质分泌内啡肽等快乐激素。记住，选择你喜欢的运动方式会更为有效，如跑步、球类、跳操或瑜伽等。

　　（6）寻求专业帮助：如果你发现压力难以自行处理，不要犹豫寻求专业帮助。心理医生或咨询师可以提供个性化的建议和支持。

　　记住，每个人处理压力的方式都不同，因此请尝试找到最适合你的方法。同时，保持积极的心态和健康的生活方式对于释放压力至关重要。

父母必读 | 解读问题的心灵智慧

> 在传统的理论背景下，面对出现心理问题的孩子，家长通常会无意识地认为孩子不再是好孩子了，会把对付孩子作为解决问题的办法，在此过程中家长很苦恼，孩子很受伤，还不一定能真正的解决问题。

随着心理科学的快速发展，新的理论体系不断迭代，对"心理问题"的研究也呈现出不同的视角，比如，后现代心理学理论体系中的叙事疗法，将人和问题分隔开来，发现心理问题本身的智慧，探索出解决问题的新路径。以下为叙事疗法关于问题的核心理念。

（1）问题是问题，而人不是问题：所谓有问题的人，不是他这个人有问题，而是这个人遇到了问题，被问题羁绊了。叙事疗法将问题赋予具体的形象，把问题从人身上分离出去。

（2）每个人都是自己问题的专家，没有人比他更了解自己：叙事疗法强调每个人生活中的独特部分，所有非当事人的理论都不能正确解释当事人的生活，也不能帮到他去解决问题。只有当事人自己的理论框架和方法论才能解决自己的问题。每个人都是自己故事的作者，每个人都有能力依照自己的偏好，重写自己的生命故事。

（3）见证与支持：由于问题对人的干扰，当事人自己感受到了不快乐、不满意，因此他会采取自己的方式试图解决问题，只是有时候，效果达不到自己的预期，因此感到沮丧或者无助。通过对话，见证当事人已经为解决问题不断做出的尝试，肯定他们为解决问题付出的努力。同时，提供支持性反馈和建议，帮助个体在面对困难时保持信心和动力。

（4）问题是在文化背景下建构而成的，这些背景包括权利、常识、语言、种族、阶层、性别和权威／特权。许多问题都是这类文化环境背景下营造出来的，因此看问题不是看这个人出了什么问题，而是去看这个人背后的文化脉络。人们寻求帮助的问题往往会让人对自己的生活和人际关系作出僵化的结论，使人认为自己是无能的，限制了他们对自我能力的应用。

（5）问题对人影响的核心方式，就是它想方设法让你相信"只能是这样了，没办法改变了"。它们会建构僵化的解释角度，让你看不到积极资源和可能性，只看到消极资源和无可奈何，进而使人没有动力去做出尝试。

在治疗问题方面，后现代心理学关注的是问题的重构。现代心理学主要关注的是问题本身，后现代心理学会把问题放置到它出现的情境当中去，看看在那个情境当中问题的出现跟周围的关系，去解构问题在特定社会文化和家庭结构中存在的意义，然后再把这些元素进行重构。后现代心理学认为，往往在解构和重构的过程中，某个现实存在的问题就会随之减轻或者消失。

知识链接｜青春期与自我同一性

> 著名心理学家埃里克森认为，青春期的核心发展任务就是建立自我同一性。自我同一性是青少年探寻自己和他人的差别、认识自身、明确自己更适合哪种社会角色的过程。简单来说，就是一个人对"我是谁""我会成为什么样的人""我如何适应社会"等问题具有连贯统一的认识。

青少年自我同一性的发展可以分为四个阶段：自我探索阶段、身份危机阶段、身份承诺阶段和身份实践阶段。

在自我探索阶段，青少年开始对自己的兴趣爱好、价值观和目标进行探索。他们会试验不同的角色和身份，并通过反思和自省来了解自己的真实需求和意义。

在身份危机阶段，青少年会面临对自己身份的困惑和矛盾。他们会怀疑自己的选择，感到困惑和不安。这个阶段的关键是要处理好身份危机，找到自己的真实需求和意义。

在身份承诺阶段，青少年会逐渐形成对自己身份的承诺。他们会选择自己认同的价值观和目标，并为之奋斗。这个阶段的关键是要坚定自己的信念，为自己的选择负责。

在身份实践阶段，青少年会通过实践来验证和巩固自己的身份。他们会积极参与社会活动、追求自己的目标，并从中获得成就感和满足感。

青少年自我同一性的形成对于心理健康有着重要的意义。一个有稳定自我同一性的青少年更容易适应社会环境，建立良好的人际关系，并更有可能取得成功。相反，缺乏自我同一性的青少年可能会感到迷茫和无助，容易受到外界的影响，从而导致心理问题的发生。

因此，家长和教育者应该给予青少年充分的支持和鼓励，在他们形成自我同一性的过程中给予适当的指导。家长和教育者应该鼓励青少年进行自我探索，提供积极的反馈和支持。同时，也应该尊重青少年的选择和决策，给予他们适当的自主权。

后　记

　　《接纳不完美的孩子》一书，经过大家共同的努力终于与大家见面了，就在此时此刻，撰写这本书时珍藏的记忆又涌现了出来。

　　诚挚感谢本书的副主编，胡梅老师和吕玮老师。两位老师都是我多年的合作伙伴，在心理咨询工作上也颇有建树，在她们孜孜不倦的精心编撰之下，使得本书能以更好的状态与广大读者见面。

　　特别致谢郭琳医生、陈蓉蓉研究生、张玉敏咨询师、杨薇咨询师和曹波咨询师，感谢她们带着对心理咨询职业的热爱与执着，对每一个孩子与家庭的尊重、珍惜和爱护，与我们一起完成了部分咨询案例的文字编撰工作。另外，还要感谢董锋、夏天、蔡丽丹和张力维同学，在资料整理中的相助。

　　诚挚感谢清华大学出版社孙宇副总编，吴洁编辑！她们为这本书的顺利出版给予了很有价值的意见和建议，尤其是编辑工作中精益求精的职业精神，以及对本书质量及美感的创设，对内容知识的拓展丰富，都给我留下了深刻的印象。

　　感谢参与本书编撰的所有人，如果没有大家的鼎力支持和帮助，就不会有今天这本书的问世。所以，在本书出版之际，再一次感受到人生旅程相伴的珍贵。

　　我期待，通过分享这些宝贵的生命故事，每一个人都能从中汲取成长的养分，唤醒自我生命深层的智慧。

董　燕

2025 年 1 月

北　京